POSITIVE DISCIPLINE
for Preschoolers

3~6岁孩子的正面管教

理解年龄特点，帮助孩子成长

[美] 简·尼尔森　谢丽尔·欧文　罗丝琳·安·达菲 ◎著
娟 子 ◎译

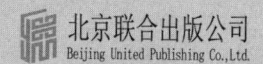

北京联合出版公司
Beijing United Publishing Co.,Ltd.

图书在版编目（CIP）数据

3~6岁孩子的正面管教／（美）尼尔森，（美）欧文，（美）达菲著；娟子译．—北京：北京联合出版公司，2015.2（2024.5 重印）
ISBN 978-7-5502-4503-7

Ⅰ.①3… Ⅱ.①尼…②欧…③达…④娟… Ⅲ.①学前儿童—家庭教育 Ⅳ.①G78

中国版本图书馆 CIP 数据核字（2015）第 011860 号

Positive Discipline for Preschoolers
Copyright©1994，1998，and 2007 by Jane Nelsen, Cheryl Erwin and Roslyn Duffy
This translation published by arrangement with Three Rivers Press, an imprint of the Crown Publishing Group, a division of Random House LLC
Simplified Chinese edition copyright©2015 Beijing Tianlue Books Co,Ltd.
All rights reserved.

3~6岁孩子的正面管教

作　　者：[美] 简·尼尔森 谢丽尔·欧文 罗丝琳·安·达菲
译　　者：娟子
选题策划：北京天略图书有限公司
责任编辑：李艳芬　王巍
特约编辑：阴保全
责任校对：杨青茹

北京联合出版公司出版
（北京市西城区德外大街83号楼9层　100088）
水印书香（唐山）印刷有限公司印刷　新华书店经销
字数314千字　787毫米×1092毫米　1/16　25印张
2015年2月第1版　2024年5月第23次印刷
ISBN 978-7-5502-4503-7
定价：42.00元

版权所有，侵权必究
未经书面许可，不得以任何方式转载、复制、翻印本书部分或全部内容。
本书若有质量问题，请与本公司图书销售中心联系调换。
电话：010-65868687　010-64258472-800

序
来自孩子们的声音

"我叫苏珊,我三岁半了。我现在能说很多话了。当别人不给我一遍又一遍地反复读一本书时,或者当他们想跳过几句话时,我就会生气。我最喜欢问的问题是:'为什么?'我喜欢打扮,喜欢试穿各种人的衣服。我喜欢总有人给我讲故事。我还喜欢一直有人跟我玩儿。我不喜欢别人在我玩儿的时候打扰我。"

"我是杰弗里·F. 弗雷泽,F 代表法兰克,是我爷爷的名字。我对人很友好。我喜欢说话。昨天我 5 岁了。我们可以做朋友,我会邀请你来参加我的生日派对。当我选了自己想做的事情时,我会非常专注。我有一个小弟弟。如果没有更好的人选,他就是我的一个玩伴。我想这颗牙已经松了。你想听我数数吗?我可以给你唱一首歌。你想和我玩吗?好吧,你来当坏人,我来当好人……"

"我 4 岁了,我是辛迪。我有会发光的鞋。你知道我穿的是哪种内衣吗？上面都印着日期。看我转圈时鞋子多么亮。我长大了，不用睡午觉了。如果你给我读一个故事，我会更高兴。我真的不累。你想看看我的鞋子吗？我要嫁给查德，你知道查德吗？他有一件蝙蝠侠的斗篷。你现在能给我读个故事吗？"

"我是玛丽亚，我的头发很长。我总是穿裙子。我四岁九个月了。凯丽是我最好的朋友。有时候，凯丽不跟我玩。她四岁半了。我可以和吉娜玩。我喜欢和吉娜、凯丽一起吃午餐。我想挨着她们坐——不是隔着桌子坐。我喜欢老师教给我东西。"

这是一本关于我们——孩子们——的书。我们每个人都是不一样的，不是所有的 3 岁或 5 岁的孩子都像我们一样，但是，你可能会在你认识的孩子们的身上找到一点我们的影子。这本书会帮助你了解我们，并弄明白这个世界在我们看来是什么样子。这本书会给你很多观念，让你知道如何帮助我们成长，如何鼓励和教我们。我们是相似的，我们是不同的。我们想有人爱；这本书是为那些爱我们的人写的。

目 录

序

第1章 为什么是正面管教

　　正面管教对3~6岁的孩子非常有效,因为它与传统的管教方式不同,正面管教与惩罚没有任何关系(很多人认为"惩罚"和"管教"是同义词),而完全是为了教给孩子有价值的社会和人生技能……

　　阿德勒和德雷克斯:养育研究的先驱 / 3
　　什么是正面管教 / 4
　　对管教的更多了解 / 6
　　孩子们真正需要的是什么 / 7
　　为什么有些父母不接受非惩罚的方法 / 10
　　应当避免的管教方式 / 12
　　让孩子合作的方法 / 13
　　如何运用"暂停" / 19
　　当你的孩子"不听"时 / 22
　　把爱的信息传递给孩子 / 23

第2章　正面管教与你的3~6岁孩子

正面管教(无论其理念,还是相应的技巧)会给你提供有效而关爱的方式,来指导你的孩子度过这忙碌并且往往是充满挑战的几年……

"我的小宝宝哪儿去了?" / 25
学会放手 / 27
外面的世界 / 28
各种各样的父母 / 29
各种各样的家庭 / 30
为什么是正面管教 / 31
注重长期效果的养育的重要性 / 32
和善而坚定 / 33
以爱的名义 / 35
错误是学习的机会 / 37
相信你的内心 / 37
祝贺你的孩子的成长和改变 / 38

第3章　理解孩子的发展

理解孩子的发展,意味着要考虑到孩子们在不同的年龄普遍来说能够做、思考和完成的事情——以及在家庭、文化和生活环境的更广阔的背景下,每个孩子发展的个体差异……

理解与年龄相应的行为:怎样教孩子并赋予他力量 / 40
年龄和机会之窗 / 41
过程与结果 / 42
看世界的角度 / 43
"真的吗?":幻想与现实 / 44
"告诉我实话!":小孩子和谎言 / 45

孩子与偷窃 / 48
"我是谁?" / 49
种族和其他差异 / 51
文化、社会和反偏见 / 52
出生顺序 / 53
收养:"我们应该告诉自己的孩子吗?" / 60
整个世界都是一个舞台 / 61

第 4 章 神奇的大脑
学习与发育

一个孩子通过其感觉(听,看,闻和触摸)体验到的外界的刺激,使大脑能够创建或改变连接,并使其为学习做好准备……

如何学,何时学,为何学 / 64
大脑是如何开始发育的 / 65
先天还是后天? / 66
孩子为上学做好准备了吗? / 67
回路连接:你的孩子的真正需要 / 68
关于依恋 / 69
鼓励健康的成长和学习 / 70
上学:"我的孩子真的准备好了吗?" / 78
了解你的孩子 / 79
学习是终身的 / 80

第 5 章 "我能做!"
主动性带来的快乐和挑战

这是父母们很容易听到孩子经常说"我能做"的几年。你的孩子正在试图让你知道他们比你认为的更有能力。这个年龄段早期的孩子想尝试每一件事情……
  培养主动性的实例 / 83
  是主动性，还是操纵？/ 85
  如何鼓励主动性并防止操纵 / 86
  正面管教实例 / 91
  "哎呀，我犯了一个错误！" / 93
  问启发式问题 / 94
  一切全在于鼓励 / 95
  含糊的赞扬不是鼓励 / 96
  帮助孩子们充分发挥潜能 / 96

第 6 章　接纳你的孩子
理解性情

  大多数父母都知道在孩子们之间进行比较是不明智的。然而，大多数父母仍然会时不时将自己的孩子与其他孩子做比较……理解你的孩子独一无二的性情，将有助于你接纳真正的她，并和她一起学习、成长和蓬勃发展……
  "完美孩子"的神话 / 99
  契合度 / 100
  伯克利研究 / 101
  九种性情 / 102
  性情：是挑战还是机会？/ 114
  情形的需要 / 116
  父母和老师们的正面管教技能 / 118
  个性和创造性 / 119
  爱你的这个孩子 / 119
  致力于改善，而不是完美 / 121
  和善而坚定 / 121

第7章 "别用这种语气跟我说话"
情感和沟通的艺术

理解孩子并与其沟通,意味着要破译她的非语言线索,理解她的感受,并且还要帮助她理解她的感受……小孩子们常常选择不恰当的方式表达自己的感受,这不是因为他们"坏"或有恶意,而是因为他们对那些扑面而来的情感海啸不知道该怎么办……

什么是情感?/ 124
教给孩子感受和行为之间的区别 / 125
学会感受 / 126
非语言沟通的力量 / 127
积极倾听的艺术 / 130
愤怒怎么办?对待难以处理的感受 / 133
如何帮助孩子识别并对待感受 / 134
情感真诚 / 138
"我应该保护我的孩子免于悲伤或焦虑吗?"/ 140
你花费的时间 / 141
任何时候开始都不会太早 / 142

第8章 "我的孩子为什么会这样?"
不良行为背后的信息

当你的孩子行为不良时,他是在以他知道的唯一方式告诉你,他感到丧失了信心,或者他没有归属感……

什么是不良行为?/ 146
是不良行为,还是密码信息?/ 149
破译密码 / 153
记住问题的实质 / 155

看到各种可能性 / 155
特别时光 / 156
做好计划并说出来 / 158
寻求满意的结果 / 159

第9章 家庭中的错误目的

要理解你的孩子行为背后的密码信息并和他一起有效地解决问题,学会在现实生活中识别错误目的是很有帮助的。不良行为在家里看上去会是什么样子呢……

寻求过度关注,或"我要让你为我忙得团团转" / 161
识别"寻求过度关注"的错误目的 / 163
对密码信息的回应 / 164
寻求权力,或"你管不了我!" / 167
识别"寻求权力"的错误目的 / 168
对密码信息的回应 / 169
报复,或"我要让你跟我感觉一样糟!" / 172
识别"报复" / 172
对密码信息的回应 / 173
自暴自弃:"我放弃" / 176
识别"自暴自弃" / 178
对密码信息的回应 / 179
了解隐藏的信息 / 181

第10章 幼儿园中的错误目的

不良行为并不只会出现在与父母在家里的时候,而是会出现在孩子们所在的任何地方,包括幼儿园……

幼儿园中的寻求过度关注 / 183

对信息的回应 / 185

幼儿园中的权力之争 / 187

识别"寻求权力" / 188

对信息的回应 / 188

幼儿园中的报复 / 191

识别报复 / 192

对信息的回应 / 192

幼儿园中的自暴自弃 / 198

识别幼儿园中的自暴自弃 / 198

对信息的回应 / 199

会带来改变吗？/ 201

第 11 章 "你不能参加我的生日派对！"
3~6 岁孩子的社会交往能力

3~6 岁这几年有很多令人惊异的成长，而这种成长的轨迹可以从孩子友谊的发展中找到……

友谊对小孩子意味着什么？/ 203

玩耍：一个社会化的阶段 / 206

受害者和欺负人的孩子 / 208

"可是，没有人喜欢我" / 211

约玩伴 / 212

不那么招人喜欢的朋友 / 213

"嘿，看看我！"：出风头 / 214

"我的位置在哪儿？"：出生顺序的重要性 / 215

兄弟姐妹间的打架 / 216

分享 / 218

争吵 / 219

识别并说出感受 / 221

打人和攻击行为 / 222
当孩子们伤害大人时 / 223
教室里的捣乱行为 / 226
社会责任感 / 227
人际关系:连接的纽带 / 228

第 12 章 终结就寝时的争斗
3~6 岁的孩子和就寝

大多数父母都经历过孩子在过了就寝时间很久之后仍然大睁着眼睛开心地玩耍,在父母不方便的时候一骨碌从床上爬起来,或者在爸爸妈妈有紧急活动要参加的时候赖在床上不起的沮丧感……

惯例:日常的魔法 / 232
惯例表 / 233
就寝惯例可能包括的事项 / 234
惯例的实行 / 238
幼儿园午睡时间的惯例 / 239
舒适的重要性 / 239
试探时间 / 240
控制你自己的行为 / 241
午睡怎么办? / 245
谁的床? / 246
娇纵,还是培养能力? / 248

第 13 章 "我不喜欢吃这个!"
3~6 岁的孩子和饮食

太多的时候,餐桌变成了父母们和小孩子的一个战场。父母们担忧自己的孩子吃了什么——或拒绝吃什么。他们吃饱了吗？维生素 C 足够吗？糖分太多吗？等等……

健康问题和你的孩子 / 251
挑食 / 252
选择你的战场 / 256
就餐时间的惯例 / 256
超重的孩子 / 262
锻炼 / 262
祝你好胃口！/ 264

第 14 章　3~6 岁的孩子和如厕

你的孩子还在用尿布，而越来越多邻居家的孩子已经能够使用马桶了，你该怎么办？

放松！/ 265
倒退："哎哟！" / 267
便秘 / 268
其他挑战 / 270
耐心的重要性 / 271
怎样为孩子的成功创造条件 / 272
确保将爱的讯息传递给孩子 / 278

第 15 章　选择幼儿园

对于很多家庭来说，儿童看护是生活的一个现实；无论父母们是否愿意，和自己的孩子一直待在家里在经济上是不可能的……

儿童看护：一种当代社会的需要 / 280
什么才是让你的孩子为学习做好准备的最好方法？/ 282
儿童看护的选择 / 283

适应你的选择 / 291
分离 / 291
去看护机构的日子 / 292
早晨的烦恼 / 293
到达幼儿园 / 295
傍晚接孩子回家 / 296
家庭的支持 / 298
保姆和临时保姆 / 298
祖父母和其他亲戚 / 300
"如果我有疑虑怎么办?" / 301

第 16 章　3~6 岁孩子的家庭会议和班会

班会远不止是集体解决问题的会议。在班会上,孩子们定期聚在一起相互帮助、相互鼓励、学习沟通技能、专注于解决方案,并培养判断力和智慧……

什么是班会? / 304
多小是太小? / 305
幼儿园班会成功的要素 / 306
有效班会的特别提示 / 313
3~6 岁孩子的家庭会议 / 315
一个学习的机会 / 317

第 17 章　"外面的"世界

如何对待科技和文化的影响

在你的孩子童年早期这几年的某个时刻,你必须决定这些"科技恐怖分子"在你的家里将占据什么位置……

作为消费者的孩子们 / 321

电视：是朋友还是敌人？/ 322
不尊重的文化 / 324
科技世界中的良好养育 / 324
关于电脑 / 328
决定你要做什么，和善与坚决并行，然后坚持到底 / 329

第18章　当孩子需要特殊帮助时

注意力缺乏症（ADD）、注意力缺乏多动症（ADHD）、胎儿酒精或药物综合症、自闭症、感觉统合失调、代谢紊乱、运动障碍以及其他发育迟缓问题，都是3～6岁的孩子、他们的家人以及照料者可能遇到的症状……

密切观察 / 332
特殊需要的现实 / 333
标签：自我实现的预言？/ 335
否认与悲伤 / 338
学会接纳 / 339
看不见的差异 / 340
"放过"不良行为？/ 341
绝望还是骄傲 / 344
关于治疗 / 344
让孩子学会照料自己的重要性 / 346
寻找积极的一面 / 347

第19章　作为一家人一起成长
找到支持、资源和心智健康

无论你的孩子多么可爱，无论你对自己作为一个父母多么高兴，在童年早期这重要的几年的养育中，3～6岁孩子的父母寻求支持是很有必要的……
　　从他人的智慧中学习 / 350
　　你和自己伴侣的关系 / 351
　　四口之家 / 352
　　给水罐重新加满水 / 357
　　避免安排过多活动 / 361
　　学会识别并处理压力 / 361
　　伸出手,结成团队 / 364

结　语

致　谢

第 1 章

为什么是正面管教

在养育讲习班里,有很多3~6岁孩子的父母。在网络上的养育论坛里,总是有人问"为什么我的3岁的孩子会咬人?"或"我怎么才能让我5岁的孩子晚上待在他自己的床上?"之类的问题。儿童发展专家、幼儿园园长和治疗专家们,都以办公室里挤满了想知道自己的3岁,或4岁,或5岁的孩子到底是怎么回事的父母们,而引以为傲。来听听这些父母们是怎么说的吧:

"我们的儿子曾让人那么快乐。我们预料到了他在两岁时会有一些麻烦——毕竟,每个人都警告过我们'恼人的两岁'——但什么事也没有发生。直到他快3岁时,麻烦来了。现在,我们不知道该对他怎么办了。如果我们说'黑',他会说'白'。如果我们说该睡觉了,他就还不累……而让他同意我们给他刷牙则演变成了一场全面的战争。我们一定是做错了什么!"

"有时候,我想知道自己张开嘴时是否发出了声音。我5岁的女儿似乎完全听不见我跟她说的任何话，她完全不听我说。她会一直这样下去吗？"

"我们以前迫不及待地等着我们的儿子会说话，但是，现在我们却无法让他停下来了。他已经明白他可以通过说'你猜怎么着？'来拖延任何一次交谈。他既让我们欣喜，又让我们绝望，几乎一半对一半。"

　　正如你接下来将会发现（或你可能已经认识到）的那样，3~6岁这几年，是小孩子们忙碌、兴奋的几年——对他们的父母和照料者来说也是如此。这个年龄的孩子体力充沛、好动；研究人员告诉我们，人在3岁时的精力要比一生中的任何其他阶段都更旺盛——当然比他们疲惫不堪的父母的精力更充沛。情感、认知和身体发育的本能需求，驱使着他们去探索周围的世界；他们正在习得并练习社会技能，并进入备受呵护的家庭之外的世界。而且，很多3~6岁的孩子对于这个世界应该如何运转，都有自己的想法。他们的想法，连同他们的试验和探索的强烈欲望，常常与他们的父母和照料人的期望不吻合。

　　我们或许完全可以说，你在后面几章看到的与你自己的成长经历会有一些不同。你会看到诸如"和善与坚定并行"、"和孩子一起寻找解决方案"之类的概念。你将会了解教给孩子社会和人生技能的重要性。而且，你会了解到，将养育看成一种长期的责任和义务，而不是一系列的危机和问题，会有多么重要。你可能甚至想知道"老式的管教好方法"出了什么问题，本杰明·斯波克博士（或一位老奶奶）会怎么看待这一切。

阿德勒和德雷克斯：养育研究的先驱

正面管教是以阿尔弗雷德·阿德勒和他的同事鲁道夫·德雷克斯的工作为基础的。阿德勒是维也纳的一名精神病学家，与西格蒙德·弗洛伊德是同一时代的人——但是，他与弗洛伊德在几乎所有事情上看法都不一致。阿德勒相信，人类的行为是由对归属、自我价值、情感联结和重要性的渴望所驱动的，而这受着我们小时候对自己、他人和我们周围的世界所作的决定的影响。有趣的是，最近的研究告诉我们，孩子们从出生开始就"天生"要寻求与他人的情感联结，而且，那些感觉到与自己的家庭、学校和社会的情感联结的孩子，出现不良行为的可能性更小。阿德勒相信，每个人都有得到尊严和尊重的平等权利（包括孩子们），这些是在美国被热情地接受了的理念，这片土地在他移民之后被他当作了自己的故土。

鲁道夫·德雷克斯也是维也纳的一位精神病学家，是1937年移民到美国的阿德勒的学生。他是"在所有关系中——包括家庭中——都需要尊严和相互尊重"这一理念的热情的倡导者。他写的几部关于教育和养育的书至今仍广为流传，其中包括经典之作《孩子：挑战》。

正如你将要了解到的那样，在3~6岁的孩子中，很多被人们贴上"不良行为"标签的行为，更多地与其情感、身体和认知的发展有关，并且是与其年龄相称的行为。小孩子需要教育、指导和爱（这是正面管教的一个很好的定义）。

什么是正面管教

正面管教对3~6岁的孩子非常有效,因为它与传统的管教方式不同。正面管教与惩罚没有任何关系(很多人认为"惩罚"和"管教"是同义词),而完全是为了教给孩子有价值的社会和人生技能。对小孩子的正面管教涉及到决定你要怎么做,并且在之后和善而坚定地坚持到底,而不是期待着你的孩子"守规矩"。随着你的孩子逐渐成长并变得能力更强,你就能让他参与专注于解决问题并参与规则制订的过程。这样,他就能锻炼他的思考能力,感觉到自己更能干,并学会以有用的方式运用他的力量和自主——更不用说感觉到更有动力按照他帮助确定的解决方案和规则去做了。正面管教的准则将帮助你与自己的孩子建立一种爱和尊重的关系,并帮助你们在未来的很多年里一起解决问题。

正面管教的构成要素包括:

相互尊重。父母要通过尊重自己和情形的需要让孩子看到什么是坚定,并通过尊重孩子的需要和人性让孩子看到什么是和善。

理解行为背后的信念。所有的人类行为都有一个目的。当你理解了孩子行为背后的动机时,你就能更有效地改变孩子的行为。(孩子们从出生那天起,就开始建立构成他们人格的信念。)处理这些信念与处理行为是同样重要的(如果不是更重要的话)。

有效的沟通。父母和孩子们(甚至是小孩子)都能学会很好地倾听，并用尊重的话语去要求他们所需要的东西。父母们会了解到，当让孩子们思考并参与，而不是告诉他们想什么和做什么时，他们会更好地"听"。而且，父母们将学会如何做出他们希望孩子们学会的倾听的榜样。

理解孩子的世界。孩子们会经历不同的成长阶段。通过了解你的孩子所面临的成长任务，并将诸如出生顺序、性情以及已掌握（或缺乏）的社会和情感技能等其他因素考虑进去，你的孩子的行为就变得更容易理解了。当你理解了孩子的内心世界，你就能选择对她的行为做出更好的回应了。

能教给孩子技能的管教。有效的管教能教给孩子有价值的社会和人生技能，并且既不娇纵，也不惩罚。

专注于解决问题，而不是惩罚。责备永远解决不了问题。一开始，你将决定如何着手处理挑战和问题。但是，随着你的孩子的成长和发展，你将学会与孩子一起找到对你们所面临的挑战尊重、有益的解决方案，从打翻了饮料到睡觉时的麻烦。

鼓励。要鼓励孩子的努力和进步，而不只是成功，鼓励能帮助孩子们培养对自己能力的自信。

孩子们在感觉更好时才会做得更好。父母们从哪里得到了一个荒唐的念头，认为为了让孩子守规矩，父母就应该让他们感觉到羞愧、耻辱，甚至痛苦？孩子们在感觉到鼓励、情感联结和爱时，他们才更有动力合作、学习新技能，爱并尊重他人。

对管教的更多了解

下面这些父母的话,听起来熟悉吗?

"说到管教,我已经尝试了所有的办法,但绝对没有任何用处!我3岁的女儿非常难伺候、自私,并且倔强。我该怎么办?"

"当任何方法都不管用时,我能做什么?我试过让我4岁的儿子'暂停',拿走他的玩具,不让他看电视,打他的屁股——都没有用。他很粗鲁、不尊重人,并完全失去了控制。下一步我该尝试什么办法?"

"我的班里有15个4岁大的孩子。其中有两个孩子总是打架,但我却无法让他俩去跟别的孩子玩儿。我让他们'暂停',威胁说如果他们在一起玩就取消他们的课间休息。今天上午,当一个孩子撕了另一个孩子的画时,我开始冲他俩大喊大叫。我不知道能有什么方法——我说什么,他们都不听。我该怎么管教他们?"

当人们说到"管教"时,他们通常的意思是"惩罚",因为他们相信两者是一回事,并且是一样的。父母和老师们有时会大声喊叫和说教、打屁股或打手、没收玩具并取消特权、突然让孩子们做惩罚性的"暂停"去"想想你的所作所为"。不幸的是,无论惩罚在当时看起来多么有效,都不会带来长期的学习效果,以及父母们真正希望自己的孩子学会的社会和人生技能。惩罚只会使一种很有挑战的情形恶化,让大人和孩子一头扎进权力之争中。

正面管教是以一个不同的前提为基础的：即孩子（和大人）在感觉更好时才能做得更好。正面管教是教（管教，discipline，这个词的意思是"教"）、理解、鼓励和沟通——而不是惩罚。

我们大多数人对于"管教"的概念都来自于我们的父母、我们的社会以及经年累月的传统和想当然。我们通常相信，孩子必须遭受痛苦（至少要遭受一点），否则他们就学不会任何东西。但是，在过去的几十年中，我们的社会和文化已经发生了迅速的变化，并且我们对孩子们的成长和学习过程的理解已经改变了，所以，我们教育孩子成为有能力、负责任、自信的人的方式也必须改变。惩罚从短期来看也许管用。但是，从长远来看，它会造成反叛、抵制，或不再信任自己的价值的孩子。有一种更好的方式，本书就是致力于帮助父母们发现这种方式的。

孩子们真正需要的是什么

愿望和需要是不同的，你的孩子的需要可能比你认为的要简单一些。所有真正的需要都应该被满足。但是，当你屈从于孩子的所有愿望时，你就会给孩子和自己造成大问题。

比如，你的 3～6 岁的孩子需要食物、居所和照料。他需要温暖和安全。他不需要小型电脑，不需要在他的卧室放一台电视机，不需要 ipod 或能开动的微型怪兽卡车。他也许喜欢盯着电视屏幕看，但专家告诉我们，在这个年龄段看任何屏幕都可能会阻碍大脑的最佳发育（后面会详细介绍）。他可能想睡在你的床上，但是，通过学会在自己的床上入睡，他会感觉到一种自立感和能力感；他也许喜欢炸薯条和含糖的汽水，但是，如果你提供这些食物，你可能就是在为儿童（和成年）肥胖打基础。你明白这些道理。

从降临到你们家的第一天起，你的孩子就有四种基本需要：

1. 归属感和价值感
2. 对自己能力的感知
3. 个人的力量和自主
4. 社会和人生技能

如果你能满足孩子的这些需要，他就能顺利地成长为一个有能力、机智、快乐的人。

归属感和价值感的重要性

"哦，当然，"你可能在想，"每个人都知道一个孩子需要归属。"大多数父母都相信，一个孩子真正的需要是非常简单的：他需要爱。但是，单凭爱并不总能创造一种归属感或价值感。事实上，爱有时会导致父母们溺爱他们的孩子、惩罚他们的孩子，或做出不符合孩子长期最佳利益的决定。

每个人——成年人和孩子们都一样——都需要归属感。我们需要知道，我们会因为自己就是自己而被无条件地接受，而不只是因为我们的行为或我们能做什么事。对于小孩子来说，归属的需要甚至更为重要。毕竟，他们仍然在了解自己周围的世界，以及他们在其中的位置。他们需要知道，即便在他们发脾气、洒出麦片粥、弄坏爸爸的高尔夫球杆或把厨房里弄得一团糟时，仍然是被爱着、被需要的。

那些不相信自己有归属的孩子会变得很沮丧，而沮丧的孩子常常会做出不良行为。要注意"相信"这个词，你也许知道你的孩子是有归属并有价值的，但是，如果他不相信这一点（有时会出于最匪夷所思的原因，比如家里有另一个孩子出生），他可能就会以错误的方式努力寻找他的归属感和价值感。事实上，大多数小孩子的不良行为都是一种"密码"，是为了让你知道他们感觉不到归属感，并需要你的关注、情感联结、时间和教育。

当你能为家里的每个人都造成一种归属感和价值感的时候，你的家就会成为一个和睦、尊重和安全的地方。

对自己能力的感知

如果你不给你的3～6岁孩子提供练习的空间，他将永远学不会作决定、学习新技能或相信他自己的能力。孩子上学前的这几年，养育涉及到大量的放手。

你在后面几章将学到更多鼓励你的孩子感知自己能力的方法，但现在，先想一想：仅靠话语是不足以让孩子形成能力感和自信心的。孩子们在体验到自己的能力和自立——即当他们能成功地做一些事情时——以及从自己正在形成的实际技能中，才能感觉到自己能干。

个人的力量和自主

正如你将看到的那样，发展自主性和主动性，是你的孩子将要面对的最早期的成长任务之一。尽管父母们可能不太喜欢，但即便最小的孩子也有个人的力量——并且能很快学会如何运用这种力量。如果你怀疑这一点，就想一想你最近一次看到的一个4岁的孩子，他翘起下巴、交叉着双臂，大胆地说："不！我不想！"

作为父母，你的一部分工作就是要帮助你的孩子学会将他们的大部分力量用在积极的方面——帮助解决问题、学习人生技能，以及尊重他人并与他人合作。惩罚不会教给孩子这些重要的经验：有效而充满爱心的管教能做到这一点。

社会和人生技能

教给你的孩子技能——如何与其他孩子和大人相处、如何自己吃饭穿衣、如何学会承担责任——在孩子3～6岁这几年将会占据你的大多数养育时间。但是，对于社会和实际生活技能的需要永远也不会消失。实际上，真正的自尊并不是来自于被爱、被赞扬或给孩子一大堆好东西——而是来自于有技能。

当孩子小的时候，他们喜欢模仿父母。你的孩子会想和你一起钉钉子、喷清洁剂或准备早餐（当然需要你的监督）。随着他成长得更有能力，你就可以和他一起利用日常生活中的这些时机来教他如何成为一个能干的、有能力的人。通过一起干活来学习技能，尽管偶尔会搞得一团糟，但这也是养育孩子的快乐而宝贵的一部分。

为什么有些父母不接受非惩罚的方法

因为所有的孩子（以及所有的父母）都是独一无二的个体，所以，任何问题的非惩罚性解决方案通常都会有好几种。我们在讲座和父母课堂中遇到的一些父母，不会立刻理解或接受这些解决方案；确实，正面管教需要一种思维模式的转变——对管教的一种完全不同的思考方式。那些无法放弃惩罚的父母常常会问一些错误的问题。他们通常想知道：

- 我怎样才能让我的孩子在意我？
- 我怎样才能让我的孩子理解"不"？
- 我怎样才能让我的孩子听我的？
- 我如何才能让这个问题不再发生？

大多数被搞得疲惫不堪的父母都曾经想知道这些问题的答案，但是，这些问题都是只注重短期效果的思考方式。当父母们能问正确的问题时，他们会渴望非惩罚性的替代方案——并且会看到这种方式的改变为他们和他们的孩子所带来的结果。什么是正确的问题呢？下面这些是一个好的开始。

- 我怎样帮助我的孩子感觉到有能力？
- 我怎样帮助我的孩子感觉到归属感和价值感？
- 我怎样帮助我的孩子学会尊重、合作和解决问题的技能？
- 我怎样进入我的孩子的内心世界，并理解他的成长过程？
- 我怎样才能把问题当作学习的机会——对我的孩子，也对我自己？

这些问题解决的是全局，并且是基于长远考虑的。我们发现，当父母们找到这些长远问题的答案时，那些短期问题就自动解决了。当孩子们感觉到归属感和价值感时，他们就会"在意"并合作（至少是在大多数时候）；当他们发育到相应阶段并参与问题的解决方案的制订时，他们就会理解"不"的含义；当父母倾听他们，并以能让他们倾听的方式说话时，他们就会倾听。当孩子们参与其中时，问题就能更容易地得到解决。

在本书的每一章，我们都会列出一些正面管教的小提示。在这一章，我们会告诉你为什么要避免惩罚性的管教方式，并且会提供一些非惩罚的管教方式的建议，以帮助你的孩子成长为一个有能力和有爱心的人。

应当避免的管教方式

大多数父母都曾经采用过惩罚的方法。但是，如果你在对孩子大声喊叫、厉声责骂或长篇大论地说教，请停下来。如果你在打孩子，请停下来。如果你在试图通过威胁和警告来使孩子顺从，请停下来。所有这些方法都是不尊重的，会导致孩子的怀疑、羞辱、内疚，以及反叛——不仅在当时，而且包括未来。最终，惩罚会造成更多的不良行为（有很多研究表明惩罚会造成长期的负面效果，这些研究通常都淹没在了父母们不看的学术期刊中）。

"等一下，"你可能在想，"这些方法对我的父母来说很管用。你是在剥夺我用来对付孩子行为的所有方法。我该怎么做呢，难道让我的孩子想做什么就做什么吗？"当然不是。娇纵是不尊重的，并且不会教给孩子重要的人生技能。你永远无法真正控制任何人的行为，你控制自己孩子的努力通常会造成更多的问题和更多的权力之争。在本章稍后，我们提供了几种方法，在鼓励你3~6岁的孩子培养品行和有价值的人生技能的同时，能让孩子合作（要以一种和善而坚定的态度执行）。

当你认可孩子在受到威胁的气氛中不会有积极的学习时，与一个活跃而有挑战性的3~6岁孩子一起生活就变得容易多了。当孩子们感觉到害怕、伤心或愤怒时，他们就不会听。惩罚会使学习的过程脱轨。

让孩子合作的方法

那么,什么样的工具和理念会帮助你的孩子学会他需要知道的所有东西呢?如果惩罚不管用,什么方法管用呢?这里有一些建议。记住,你的孩子的个人发展在这几年是至关重要的,还要记住,没有哪种方法在所有的时间对所有孩子都管用。随着你那个独特的孩子的成长和变化,你不得不回到"画板"前很多次,但是,这些理念将形成若干年内有效养育的基础。

> **实行正面管教的八种方法**
> 1. 让孩子们参与:
>   a. 一起建立日常惯例;
>   b. 提供有限制的选择;
>   c. 给孩子提供帮助你的机会。
> 2. 以尊重的方式教给孩子尊重。
> 3. 运用你的幽默感。
> 4. 进入孩子的内心世界。
> 5. 说到做到,并和善而坚定地坚持到底。
> 6. 要有耐心。
> 7. 只做不说——并小心监督。
> 8. 接受并欣赏你的孩子的独特性。

让孩子们参与

教育(Education)一词源自拉丁语的"educare",意思是"引出"。这也许可以解释为什么当你通过不断的要求和说教来"填塞"时,孩子们常常会对你充耳不闻。

不要告诉孩子应该去做什么,而要找到方法让孩子参与做决定,并让他们愿意说出自己的想法和感受。启发式问题(通常以"什么"或"如何"来提问)就是一种这样的方式。要问:"如果你把自行车推倒在路边上,你认为会发生什么事?"或"你该怎样做才能为上幼儿园做好准备?"那些参与做决定的孩子会体验到一种健康的个人力量和自主。对于那些还不会说话的孩子,你要在和善而坚定地向他们示范该怎么做的同时,说:"接下来,我们要……"

有几种特别有效的方法,能让3~6岁的孩子参与合作并解决问题。这里有三个建议:

一起建立日常惯例。小孩子学习的最好方式是重复和前后一致,所以,你可以通过让他们参与建立可靠的日常惯例,让日常家庭生活中各种活动之间的转换更容易。每一件反复发生的事情都可以建立日常惯例:起床、睡觉、吃饭、购物等等。要和你的孩子一起坐下来,让他帮助你制订一个日常惯例表。要让孩子告诉你日常惯例(比如上床睡觉)中都包括哪些事。让他帮助你决定每件事情的先后顺序。拍下他做每件事情的照片,并把照片贴在每一件事情的旁边。然后,让她用标记笔和小亮片装饰这张表。将表挂在孩子能看到的地方,并让日常惯例表说了算。当孩子不知道该干什么时,你可以问:"你的日常惯例表中的下一件事是什么?"(要确保不将日常惯例表与奖励给孩子的小贴片或奖励表相混淆,后者会因为着重于奖励而削弱孩子内心的能力感。)

提供有限制的选择。拥有选择能给孩子一种力量感:他们有权力选择一种或另一种可能性。选择还会让孩子在认真考虑要做什么时运用其思考能力。而且,当然,当选择包括一个帮忙的机会时,小孩子通常会更喜欢选择。"我们到家后,你要做的第一件事情是什么——帮我把买来的东西收拾好,还是读个故事?你来决定。""在咱们上车时,你愿意拿毯子,还是饼干盒?你来决定。"加上一句"你来决定",会增强你的孩子的力量感。要确保这些选择与孩子的年龄相称，并且所有的选择都是你乐意接受的。当你的孩子想做别的事情时，你可以说："这不是其中的选择，你可以在这件事和这件事之间选择。"

给孩子提供帮助你的机会。小孩子通常会抗拒让他上车的命令，但会对一个诸如"我需要你的帮助。你愿意帮我把车钥匙拿到车那里吗？"之类的请求做出愉快的回应。如果你能运用自己的直觉和创造性，那些以前很容易变成权力之争和战争的事情，就能变成欢笑和亲密的机会。允许孩子帮助你（甚至在有可能造成一团糟或不方便的情况下），还可以为随后的合作打下基础。

以尊重的方式教给孩子尊重

父母们通常相信，孩子们应该表现出尊重，而不是尊重他们。但是，孩子们是通过看到实际的尊重是什么样，来学会尊重的。你在提出要求时，要尊重你的孩子。当你打断孩子正全神贯注地做着的事情时，就不要期望一个孩子会"马上"做什么事。要给她一些提醒："我们马上就要离开了。你想再多荡一次秋千，或再滑一次滑梯吗？"要随身带一个小计时器。教给孩子如何设置一分钟或两分钟。然后，让她将计时器放到她的口袋里，以便计时器响起时，她能准备好离开。

还要记住，让一个孩子感觉到羞愧和耻辱——比如一个孩子在公园里（或任何诸如此类的其他地方）挨巴掌会感觉到的那样——是不尊重的，而一个受到不尊重对待的孩子，很可能会以不尊重作为回报。和善而坚定，表明的是对你的孩子的尊严、你自己的尊严以及情形的需要的尊重。

运用你的幽默感

没有人说过养育孩子就得无聊或不愉快。笑声常常是处理一个情形的最好方式。你可以试试说:"挠痒痒怪兽来抓不收拾玩具的孩子了!"要学会和孩子一起欢笑,并创造一些能使令人不快的活儿很快做完的游戏。幽默是最好——也是最令人愉快的——养育工具之一。

三岁的内森有爱哼唧的习惯,贝丝对此已经束手无策了。她已经试过了谈话、解释和视而不见,但似乎没有任何效果。一天,贝丝尝试了一种新方法,或许更多是出于绝望,而不是灵感。当内森哼唧说他想要果汁时,贝丝带着一种古怪的表情转向他。"内森,"她说,"妈妈的耳朵出毛病了。当你哼唧时,我根本就听不见!"

内森又一次哼唧着要果汁,但是,贝丝这一次只摇了摇头,拍了拍耳朵,向四周看了看,就好像有蚊子在她脑袋周围嗡嗡叫一样。内森又哼唧了一次,但贝丝又摇了摇头。然后,贝丝听到了不一样的声音。这个小男孩深吸了一口气,用一种低沉、郑重的声音说:"妈妈,我能喝一点儿果汁吗?"当贝丝转过身来看着他时,他又加了一句:"行吗?"

贝丝笑了,将内森从地上抱起来拥抱了一下,然后才去厨房。"当你这样好好地问我时,我能听得很清楚。"她说。从那次以后,当内森开始哼唧时,贝丝只需拍拍耳朵并摇摇头。内森会恼怒地深吸一口气——并开始用一种更好的语气说话。

当然,并不是每一件事情都能这么轻松地对待。但是,当孩子们知道一次胳肢比赛或枕头大战在任何时候都可能爆发时,规则就变得不那么难以遵守了。花时间快乐起来并一起大笑,对涉及到管教的事情也是管用的,并能使每个人的生活都变得更愉快。

进入孩子的内心世界

理解你的 3~6 岁孩子的成长发育的需要和局限,对这重要的几年的养育来说是很关键的。当孩子因为能力不足而受挫,变得心烦意乱或大发脾气时,要尽最大努力与孩子共情。共情并不意味着解救,而是意味着理解。要给孩子一个拥抱,并说:"你现在真的很烦躁,我知道你想待在这儿。"然后,拉着孩子的手,并让他体验他的感受,之后再温和地带他离开。如果你通过让孩子待在这里来解救他,他就不会有机会从自己能承受失望的体验中学到东西。

进入孩子的内心世界,还意味着要从孩子的角度看待这个世界并承认他的能力——以及他的局限。要时常问一下自己,如果你是你的孩子,你会怎样感受(和行动)。通过一个小人儿的眼睛来看这个世界,会很有启发。

说到做到,并和善而坚定地坚持到底

孩子们通常能感觉到你什么时候说话当真,什么时候不当真。除非你能说到做到,并能以尊重的方式说出来——而且,能以尊严和尊重的方式坚持到底,否则,通常最好是什么都不说。你说的越少越好!这可能意味着,要转移孩子的行为或向孩子表明她能做什么,而不是因为她不该做的事情而惩罚她。这还可能意味着,当该离开时,要一言不发地带孩子从滑梯旁走开,而不是陷入跟孩子的争论或意志的较量。当以和善、坚定并且不发脾气的方式做到这一点时,就会既尊重又有效。

要有耐心

要理解，在孩子成长到能够理解之前，你可能需要反复地教给孩子很多事情。比如，你可以鼓励你的孩子分享，但不要期望她能理解这个概念并在她不喜欢这样做的时候能自动做到。当她拒绝分享时，你要相信这不意味着她会永远自私。理解她做出的是与其年龄相符的行为，对你会有帮助（在第11章的社会技能中有更多介绍）。不要将你的孩子的行为当作是针对你的，认为孩子是在对你发脾气，是坏孩子，或在挑衅你。要像个成年人一样行事（有时候说起来容易做起来难），并要做该做的事情，不要内疚并感到羞愧。

只做不说——并小心监督

少说话，多行动。正如鲁道夫·德雷克斯曾说的那样："闭上嘴，去行动。"要静静地拉着孩子的手，把她领到需要去的地方。要向她表明她能做什么，而不是不能做什么。而且，不管你的孩子多么聪明、合作，或学得多么快，一定要小心地监督她的行动。3~6岁的孩子通常是冲动的小人儿，并且你的孩子在未来的几年都需要你留心地关注。

接受并欣赏你的孩子的独特性

孩子们的成长是各不相同的，并且有不同的长处。期望一个孩子做不到的事情，只会让你和孩子都沮丧。你姐姐的孩子也许能够安静地坐在饭店里几个小时，而你的孩子只坐几分钟就焦躁不安了，无论你多么用心地准备（对这个问题的更多介绍，见第3章和

第6章的与年龄相称的行为和性情）。如果你接受了这一点，你就可以通过先和大人们一起用餐而等待那个美妙的时刻，或等到孩子足够大的时候再一起用餐，以省去你和孩子的很多伤心经历。

把你自己想象成一个帮助你的孩子成功并学习如何做事情的教练或许会有帮助。你还是一名观察者，要了解你的孩子是怎样一个独特的人。永远不要低估一个小孩子的能力。在你给孩子介绍新机会和新活动时要仔细观察，要发现孩子对什么感兴趣、孩子可以独自做什么事情，以及需要从你这里得到什么样的帮助才能学会。

如何运用"暂停"

你可能想知道，一种常见的养育工具——暂停——在正面管教中如何使用。大多数父母都用"暂停"（在一项研究中，91%的三岁孩子的父母都承认用过），但是，很少有人真正理解什么是"暂停"，或如何最好地将其用在小孩子身上。

"积极的暂停"可以成为帮助一个孩子（和父母）平静下来，并一起解决问题的极其有效的方式。事实上，当我们心烦或生气时，我们就无法运用自己大脑中负责理性和平静的那一部分，所以，一种积极的——非惩罚的——"暂停"可以对每个人都有很大的帮助。惩罚性的"暂停"是面向过去的，使孩子们为他们做过的事情遭受痛苦，而且，实际上不会鼓励他们为将来的行为做出好的决定。积极的"暂停"是让你和孩子先冷静下来，直到你们能接通大脑的理性部分，而且它是面向未来的，因为当孩子们感觉到鼓励时，他们就能学着对自我控制和责任感做出积极的决定。

给"暂停"重新取一个消除其惩罚或限制含义的名字，可能是有益的。你可以将"积极的暂停"称为"冷静下来",甚至是"感觉好起来的地方"。让你的孩子帮助你建一个积极的暂停区,通常会很有效,可以在这个特别的地方放一些能帮助孩子平静下来的物品(毛绒玩具、书、绘画用品、孩子喜欢的一块毯子等等)。有些父母和老师相信,将一个暂停区做得诱人而有趣是在奖励孩子的不良行为。睿智的大人们会认识到,每个人都会有因为太生气而无法与人相处的时刻,积极地暂停(当它不是羞辱或惩罚时)一段时间提供了一个冷静期。一家幼儿园用冷静图片帮助孩子们将"暂停"看成了一种在他们需要冷静下来时的积极体验。孩子们帮忙用抱枕和可爱的玩具在教室里设置了一个角落,并将其命名为"南极洲"。任何一个孩子都可以在需要的时候选择去"南极洲"冷静下来。这个空间的奇思妙想真的对孩子们很有吸引力,因为它消除了负面含义并使冷静下来变成了一种积极的人生技能。(如果大人们身边也有一个"南极洲",不是也很棒吗?)要确保孩子们知道,当他们准备好的时候,欢迎他们从冷静的地方回来。

对于小孩子的"暂停"(或冷静),要考虑到以下几个要点。

· **暂停不能用于三四岁以下的孩子**。在孩子们有推理能力之前——这开始于满3岁左右(并且是一个持续发展的过程,甚至一些成年人也没有完全掌握推理能力)——监督和转移孩子的注意力是最有效的养育工具。

· **孩子们在感觉更好时才会做得更好**。强烈的情感会让一个小孩子感觉不知所措。积极的"暂停"能给他们一个机会冷静下来并歇一口气,这样他们才能和你一起解决问题。当你的孩子还小的时候,如果积极的"暂停"能让他感觉好起来,你可以和他一起去。要记住,其目的是为了让你和孩子感觉都好起来,以便你们最终能够选择更好的行为。

·**你的态度是关键**。"暂停"不应当被用作一种惩罚,而应该是给孩子时间冷静下来的一种方法。当你的孩子感到沮丧("行为不良")时,你可以问:"去你的'感觉好起来的地方'对你有帮助吗?"如果你的孩子拒绝,就问她是否愿意你和她一起去(要记住,目的是为了帮助她感觉好起来)。如果她仍然拒绝,你就自己去,给孩子示范一种冷静下来、直到感觉好起来的好方法。当积极的"暂停"作为几种选择之一提供给孩子时,是最有效的:"是去'舒服的地方'对你有帮助,还是和我一起用头脑风暴想出一些解决方案对你有帮助?"当孩子们没有选择时,即便是一次积极的"暂停"也会变成一次权力之争,如果一个大人试图让一个抗拒中的孩子待在一个地方,孩子感觉就像是惩罚——无论大人如何称呼这个地方。

·**没有哪种养育工具在所有时候都管用**。要确保你的养育工具里不是只有"暂停"。从来不存在一种工具——或3种,甚至10种——能在每一种情形中对每一个孩子都有效。给你的养育工具箱中多装一些健康的、非惩罚的备选工具,将有助于你在孩子挑战你时——他毫无疑问会这样——避免惩罚他们的诱惑。

·**要永远记住你的孩子的成长阶段和能力水平**。理解什么是(以及不是)与孩子的年龄相称的行为,将有助于你不期望超出孩子能力范畴的事情。

当"暂停"被用来鼓励、安慰和教孩子时,它就能成为一种有效而恰当的养育工具①。

---

① 关于"暂停"的更多内容,见《积极的暂停:50种在家里和学校里避免权力之争的方法》,简·尼尔森,Three Rivers Press,1999年。——作者注

当你的孩子"不听"时

父母们对小孩子最常见的抱怨之一,就是被称为"我的孩子不听"的神秘的听力下降。孩子之所以不回应大人的指令是有很多原因的——很少与他们的听力有任何关系。

3岁的布里安娜正在打她的玩伴,并且当老师让她停下来时,她几乎一下都没停。格雷戈里的爸爸告诉他该离开公园回家了,没有得到任何回应——直到他提高嗓门,抓起格雷戈里的胳膊。在进商店之前,梅甘的妈妈平静而清楚地告诉她,今天不会买任何吃的或玩具,当问她是否明白时,梅甘点了点头,但是,当她们在收银台前等着结账时,梅甘却大声哭喊着无论如何要买糖果。

听起来熟悉吗?问题通常不是我们的孩子不听,而是我们对他们的要求违背了一些更基本的需要。比如,布里安娜还很小,还在练习她的社会技能。她需要有人帮助她"运用语言",而且,如果她继续打人,就需要平静地把她领到另一个地方。格雷戈里正在试验他的主动性和自主,不幸的是,这与爸爸对他应该怎么做的想法不一致。他可以从有限制的选择以及和善而坚定的行动中学到东西。梅甘是因为年龄太小了,记不住一个小时前给她的指令——尤其是当这些指令与她现在想要的东西相反时。

既然你既不能让孩子听,又不能让孩子服从,那你能做什么呢?你可以先倾听,从而给孩子做出倾听的榜样。理解孩子的性情和与其年龄相称的行为会有帮助;避免喊叫、惩罚和唠叨也会有帮助,这些方式只会引起权力之争。另外,要尽量让孩子合作,而不是坚持要其服从:"地板上有些玩具。你愿意和我一起捡起来，还是你自己捡？"当孩子感觉到被赋予选择的权力时，他们通常就会合作。

把爱的信息传递给孩子

在讲习班中，我们常常会问父母们为什么会在意自己孩子的行为。在片刻的抓耳挠腮和一脸茫然之后，他们会告诉我们，他们爱自己的孩子——就好像爱应该是显而易见的一样，但是，是这样吗？

你知道你爱你的孩子。凝视着孩子熟睡的脸庞，或看着她带着满脸的巧克力冰淇淋向你微笑，看看你是否能抗拒住拥抱她的冲动。但是，你的孩子知道你管教她、教给她技能、教育她是因为你爱她吗？

即便是最有效的非惩罚性养育工具，也必须在一种爱的氛围、无条件接纳和归属的氛围中运用。要确保你花了时间拥抱和搂着孩子，向孩子微笑、充满爱心地抚摸孩子。你的孩子在感觉更好时，会做得更好，而且，当她生活在一个有爱和归属的世界中时，她会感觉更好。

孩子不听的原因

- 大人喊叫、长篇大论地说教或唠叨，这不会让孩子听。

- 大人不问孩子应该或不应该做什么，而是告诉她。

- 大人引发了权力之争，使得赢比合作更重要。

- 孩子被其成长中的探索本能"编程"了——而大人不希望她这样。孩子本能的声音，通常要比大人的声音更响亮。

- 孩子不能遵从某个要求，是因为该要求所需的社会技能或思考技能还没有发展起来。

- 孩子们的优先选择和大人的不一样。

- 大人不倾听孩子。

第2章

正面管教与你的3~6岁孩子

3~6岁的孩子是迷人的、可爱的小人儿。他们能分享想法、显示出好奇心、运用崭露头角的幽默感、建立自己的人际关系，并向他们身边的人敞开喜爱和快乐的怀抱。他们还会固执、违抗、令人困惑并让人毫无办法。

大多数父母会为自己的孩子将生活在一个怎样的世界而担心，他们想知道，如何最好地养育自己的孩子，才能让他们生活得更成功、更幸福。而且，他们密切注意着孩子偶尔出现的令人失望的行为，想知道未来会怎样——以及该对此怎么办。

"我的小宝宝哪儿去了？"

卡洛塔看着3岁的曼纽尔一步步走过游戏场——他走路已经不再东倒西歪了。当曼纽尔稳稳当当地爬上那个圆弧形攀爬架的最顶端时，卡洛塔感到浑身一震。"我的小宝宝哪儿去了？"她惊奇地大声喊了出来，带着苦乐参半的微笑，"这个小人儿是谁？"

当街角的交通信号灯变成绿灯时，黛娜不由自主地弯下腰去拉她女儿的手。5岁的玛尔塔看着妈妈，做了个鬼脸。玛尔塔愿意走在妈妈身边，但她不愿意被妈妈拉着手：小宝宝才那样。黛娜感觉自己有点傻。她意识到玛尔塔很小心，并且完全不用拉着她的手过马路了，但就在那一刻，黛娜忽然觉着自己手里空落落的。

不知怎么，在孩子出生后第二个3年里的某个时刻，那个你曾经为之惊叹并习惯于拥入怀中的渴求大量的爱和关注的无助的婴儿，就长成了一个独立的小东西，有他自己的各种打算、想法和观点。对大多数父母来说，这个渐变的转变是那么不明显，以至于在出现上面描述的那些时刻，而你用新的眼光看待你的孩子时，你会感觉到一种震惊。那个摇摇晃晃地蹒跚学步的幼儿，什么时候被眼前这个能走甚至能跑（比你跑得还快）而不跌跤的健壮的小家伙取代了？那个瘦小的，会因为各种新鲜事物而分心的小小探险家，什么时候变成了站在你身边的这个认真、会做很多事情并且更有责任心的孩子？你什么时候能不用再问她是否上过了厕所，是否穿好了外套，或是否记住了带她的午餐盒？有些父母太习惯于做这些事情了，以至于在他们的孩子成为父母很久之后，仍然大声地命令或警告孩子。

学会放手

有时候，养育对你来说就是要学会放手。当你的孩子断掉母乳或戒掉奶瓶时，你必须放弃喂奶的那种特别的亲密感。当不用再计量你的孩子需要喝多少盎司果汁，因为他用的是一个"大人"的杯子时，你必须再次放手。当你把孩子留给别人照看时，即便只是半个小时，你也必须以另一种方式放手。

放手，是从孩子脱离母体的那一刻就开始的一个过程，并且这对每个人的健康成长和发展都是至关重要的。紧紧抓住不放——通常是以爱的名义——会阻碍健康成长。要记住，当你的孩子过了十几岁之后，你将不得不再次放手——目的是为了让她成长为有能力和幸福的成年人。对于密切关注着孩子的父母们来说，孩子在成长道路上迈出的每一步，通常似乎都会使孩子离他们的怀抱更远：孩子越长大，对父母的需要似乎就越少。养育的挑战就在于要找到两者的平衡，一方面，要养育、保护并指导孩子；另一方面，要允许你的孩子去探索和试验，并成长为一个独立和独特的人。事实上，你的孩子会始终需要你的指导、鼓励和爱，但是，随着孩子的成长和变化，养育要采取不同的形式。在14岁时，他将会既需要爱，又需要界限，但是，他必须独自做出自己生活中的很多决定。同样，虽然4岁的孩子还远远不能自立，但他们需要一些独立，以学习和练习新技能。要在指导和孩子的独立之间做到平衡，就需要你随着孩子的成长和不断获得新技能而改变自己在他生活中所扮演的角色，让他为离开你的羽翼保护之后成功地生活做好准备。

外面的世界

孩子们在这几年里成长得非常快，而父母们常常发现自己急急忙忙才能赶上孩子的脚步。3~6岁的孩子们会发现自己的世界里还有很多其他人，并且可能不再把爸爸、妈妈或其他家庭成员看作是他们世界里最重要的人。

孩子们开始与其他人建立情感联系；他们发现了朋友的世界。约翰尼搞清楚了自己是个男孩还是女孩，并知道这是一个永恒不变的事情。他注意到了与自己不同的肤色、身形，以及生活方式。他开始对这个世界以及它是如何运转的、可以从别人那里期待什么，以及必须怎样做才能找到爱和归属做出决定。事实上，正如你将在第4章了解到的那样，这些决定会变成他那正在成长中的大脑的固定回路的一部分。在你的孩子形成自己对待生活的独特方式的过程中，每一次经历对他来说都很重要。

在父母们努力坦然地接受他们的孩子有与以前不同的需要的过程中，冲突可能就会出现。你必须"放开小宝宝"，并学会把你的孩子看作是有能力的，并且能掌握新的技能。偶尔，他会犯一些错误；你必须学会看着你的宝贝孩子体验那些错误造成的不安，而不是冲过去宠爱他或解救他。孩子们会在发展中的独立性与对父母羽翼保护的需要之间摇摆。

在这几年中，你的孩子将学习有关共情、合作与和善的最初几课。她意识不到这一点，但是，学着建立和保持健康的人际关系将占去她这几年中的大部分精力。教给孩子这些技能（并帮助孩子平息作为学习过程的一部分而时常出现的危机），实际上会使其父母和照料人非常忙碌。

养育一个活泼好动的3~6岁孩子是一项艰巨的任务，并且可能会让人感到不知所措。难怪父母们会发现，几乎没有哪个电视节目或杂志不在提供最新的管教和养育建议。书店里的书架上塞满了有关养育的各个方面的书籍。事实上，大多数父母发现，问题不在于没有足够的信息，而在于他们想知道该从哪里开始以及该相信谁。本书是以尊严和尊重的原则为基础的，能帮助观点不同的父亲和母亲（即便那些最相爱的父母，两人之间有时也会看法不一致）找到对双方都合适的管教方法。

各种各样的父母

父母们各不相同，而每个孩子都至少有一对父母——更不用说继父母、祖父母、姑姑、姨妈、叔叔或住在一起的人了。闲不住的3~6岁孩子有一种使养育方式和观念上的分歧暴露出来的天赋。或许，爸爸相信孩子们应该在用餐时从头坐到尾，直到每个人都吃完后才能离开；而妈妈认为，孩子们应该可以在吃完后就离开餐桌。为了避免无休止地在用餐时争吵，这些事情应该由大人们进行讨论，达成一致并予以遵守。对于你的家庭幸福来说，解决观点的分歧并记住尊重相互的养育方式，是至关重要的。

知道会出现分歧，能帮助你在面对分歧时少一些焦虑。成年人也需要培养自己希望孩子们学会的那些解决问题和达成合作的技能——毕竟，你的孩子会模仿你。要将你们的分歧当作学习和成长（对涉及到的每个人）的机会，以及显示有价值的人生技能的手段。

有时候，一个成年人会感到某个具体问题足够重要，以至于他会放弃其他问题并达成妥协。如果在用餐时自始至终坐在餐桌旁对爸爸来说极其重要,或许他会允许一个孩子安静地坐在餐桌旁做填色游戏。有很多方法可供选择。学会相互迁就,尊重对方的想法,并尝试新的做事方式,将会带来家人之间的真正合作。

各种各样的家庭

各个家庭并不都是相同的,会有不同的形式、成员数量和构成。3~6岁孩子可能由双亲、单亲、养父母、祖父母或继父母抚养长大。他们的父母可能是异性,也可能是同性。他们可能有几个兄弟姐妹,也可能身边没有其他孩子。

我们相信,在任何一种家庭中,孩子们都能带着一种健康的尊重感和尊严感成长。成年人对于该教给孩子哪些价值观所做出的决定,以及在日常生活中所反应出的价值观,在塑造着一个孩子童年的生活。小孩子们在任何家庭中都能健康而幸福地成长,只要其家庭以爱、尊重、尊严和归属感为基础。

所有的家庭都面对着压力,无论是金钱方面的、时间方面的,或人际关系方面的。如果你的家庭不是诺曼·洛克威尔[1]所描绘的那种传统家庭（现在的很多家庭都不是）,你就能聪明地寻求各种支持和其他信息;比如,看看《单亲家庭的正面管教》[2]、《继父母家庭的正面管教》[3] 和《重组家庭的正面管教》[4]。

---

[1] 在20世纪早期美国的重要画家及插画家。——译者注
[2] Three Rivers Press,1999年出版。——译者注
[3] Empower People,在 www.focusingonsolutions.com 网站可找到相关电子书。——译者注
[4] Empower People,在 www.focusingonsolutions.com 网站可找到相关电子书。——译者注

这么多不同类型的父母和家庭，真的会有一种管教理念能适用于所有情况吗？我们认为有。

为什么是正面管教

正面管教（无论其理念，还是相应的技巧）会给你提供有效而关爱的方式，来指导你的孩子度过这忙碌并且往往是充满挑战的几年。无论你是一位父母、一位老师，或一个照料孩子的人，你都能从这本书中发现那些你能真正运用，并且能帮助你给予孩子最好的人生起点的理念。

正面管教管用吗？是的！实际上，建立在相互尊重、鼓励和教给孩子技能基础之上的正面管教理念，与我们对人类大脑如何发育以及怎样才能最好地促进其健康发展的不断深入的认识是非常契合的。这些原则对我们有用，对我们的孩子、我们幼儿园的学生、我们的客户和成百上千的参加过我们的讲习班和研讨会的父母和老师们都有用。我们在本书中分享了很多成功的故事：我们自己的，以及很多通过运用正面管教概念而为自己和孩子体验到的成功向我们表达感激的父母、老师和照料孩子的人的。

我们犯过很多错误（你认为我们能从哪里为这本书找到那么多实例？），但是，我们真的相信错误是学习的机会。我们想跟你分享我们已经学到的东西。在你看后面各章时，你将会为你的正面管教工具箱增加一些有价值的知识和技能，比如理解孩子的发展（第3章），理解性情（第6章），社会能力的发展（第11章），以及不良行为的错误目的（第8、9、10章）。我们还会探讨对3~6岁的孩子进行管教——以及防止不良行为的很多方法。

这确实是一个充满挑战的世界，而我们的孩子需要我们能给予他们的全部的自信、智慧和解决问题的技能。他们还需要相信他们自己的价值和尊严，需要拥有健康的自尊感，并且需要知道如何和他们周围的人一起生活、工作和玩耍。几乎没有哪个父母不会偶尔感到不知所措和困惑，不担心自己即便做到了最好仍然是不够好。风险是如此之大，而你那么爱你的孩子。你应该从哪里开始呢？

实际上，终点就是一个好的起点。我们这句话的意思是，重要的是你的心中要有个目标，以便你能专注于那些有助于你实现你想要孩子达到的长期目标的养育技能，而不是那些无法教给孩子你想要他们具备的人生技能和品质的短期解决方法。

注重长期效果的养育的重要性

在有一个3~6岁孩子的每天忙碌的生活中，很容易只关注眼前遇到的危机。每天早上都有一大堆事情，要为孩子准备好需要带的午餐，要给孩子找出衣服，而他们可能喜欢也可能不喜欢穿，还要给他们穿上鞋子。大人必须出门上班，孩子们必须去幼儿园或学前班，或在家里照看。然后，晚餐和家务都需要花费时间和精力来做，之后就到了晚上的就寝时间。让每个人吃饱、沐浴并入睡，可能会耗尽你最后的一丝精力。

然而，父母们还有更多必须要做的事情。你必须思考、梦想和计划。你必须要学着更好地了解你的小家伙，并且必须决定对你来说生活中最重要的是什么。而这些最重要的事情往往是父母们从来没有时间去做的。当你开始养育之旅时，知道你最终的目标难道不是很有帮助吗？如果你对自己想要去哪里没有一个清晰的想象，你怎么能到达呢？

或许，你能马上做的一件最明智的事情，就是花一点时间问自己一个很重要的问题。你对你的孩子有什么期望？当你的孩子成长为一个成年人时，你希望她拥有什么样的品质和特点？你可能会认定，你希望自己的孩子自信、有同情心、尊重他人。你可能希望她有责任心、努力工作并值得信赖。大多数父母都希望自己的孩子快乐，有一份报酬不错的工作，以及健康的人际关系。无论你对孩子的期望是什么，你如何才能让期望变为现实呢？你的孩子怎样才能学会拥有满意、成功的生活呢？好消息是，你从本书中将要学到的管教方式，就是为帮助你的孩子培养有助于他们实现这些目标的社会和人生技能而设计的。

和善而坚定

因为有一种正面管教工具太重要了，以至于我们想在一开始就提到它：和善与坚定并行。这可不是一个小挑战。我们任何一个人在看到自己最喜欢的一个水晶碗变成了厨房地板上的一地碎片时，可能都禁不住要惩罚孩子。我们也同样禁不住在收银台前给孩子买棒棒糖，只要这能避免他或她在公共场合发脾气。

当你认识到一点小小的预防能具有难以置信的价值时，在这些日常灾难面前保持和善而坚定就变得更容易了。为什么要将那个亮晶晶的诱人的水晶碗放到孩子正在使用的桌子上呢？带着一个又累又饿的孩子去商场，怎么能不让你和孩子都沮丧呢？一点点预防，就能消除很多麻烦——你的和孩子们的。

但是，预防并不会永远都管用，即便是最可爱的3～6岁孩子，也会时不时地做出不良行为或犯错误。在这些时刻，就需要和善而坚定的养育。和善，表明的是你对孩子作为一个人的尊重，

> **你希望你的孩子具有什么品质？**
>
> 下面是从我们举办的很多讲习班和演讲中搜集的父母们和照料孩子的人所提出的一个典型清单：
>
> | | |
> |---|---|
> | 自律 | 自立 |
> | 做决定的能力 | 解决问题的能力 |
> | 自我激励 | 自信 |
> | 合作/协作能力 | 社会交往能力 |
> | 创造性 | 看到积极方面的能力 |
> | 价值感 | 韧性 |
> | 领导能力 | 有远见 |
> | 忍耐力 | 敢于承担责任 |
> | 责任感 | 尊重自己和他人 |
> | 共情/关心别人 | 宽容 |
> | 幽默感 | 有决心 |
> | 思考能力/判断能力 | 公共精神/社会责任感 |
> | 诚实 | 终生学习的能力 |
> | 适应能力 | 沟通能力 |
>
> 真正的问题是：哪种管教方式能最好地帮助孩子们培养这些能力？我们相信，惩罚的方式从长期来说是不起作用的。相反，正面管教强调的是非惩罚的管教，目的在于教会孩子技能并建立情感联结。

并强调教给孩子有价值的技能。坚定，是要用必要的行动支持你说的话，帮助孩子了解你说话是算数的（这也意味着你说话要小心）。

面对那个打碎的水晶碗，和善就是要同情孩子为此感到的惊恐，并帮助他寻找做出一些弥补的办法。这可能意味着在扫起碎片时让他拿着簸箕，或想出一些他能做的小事，以便他能挣钱再买一个新碗。这些选择应该与孩子的年龄和能力相适应。和善意味着不说教、羞辱或侮辱一个孩子；坚定意味着确保商量好的事情要完成。

在商店里，和善可能意味着给孩子一个拥抱，并认可你的孩子确实想要那个棒棒糖；坚定意味着如果你说了不会买，就不要买，并温和地带他离开商店，如果孩子发脾气，不要进行任何惩罚或说教。那些无法做到坚定的父母会变得对孩子过于娇纵，而娇纵式的养育对孩子和大人都没有好处。娇纵会导致孩子相信他们可以为所欲为，认识不到选择是有后果的。

养育的另一个极端是过度控制。那些坚持死板地控制的父母们，将惩罚视为他们的首要养育工具；不幸的是，惩罚并不能把父母认为能教给孩子的东西教给孩子。孩子们始终在对他们自己、你和他们周围的世界做着决定。正如我们已经了解并将要让你看到的那样，惩罚在大多数情况下都会导致孩子以后出现更多令人不快的行为。

如果你避免了娇纵和过度控制，并且以和善而坚定的方式行事，你所有的问题就会消失吗？当然，事情会得到改善——但是，还有其他因素在起作用。你永远也不会做到完美，你的孩子也一样。然而，和善而坚定能够帮助你认识到很多可能以爱的名义犯下的错误，以便你尽可能地避免——或者，至少在出现错误时进行纠正。

以爱的名义

很少有哪个父母不爱他或她的孩子。然而，仅有爱有时是不够的。父母们（以及老师们）会以爱的名义做很多无效甚至是有害的事情。你可能会惩罚你的孩子，因为你爱他，并认为这是教给他东西的唯一方法，或者你因为想要孩子出类拔萃而将他逼得太紧，因为你爱他并想要他做到最好。父母们还会过度保护孩子，侮辱他们，并斥责他们——都是以爱的名义。

实际上，爱是容易的。真正的问题在于，你是否能以正确的方式表达自己的爱——培养责任感和自尊，并鼓励你的孩子作为快乐和对社会有贡献的一员发挥其最大的潜能。你应该给予孩子多少爱呢？多少就是太多了呢？让一个孩子走她自己的路会有害吗？你应该逼迫你的孩子，还是让他以自己的步伐前进？

只有知识和技能才能让你更好地找到爱的感觉。没有一个人天生就知道如何养育一个充满活力的3~6岁孩子：所有的父母都是从他们自己的父母和自己的经历中学习的，而且大多数都会尽最大的努力。而且，所有的父母都会犯错误。幸运的是，对父母的教育和培训正在获得广泛的认可和信任。社会从来没有质疑过职业领域的培训，但是，不知从何时开始，人们有了养育孩子应该依靠"天生的本能"，而需要帮助就是承认自己无能的观念。

事实是，"好"父母会参加养育讲习班、阅读书籍并问很多问题。祝贺你正在读这本书！另外，也请你与其他父母保持联系。我们鼓励你参与一个你所在社区的养育小组，或者考虑自己建立一个。为收养孩子的父母、抚养孙辈的祖父母，以及你能想象到的每一种家庭形式提供帮助的各种支持小组都有。寻求帮助不是因为你愚钝——而是因为你聪明。

读书和参加养育讲习班不会使你成为一个完美的父母——世界上没有完美的父母。但是，你会更多地了解对你的孩子的长期利益来说，什么管用以及什么不管用。当你犯错误时，你会知道如何改正——并且你会教给你的孩子知道，日常生活中的危机和灾难不应该是令人尴尬或丢脸的，而是实际上对人有好处的。

错误是学习的机会

坏消息是：你会犯很多很多错误，你的孩子也会犯很多很多的错误。好消息是：犯错误是学习和成长的大好机会。只要你们愿意拥抱、原谅，并想出一个更好的方法，你们的关系就会变得更亲密。你和你的孩子能够学习有价值的技能。实际上，当你能承认一个错误，并知道你们双方可以怎样努力防止这种错误再发生时，你和你的孩子的关系甚至会因此得到改善。

当你真正理解错误是学习的机会时，你就能产生一种对错误感到有趣而好奇的感觉，并且想知道能从错误中学到什么，并由此给你的孩子灌输一种对错误的健康心态。这会帮助你和孩子都轻松地享受生活——并相信你的内心。

相信你的内心

养育绝不是一件简单的事情；我们的生活中有那么多的事情需要同时处理和平衡。没有哪个人像一个刚刚学着探索自己的世界的小孩子（或满满一教室这样的孩子）那样，给父母或老师带来那么大的挑战并让他们拿出全部本领。从现在开始，就要记住，父母和孩子之间的关系才永远是最重要的。通常，正是每天那些不起眼的时刻——临睡前的拥抱、争吵过后的泪水、一起的努力和欢笑——才是最好的养育发生的时刻。如果你和孩子的关系建立在无条件的爱和信任的基础之上，如果你的孩子知道无论怎样你都会爱他们，你或许就会做得很好。

祝贺你的孩子的成长和改变

孩子一直在成长，而父母也要随着他们一起改变。随着她的成长，你的3~6岁的孩子对你的需要与以前不同了。随着她不断地掌握新技能，你必须学会放手并支持她，在她跌跌撞撞时鼓励她，当她逐渐走出你那安全的臂弯时，为她提供与她熟悉的场所和面孔之间的联结。你的那个小宝宝不见了。但是，取代她的是一个多么了不起的孩子啊！你要确保花大量时间去了解这个新人，并与她建立一种牢固的爱的情感联系。要记住，你们的关系永远比最有效的工具和技能都重要。

无论你是一位父母、一位老师，或一个照料孩子的人，你都能从本书中找到那些将帮助你给予你的生命中的孩子最好的人生开端的理念。这是美妙的几年，而且你和孩子在一起的这几年中的经历、记忆和时刻，将始终回响在你未来的人生中。

第3章

理解孩子的发展

　　每个人都是一件艺术品。仅从外表来看：肤色、头发的颜色与质地、鼻子的形状、眼睛的颜色、身高、体重、体型——我们每个人都是独一无二的。而身体的各种特点只是我们的独特性的一个方面。

　　性情具有和指纹一样的独特性。我们发育和成长的速度也是如此。理解孩子的发展，意味着要考虑到孩子们在不同的年龄普遍来说能够做、思考和完成的事情——以及在家庭、文化和生活环境的更广泛背景下，每个孩子发展的个体差异。这要考虑到很多因素。

理解与年龄相应的行为：
怎样教孩子并赋予他力量

在1~2岁左右，孩子们进入"我来做"的阶段。这是他们形成一种自主感①的时期。2~6岁会预演一种主动意识的发展，这意味着探索和试验是一个孩子成长的任务。你能想象，对于一个孩子来说，因为成长而注定要做的事情遭到惩罚，会有多么困惑吗？他面对着一个真正的两难困境（在下意识中）："我应该服从我的父母，还是应该遵循以在我的世界中探索和试验来发展自主和主动意识的生物本能呢？"惩罚——成年人对孩子的新行为和挑战行为的一种典型反应——会导致孩子产生一种内疚感和羞耻感。

这些发展的阶段，并不意味着应该允许孩子随心所欲地做任何事情，但这确实解释了为什么你在努力得到孩子的合作时应该和善而坚定，而不是通过控制和（或）惩罚。你的孩子的大脑正在形成将影响他的人格和生活态度的连接，而你最想要他认定的是，"我有能力，我能够尝试、犯错误和学习。我被人爱着，我是一个好人。"如果你想通过让孩子内疚、羞辱或以惩罚来"教"你的孩子，那你就会给孩子造成一些在成年后也很难改变的令人沮丧的信念。

运用与成长相适应的管教工具的一种方式，就是以孩子的优势——他已经会做的事情——为基础，并在新的方向轻推他一

---

① 见《0~3岁孩子的正面管教》，第3版，简·尼尔森，谢丽尔·欧文和罗丝琳·安·达菲，北京联合出版公司，2015年。——译者注

下，挑战他多学一点点。一个能够数到 3 的孩子，可以在早餐时数出 3 把要用的勺子，选出 3 种涂色的蜡笔，或搅拌 3 次做薄饼的面糊。一个孩子在大人的帮助下就能掌握这些新技能，然后，要由一个大人在旁边大声数数，最后让孩子自己数。在这几年中，你将一遍又一遍地运用这个过程来教给孩子很多东西，随着孩子从抱在你怀里的无助的小宝宝成长为一个美妙而能干的小家伙，你很快就要陪他第一次走进小学的教室了。

年龄和机会之窗

孩子们在很多方面都是相似的。比如，胡安和玛丽都是在 13 个月大时学会走路的。但孩子们也是不同的。玛丽在 10 个月大时就顽强地扶着家具站了起来，并迈出了她的头几步，而胡安在 11 个月大时还在心满意足地爬来爬去。

可以在你的脑海里想象一扇窗户。尽管窗户的四边都有框，但在中间有很大的空间。虽然某些身体、智力和情感的发展有年龄之窗，但每个孩子在这些窗户中都有他或她自己的发展进度，与其他孩子既不会完全相同，也不会完全不同。其他一些能力的发展，比如社会交往能力，会一直延续到成年阶段。

因为我们这本书关注的是管教，就让我们看一些会影响一个孩子的感知和行为的因素吧。

过程与结果

孩子们看待世界的方式会在 3~6 岁之间发生很大的变化。正是到这几年的末期——大约 5 岁时——孩子们才开始在做一件事情时脑子里有一个明确的目标。在此之前，他们对"做"或"过程"的兴趣，要远远高于做的结果或目标。

想象一下，在一个忙碌的星期五的晚上，你要带着你的 3~6 岁的孩子赶着去商店买一些东西。你的心里有一个明确的目标——匆匆抓一些晚餐需要的食材，及时赶回家，做好饭，吃完饭，还要赶上你大儿子的足球比赛。然而，对于你的小孩子来说，结果不是关键。去商店完全在于其过程——气味、颜色，以及感受和体验。被夹在一个匆忙的行程中，就没有时间享受这一过程了！

孩子们可能不像我们那样目标明确。但是，按照一个孩子那种轻松自在的方式去做，也并非总是可行的——有时候我们确实需要匆匆忙忙跑进去，抓起鸡块，然后再跑回家。知道你的孩子关注过程而不是结果，有助于你提供一种平衡的方式。你们可以在有空时在商店里随意逛逛，享受鲜花的芬芳、蔬菜和水果的颜色以及书架上期刊杂志的鲜艳色彩。当你必须赶时间时，要花点时间向你的孩子解释为什么这次你必须要抓紧时间买东西。你可以解释说，你想让他拉着你的手，并且你们在经过玩具和其他有趣的东西时不能停留。你可以提出让他帮你找鸡块，并拿到收银台。然后，你们要回到车里，并开车回家。帮助一个孩子理解你的期望以及将会发生的事情，会使他更容易与你合作。

一天下午，帕齐匆匆来到幼儿园，赶上了接孩子，她看到劳拉和她的儿子正从一幅彩色的大图画前走开。帕齐急切地看了一遍，想看看她儿子保罗画了什么，但这些画上没有他的名字。帕奇很困惑，她把老师拉到角落里，询问为什么保罗今天没有机会画画。"保罗对颜料很感兴趣，"老师说，"但不是画在纸上。他搅拌了颜料，并在他的手指上试验了颜料的感觉，然后认为他其实更喜欢搭积木。"

当保罗的妈妈理解了保罗关注过程的特点时，她就感到放心了。

看世界的角度

如果你身高不足三英尺，这个世界在你看来会是什么样子呢？你的选择、需要和行为会受到这种特殊角度怎样的影响呢？好吧，跪下来，看看你的周围。

挂在墙上6英尺高处的那幅画，从这个角度看起来是什么样子？对着一个大人的膝盖说话能有多么诱人吗？当洗手盆高过你的头顶一英尺时，洗手会面对怎样的挑战？理解一个小孩子身体的视角和限制，能帮助父母和老师们使环境适合孩子的能力。当你花时间考虑这些因素，并做出适当的调整时，你就会增强孩子的能力感，并减少其挫折感——这将会减少孩子的不良行为和需要管教的情形。

"真的吗？"：幻想与现实

小孩子常常很难理解真实和想象之间的区别。

菲利普，3岁，他的父母兴奋地带他去看迪士尼的经典影片《白雪公主》。他们先向他解释了电影很有趣，但确实有一些吓人的地方。"那不是真的，"凯伦对她的小儿子说，"你不需要害怕。"菲利普高兴得又蹦又跳，对他第一次看电影太兴奋了，以至于没有太注意妈妈的警告。

一切都很顺利，直到出现邪恶的皇后喝下能使她变成干瘪的丑老太婆的魔药的场景。突然，随着一声像打翻了开水壶一样的尖叫，菲利普从座位上跳下来，爬到了妈妈的腿上，瑟瑟发抖地蜷缩在那里，直到电影结束。

"嗨，小伙子，我们不是告诉过你电影不是真的吗？"比尔在走向汽车时问他的小儿子。菲利普抬起头，吃惊地看着他的爸爸。"但是，爸爸，"他缓缓地说，"那是真的，我看到了。"

菲利普的父母知道了，世界上最好的演说也无法改变一个事实：一个孩子对真实的定义要比成年人的宽泛得多。

到5岁时，幻想与现实之间的区别会变得更清晰，但是，一个孩子对自己察觉到的事情的解释，仍然受着其发展阶段的限制。在纽约"9·11"恐怖袭击期间，各新闻节目都同意了停止反复播放飞机撞入大楼的画面，因为小孩子会认为事情又发生了一次——一遍又一遍地发生。小孩子确实在理解这个世界，但不是与大人相同的方式。

父母们有时会因为纯粹是孩子发展过程的一部分的事情而责骂孩子，或者将这种行为理解为撒谎。如果你能够认可你的孩子的恐惧，并倾听他的感受，你的孩子就会感觉到能安全地告诉你他的世界里发生的事情。

"告诉我实话！"：小孩子和谎言

问：我该如何对待我4岁孩子的说谎呢？她甚至对小事也会撒谎。我不能让她就这么逃脱。请给我一些处理这种棘手情形的建议。

答：孩子们"说谎"的原因有很多种。有时候，他们是搞不清什么是真实的，什么不是真实的。他们撒谎还可能是因为他们急切地想得到赞同，并且不想承认他们做了不应该做的事情。有时候，他们是想要逃避自己行为的后果。（成年人也会因这些同样的原因而撒谎。）

你说的不能让她"逃脱"，是说明你的态度的一个线索。在4岁时，大多数孩子都能理解自己的行为会有后果，但是，他们还不懂事，没有判断力。他们需要父母教的，还远远多于需要管教的。如果你的女儿怀疑错误的选择和犯错误会使她受到惩罚或说教，她就不想告诉你实话。

孩子们不是天生就理解实话和谎话之间的区别，而且他们不会自动地看重诚实。父母们应该有计划地教给孩子为什么可信和说实话很重要，但在孩子们变得更成熟之前，不要指望他们能理解。另一个事实是，当孩子们看到自己周围的大人很诚实的时候，他们就更有可能重视诚实。（也就是说，如果你的孩子听到你因为想要去滑雪而打电话请病假，他就不会学会诚实。）

大多数孩子（和大多数成年人）时不时都会说谎。要记住，犯错误是不可避免的——特别是在 4 岁的时候——而如果错误被看作是学习的机会，而不是罪恶或失败，它就没那么可怕了。如果你想让你的孩子诚实，你就必须愿意倾听，愿意克制住羞辱或惩罚，并且愿意在问题出现时和她一起培养她的技能和对事情的理解。当一个孩子没有说实话，并因此被打屁股，被送去"暂停"，或受到羞辱时，她就会学到一些你意想不到的教训。惩罚只是表面上管用；它通常会造成恐惧的孩子，或极力逃避为自己的行为承担责任的孩子。

听听一位父亲关于儿子"撒谎"的经历：

科林很不高兴地发现厨房的地板上有一个碎了的鸡蛋。"嘿，"他怒气冲冲地喊道，"谁打碎的这个鸡蛋？"4 岁的

对撒谎的回应方式

下面是当你的孩子"说谎"时可以参考的一些建议：

・参与进去，和孩子一起通过夸大其故事并使其更好玩、更荒谬来做假装游戏。

・专注于解决方案，而不是指责。不要问谁造成的麻烦，而要问孩子是否需要帮助来清理，或者，问孩子是否有什么主意解决这个问题。

・当你怀疑是一个谎言时，就说："我听上去这像一个故事。我想知道真相。"

・与孩子共情。问他是否害怕承认惹了麻烦。让他相信我们有时都会感到害怕。

・向孩子解释为什么要为他的行为承担责任："我们都会犯错误，但是责怪别人，即便是想象的人，不会减轻我们应该承担的责任。"

・跟孩子聊聊信任的含义。帮助孩子看到说实话和让别人相信他说的话之间的联系。

山姆平静地回答道:"是一条鳄鱼干的。"

科林知道堪萨斯州根本没有鳄鱼。他想找到一个处理这种情形的办法,既能解决鸡蛋的问题,又能教给山姆说实话的重要性。"一条鳄鱼!"他大声说道,"是橘色的吗?我想我刚才在车道上看到它了。"山姆笑了,同意是一条橘色的鳄鱼。

科林也笑了,然后说:"你知道,我只是在假装有一条鳄鱼。我知道这里没有鳄鱼。"然后,他建议他们一起来清理碎鸡蛋,知道他们在干活时会有机会交谈。

"山姆,你是害怕我会因为碎鸡蛋冲你大喊大叫吗?"山姆垂下了眼睑,慢慢地点了点头。科林用热情而温和的语气说:"我知道,把事情怪罪到一条鳄鱼身上,或编造一些没有真实发生的事情是很有诱惑力的,但是,重要的是你要知道,你可以告诉我实话,即便在你感到害怕的时候。你知道为什么说实话很重要吗?"山姆摇了摇头。科林抚摸着儿子的头发,说道:"我希望能够相信你告诉我的话,哥们儿。我非常爱你,并且我想知道,当你告诉我什么事情时,那都是真正发生的。"

山姆抬起了头,缓缓地说:"我也爱你,爸爸。我刚才只是在假装。"

科林说:"是的,我知道我们在假装。有时候假装是很好玩儿的。但是,重要的是要知道我们可以说实话。当我们一起编故事的时候,我们是在假装。当我们用一个故事来逃避承认我们所犯的错误时,我们就是在撒谎。"

山姆可能要不止一次才能学会这一课。很少有哪个成年人能够声称自己在所有时候都完全诚实,而山姆在掌握这个新概念之前,可能还会犯错误。

科林还可以只问山姆是否感到害怕。或者,他可以用不那么有威胁性的方式来问原来那个问题,说:"山姆,这个碎鸡蛋弄得这儿一团糟。我们怎样解决这个问题呢？你能自己把它清理好吗？或者你想要我来帮你？"

消除孩子的恐惧感并把爱的讯息传递给我们的孩子（甚至参与一点他们的胡说八道），能够帮助他们学会说实话。

孩子与偷窃

所有权，是孩子的思维过程与成年人不同的另一个例子。小孩子对财产权的理解与大人不一样（事实上，道德和伦理观念的形成会一直持续到青春期）。因为孩子们是通过观察大人来学习的，他们有时会对自己所看到的事情做出令人惊讶的决定。

詹森和妈妈走进了超市。他看到妈妈拿起一份免费的当地报纸放进了包里。在过道的远处，一个女人在提供免费品尝的饼干。妈妈给自己拿了一块，并且给了詹森一块，在整个购物过程中，他都一直开心地嚼着这块饼干。

当他们走到自己的汽车旁时，妈妈把詹森放到了他的汽车座椅上，发现儿子的口袋鼓鼓的。打开一看，原来是个棒棒糖。

"你偷的。"妈妈震惊地大声说。

"什么是'偷'？"詹森惊讶地问道。

詹森的困惑并不令人吃惊；报纸、饼干和棒棒糖有什么区别呢？如果妈妈留心一下，她就会认识到，问题既不在于偷窃，也不在于不诚实，而在于理解的不同。这时，她的任务是要帮助她的小儿子理解为什么他能把有些东西拿出超市，而其他东西不能。

如果妈妈对詹森进行说教，羞辱他，让他感到愧疚和害怕，他就更有可能相信对和错就是一个是否被抓到的问题。他就不太可能把他学到的东西用到未来的情形中。管教就意味着要教，而错误正是学习的机会。这句话说多少遍也不嫌多！

"我是谁？"

我们如何定义自己与外部世界的关系，在3~6岁的后半段会发生很大的改变。

萨丽的妈妈摇着头走进了学前班。她很骄傲自己是个不尚修饰的人：她不化妆，只是简单地将头发拢到脑后，并且经常穿牛仔裤和T恤。在妈妈身后跟着的是女儿萨丽——4岁的萨丽是个令人瞩目的小人儿。她穿着带花边的粉色裙子，头上扎着丝带，脚上穿的是她最亮的鞋子，胳膊上带着叮咚作响的各式手镯。萨丽看上去是个不折不扣的女孩。不只是她天生是一个女孩，在以后的生活中她也会始终如此（尽管她以前声称，再过一个生日，她就会变成一个男孩）。萨丽可能不会一直坚持穿有花边的裙子并戴手镯，但现在，她在忙着探索自己对"做一个女孩意味着什么"的各方面的感知。

即便父母们小心翼翼地将刻板的性别观念降至最低，这种性别角色认同还是会发生。在3~6岁这几年，在操场上各处进行的游戏都会关注性别。"男孩不准参加。"女孩们说。"女孩，傻瓜。"男孩会以同样的狂热回应道。尽管这是一个自然的阶段，但父母们仍然能够教给小孩子们尊重所有的人。

孩子们自然会知道自己是男孩还是女孩，但是，这个学习过程不需要涉及那些建立在性别基础之上的限制。女孩能玩打仗游戏，男孩也能玩玩具娃娃，而男孩和女孩都能学习发展他们自己的特殊能力，无须考虑性别。限制孩子的性别角色，期望男孩和女孩分开玩，或因为他们"太过女孩子气"、不够"男子气概"或不像"淑女"而在玩耍时阻止他们，有可能会导致孩子们扼杀自己的独特能力和兴趣。他们对穿衣和游戏的喜好会随着成长而改变，对拥有同性或异性朋友的愿望同样也会改变。

在3~6岁期间，孩子们还会开始注意到他们身体的差异。在当今毫不隐晦的电视和广告影响下，与性有关的问题会比以前出现得更早（这是要密切关注你的孩子在看什么电视节目的另一个极好的理由）。小男孩在淋浴时可能想摸爸爸的身体。看到妈妈给小弟弟或小妹妹哺乳，可能会引发各种各样有趣的问题。无论男孩还是女孩，可能都会在自己的衬衫下面塞一个泰迪熊，并宣称："我有小宝宝了！"以模仿一个怀孕的老师、妈妈或亲戚正在变得越来越大的肚子。

要尽最大可能，努力保持平静、放松和"可以问"的态度。要使用准确的术语，比如"阴茎"、"乳房"或"阴道"。孩子们并不需要关于性的大量的细节信息（事实上，如果你这样做，他们的目光可能会变得很呆滞），但是，大多数专家都同意，用简单、准确的术语回答问题或进行解释是明智的，比如"姨妈的肚子里有个宝宝在生长"或者"男孩有阴茎，但女孩有阴道"。

孩子们不是总能够理解细节的。

切尔西四岁半了。一天晚上，在洗澡时，她小心翼翼地用一块浴巾盖住了自己的隐秘部位。她咯咯地笑着对妈妈解释说，她得"包住她的小东西"。

要尽一切努力享受你的孩子成长的所有阶段。坦率地对待与性有关的话题，将建立起一种舒适而信任的氛围，并且会使你的孩子在以后真正需要时，自己去寻找进一步的信息。

理解孩子的发展

> **性别与发育**
>
> 　　对大脑发育进行的研究，揭示出了一些性别对发育影响的有趣信息。由于尚不清楚的一些原因，女孩比男孩能更早地运用左脑。每个孩子都是独特的（这些差异中的大部分到孩子入学时就消失了），但是，你在养育你的3~6岁孩子时，可能会注意到以下几点：
>
> ・女孩学习语言和情感技能，通常要比男孩学得快。
> ・小时候，男孩的情感要比女孩的更敏感，并且在生气的时候更难让自己平静下来。
> ・男孩通常比女孩更好动、更冲动、更有攻击性，并且更喜欢竞争。
>
> 　　当然，你可能会发现，更有帮助的是留意自己孩子的独特品性，而不是期待基于性别的某些行为。

种族和其他差异

　　正如孩子们会学着根据颜色、大小和形状区分物体一样，他们也会注意到自己周围的人外表和行为上的差异。

　　兰迪的妈妈是黑人，爸爸是白人。当兰迪3岁时，隔壁的黑人夫妇说他们就快有自己的第一个孩子了。3岁的兰迪以童年的天真无邪好奇地大声问他们的宝宝会是黑的还是白的。对他来说，任何事情都是可能的。到兰迪4岁半时，他已经注意到，他的皮肤看上去与他的一些小伙伴的不一样。兰迪对此会做出什么决定呢？

当卡地玛插班进来时，朱妮塔和她的同学们都很兴奋。她们喜欢推着卡地玛的轮椅穿过走廊。对她们来说，卡地玛的残疾只是他的一个特点而已，最重要的事实是他是她们的朋友。

迪莉娅邀请她最好的朋友诺拉去看她的希腊语学校上演的舞蹈节目。迪莉娅很骄傲自己学会了一些希腊语歌曲，并且兴奋地和她的朋友分享她的独特文化。

如果我们每个人都一样，生活难道不是很单调吗？人是不同的，而孩子们对于这些差异所得出的结论将取决于你的教导和示范。父母和老师们有机会教给孩子们珍视差异，而不是非难或害怕差异，并要教给孩子们每个人都是值得尊重的——即便是那些与自己不同的人。偏见，无论是关于种族、文化或对身体残疾的人的态度，都是学习得来的。即便是小孩子，也能学会尊重不同的种族、性别和宗教信仰。而且，因为这个年龄的孩子们正在学着对自身有更多的了解，所以，以尊重和正面的方式去了解他人是极其重要的。

文化、社会和反偏见

你的孩子的发展，还会受到他所处的文化和社会的影响。明智的父母和老师们会承认文化的作用，并且会尊重社会的期望对孩子们的影响，而不带偏见或评判。

一位教授从新加坡来到美国访问，她看到了一个学步期的美国孩子自己吃饭的情景。这个孩子开心的小脸上都是酸奶，高脚椅的托盘上也洒得到处都是。这位教授摇着头说："只有在美国才会这样!"对于这位教授和她的西方同事来说,这句话都很有启发。那么,她的意思是什么呢?

亚洲的孩子们直到三四岁,甚至到 5 岁之前,通常都是由大人来喂饭,这有两个原因。第一个原因,食物永远不该浪费;第二个原因有深深的文化根源:亚洲文化往往极其重视人际关系。喂孩子吃饭的时间可以给孩子和大人体会并加强他们的关系的机会,使他们更紧密地联系在一起。相反,美国人对鼓励孩子独立性的态度,远远超过了西方教育人士对这两点的关切。对他们来说,支持一个孩子成长中的自主性,并帮助孩子体验自己的能力,要远比吃饭时弄得一团糟或浪费食物更重要。(由于本书是以西方文化视角来写的,所以其中的理念是与第二种方式一致的。)

在不同文化中,期望孩子掌握的能力,或更重视的能力可能是不同的。西方文化很珍视个人主义,而很多其他文化将集体的需要看得更重要。这可能会影响到人们对一个孩子在多大年龄才应该自己穿衣吃饭的期望,以及在多大年龄应该给予孩子什么样的任务和选择。父母和老师应该明智地认识到文化对孩子的发展和养育所带来的影响。

出生顺序

在 3~6 岁这几年,孩子们正作着将影响到他们一生的很多关于他们自己和他人的决定。他们正在问自己:"我必须怎么做才能在家里——以及和朋友们在一起时——找到归属感和价值感?我足够好吗,还是我必须更加努力——或者我只能放弃?" 3~6 岁的孩子会带着对这些问题的答案走进自己周围的世界,并且在探索社会关系的过程中,他们会按照自己了解到的东西和由此做出的决定去做。

除了孩子自身的发展和文化的影响之外，每一个孩子的体验还是由其在家庭里的出生顺序塑造的。有人说，每一个孩子都出生在一个不同的家庭里，因为一个新生儿的到来会使每个家庭成员为给这个新成员腾出位置而发生改变。那些整天围着自己的孩子团团转，即便孩子打个嗝也担心不已的第一次做父母的人，与他们生第二个或第三个孩子时，完全不是同样的人。到第二个孩子出生时，同样是这些父母，已经知道了如何换尿布，不会再为半夜的中耳感染而措手不及，也不会对孩子的大发脾气留下那么深的印象了。每个孩子都会以不同的方式体验到家里的这种变化，并且很可能会开始显示出自己所认同的出生排行所具有的特征。

要记住，出生顺序远不止是一个数字问题；与每个出生排行相关的行为，也会有很多例外。有时候，长子和长女都会体验到老大的身份，因为他们是各自性别中最大的孩子；有时候，兄弟姐妹年龄相差很大，以至于每个孩子都感觉自己像独生子。然而，总的来说，尽管一个孩子的出生排行不是决定他对自己的出生顺序看法的决定因素，但他在一个位置上的时间越长，其看法就越坚定。

每个出生排行，通常都有与之相关的一系列共性特征。因为这只是一些可能的特征，所以出生顺序不应该被用来作为一个标签，或赋予其任何神奇的力量。而且要记住，出生顺序没有有利或不利之分。（根据简·格里菲斯的说法，"每个有利位置都既有优势，又有劣势。"）出生顺序，指的是我们所出生的这个世界，以及从这个特定的位置来看生活是什么样子。这只是进入一个孩子的内心世界的另一种方式，提供了理清激励一个孩子的行为和生活中的决定的另一个指标。

理解出生顺序，能给你一些提示，让你明白一个孩子的哪些体验可能需要加强，哪些体验是无益的或可能造成困难的。

出生顺序表

出生顺序	座右铭	可能的心态 (有利条件)	面对的挑战 (不利条件)	建议
独生子/老大	我,我自己	独立 靠自己 有责任心	有时感到孤单 与同龄人相处可能会有问题 对冲突过度惊慌	提供和同龄人相处的时间 参与集体活动 示范/练习解决问题
老大	我第一!	有责任心 高成就者 敢于负责 领导者	完美主义者 害怕犯错误 过早地担当成年人的角色	减少期望和压力 示范接受不完美 (你的和孩子们的) 限定责任范围
老二	我也要!	有团队意识 有创新意识 善于观察	很少会感觉"足够好" 总是在比较 会追随或依赖老大	将每个孩子都作为独一无二的对待 (给他们多拍照!) 避免比较 鼓励担负领导角色
排行中间的孩子	我怎么办?	成功的社交技能 能够共情 正义的捍卫者 可能会没有原因地反叛,也可能非常随和	感觉自己受亏待(通过与家里其他孩子比较) 容易受到同龄人的过度影响 通过竞争来证明自己的价值	认清个人的特点 鼓励参与家庭事务和活动并做出贡献 将竞争性导向参与团体性运动
小宝贝	照顾我!	可爱 快乐和(或)有趣 随和	爱操纵人 推迟对他人做出的决定 感觉自己没有得到认真对待	提高期望 提供领导的机会 询问他的主意或看法
老小	给我让路!	精力旺盛 专注 高成就者	胆大妄为 无视他人的需要 发愤	设立界限 鼓励团队合作 示范如何进行压力管理

排行最大的孩子

排行最大的孩子，必须肩负起开拓者的责任。他对世界的看法全部体现在其座右铭中，"我第一"，这既有好处，也是负担。排行最大的孩子常常因为他们所起到的转换作用，而被作为一种天启：将一对小夫妻变成父母，将兄弟姐妹变成叔叔阿姨，将父母变成祖父母。由于出生在一个全是成年人的世界，老大习得语言可能比较早，常常变得很善于表达（周围既没有人打断他们，也没有人为他们做翻译）。老大的地位可能会带来一些额外的特权——但对他们寄予的期望也更多。老大引领着家里的很多第一：从第一个开生日派对，到第一个掉牙，到第一个半夜发烧和中耳感染，或第一个毕业、第一个学游泳、第一个将各种奖励带回家。所有这些职责导致他们认为自己是有责任的。老大很容易变成完美主义者，常常寻求把事情做"对"。有些孩子会在追求卓越中取得成功，并成为高成就者，而其他孩子则会感觉实现大家期望的压力太大了，以至于如果他们不能成为最好的，就会放弃或不再努力。

排行第二的孩子

排行第二的孩子出生时，已经有一个比他更大、能力更强、更成熟的哥哥或姐姐了，他想要参与各种事情。毫不奇怪，他在学步期最喜欢说的几句话之一，会和他的座右铭一样："我也要！"排行第二的孩子的出生位置可能是暂时的（他可能会变成排行中间的孩子），也可能是终生的（他可能会变成最小的孩子），或者如果后面还有几个孩子，他排行老二的位置就可以得以保持。对于老二来说，"我是谁"通常是一个排除的过程——

选择其他孩子不具有的角色和兴趣。如果老大是一个体育明星，老二可能会渴望得到奖杯，但会在不同的领域——音乐、舞蹈、骑马等等——进行追求。排行第二和排行中间的孩子有着相似的体验，经常会感到自己被家里最大和最小的孩子遮住了光芒。据推测，给排行第二或中间的孩子拍的照片在所有孩子当中是最少的。

排行中间的孩子

如果排行第二的孩子被又一个新来者变成了排行中间的孩子，他可能会将自己的座右铭变成"我怎么办？"，排行中间可能会成为一个不舒服的位置，有来自上面和下面的压力。排行中间的孩子没有老大的特权，并且失去了作为小宝贝的短暂好处（如果他们曾体验过的话）。在上面一个比自己更年长、更成熟的哥哥或姐姐和下面一个可爱而难伺候的弟弟或妹妹的双重压力下，排行中间的孩子有时会感觉自己应该得到的时间、关注或物品被不公平地骗走了。因为有时在这种大家庭中会感到失落，排行中间的孩子经常会寻找同龄人或兄弟姐妹的支持和鼓励，这样做的好处是他们能培养出出色的社会交往技能。他们还具有懂得从两个方面看待事物的独特的洞察力，这是从两方面看待一种情形的固有能力。

小宝贝

当家庭中最后一个成员到来时，身边是一屋子比他年龄大、能力强的家人，所以他只能温柔亲切地说话、放轻松，并身体力行自己的座右铭："照顾我！"这个孩子会发现，规则到了他这里就放松了。他的父母知道他是他们的最后一个孩子，并且不愿意对他们的小宝贝放手。他可能会成为一个具有出色社交技能的有趣而令人愉快的伙伴。他知道如何融入一个群体——因为他一直都在这么做。当一个孩子被当作婴儿娇养时，他对自己的期望就会很少。毫不奇怪，对世界的这种体验会导致一种"照顾我"的心态，招致一种严重的缺点。一个可爱、讨人喜欢、迷人的人（都是很可爱的特点），还能学会利用这些品质来让别人按照他的要求去做，也就是操纵。当这个小宝贝哭泣时，每个人都会跑过来——对于跑过来的人或这个小宝贝来说，这并不总是一个好主意。

然而，有时候，最小的孩子可能会厌倦排在最后一个，选择拒绝小宝贝的角色。这样一个孩子会变得很坚定地寻找到达顶端的最快途径，挥舞着他那"给我让路"的座右铭，从其兄弟姐妹身边疾驰而过。他可能会成为家庭中的高成就者。

独生子

如果家里没有其他孩子出生，老大保持着独生子的地位不受挑战，在一个以成年人为中心的环境中长大，将教会他按照自己的鼓点前进。在他集结自己的队伍时，他会高举着"我、我自己"的旗帜，这是一种让人既兴奋又孤独的经历。独生子得到的是父母专一的爱和关注，无需与他人分享或变通。另一方面，没有一个能分享的人可能会令人非常孤独——这是独生子的一种普遍感受。他们对于"独处时间"可能会比其他孩子感到更舒适，对成年人会比对同龄人更认同。

关于出生顺序的一些警告

任何一个孩子，无论在家中排行第几，都可能会被宠坏。你可能会很迁就地对自己笑笑，承认自己溺爱孩子。但是，溺爱并不真的好笑。原因在这个词本身就能体现出来。简·格里菲斯为我们明确地指出了这一点："当我们说一个橘子或一块肉变质（spoiled）时，我们说的难道不是它已经毁掉了吗？我们想毁掉一个孩子吗？溺爱（spoiling）会毁掉一个孩子！"一个被宠坏的孩子会被给予这个世界极少能满足的一系列期望。过分的溺爱和娇纵是造成孩子终身失望的原因。

无论一个人的出生顺序排行第几，都要记住，他对自己童年早期这些经历所做出的决定，都是下意识的。每个孩子都会基于其独特的排行位置来选择自己的人生态度。每个出生顺序都有某些优势（有利条件），以及有待发展或需要加强的特点（不利条件）。通过考虑一个孩子的出生顺序，你就能找到办法去拓宽每个孩子体验世界的方式。

蒂玛是家中最小的孩子，有三个哥哥姐姐。有一天，妈妈弗朗茜带她在外面喝过热巧克力、吃过甜面包之后，去附近的湖边喂鸭子，对蒂玛看待世界的方式有了一个吃惊的认识。当时，蒂玛快3岁了。在整个外出过程中，蒂玛一会儿说要替没来的姐姐安吉（5岁）给小鸭子喂面包；一会儿指着鸭子说她想索菲（8岁）会最喜欢那一只；一会儿说她的哥哥琼纳斯（10岁）能"像鸭子一样游泳！"她甚至坚持要把一块没吃完的面包用餐巾纸包起来给安吉带回去。蒂玛是那么习惯于把自己看成几个孩子中的一个，她没有过任何经历能指导她与妈妈单独相处。弗朗茜以前实在没有意识到，蒂玛很少有不和至少一个哥哥姐姐一起做什么事情的时候。弗朗茜决心要给蒂玛更多这样的机会，以扩展她对这个世界以及她在其中所具有的独特作用的看法。

出生顺序不会决定一个孩子将会成为什么样的人，但是，却可以为我们了解他正在作出的决定——以及他为什么以或不以某种方式行事——提供有价值的见解。出生顺序为我们了解周围的世界提供了第一扇窗户。

收养："我们应该告诉自己的孩子吗？"

有一种特殊的家庭，是由收养一个孩子而产生的。收养是一件很美好的事情，为很多孩子提供了不被收养可能就不会拥有的安全而充满爱的家。然而，大多数养父母都会遇到一些问题：应该告诉孩子多少有关他们亲生父母的信息？你收养的孩子真的会感觉成了家里的一份子吗？该在什么时候告诉孩子是被收养的？

对收养进行的研究，并没有对该在什么时候告诉孩子是被收养的给出明确的答案。有些研究说，在六七岁之前告诉孩子太多信息，只会让孩子感到困惑。其他的研究人员相信，孩子在被告知时的年龄越大，这个消息就可能让孩子越心烦意乱。人类的很多行为都与我们的归属感有关。随着孩子将"自己是谁"的独特拼图拼到一起时，与收养有关的问题（"我从哪里来？""为什么我的父母把我送人？"）就会随之出现。

一个相貌与养父母存在种族差异的孩子，会在4岁左右开始注意到这种不同。知道一个孩子开始了解种族，可能有助于父母决定何时告诉孩子是被收养的。

还有一些重要的文化考虑。那些来自不同文化的被收养的孩子，在学龄前这几年通常会喜欢参与一些特别的文化课堂。比如，托丽、莎拉和安娜都出生于韩国，并被美国家庭收养。每年夏天，这三个女孩都会参加一个特别的韩国文化夏令营，在那里，她们可以了解韩国的服饰、饮食、艺术和语言。她们的父母希望她们能喜欢本民族文化的丰富性。这几个女孩在很小的时候就知道了自己是被收养的,并且会自豪地穿着韩国服饰去幼儿园。

另一个家庭会给他们的女儿带一些点心到幼儿园,以庆祝她的"收养日",一点也不亚于过生日。她的养父母向她班里的所有孩子解释了收养的概念。她的同学们通过了解家庭的不同组成方式而受益匪浅。

人们对待收养的态度会有很大不同。这些家庭将收养问题当作他们对"正常"家庭定义的另一个版本来对待。这种态度会促进孩子对收养感觉到安全、信任和轻松。如果你的家里既有收养的孩子,也有亲生的孩子,你就要知道每个孩子最终都会有一些疑问。如果表现得好像收养不会造成任何不安、秘密或神秘,就会造成不信任、恐惧和焦虑。如果你尊重地对待每个孩子,并教给他们尊重地对待彼此(以及他们自己),那么,这些不可避免的问题就不会感觉那么有威胁了。

所有的孩子都需要感觉到他们真的有归属;我们鼓励所有收养家庭专注于给孩子提供体验到归属感以及知道自己有价值并且很重要的大量机会。

整个世界都是一个舞台

父母们常常会听到"这只是一个阶段"。这个说法中有很多真理;孩子们通常都处于这个阶段或那个阶段。还有一个事实是,没有哪两个孩子的成长和发展是完全相同的。理解你自己的孩子的发展,会使你更有效地处理他的行为、他的成功,以及他偶尔犯的错误。你可以帮助你的孩子了解到,这个世界是一个他可以爱、被爱,并且了解他自己以及他所遇到的其他人的地方。

第 4 章

神奇的大脑
学习与发育

　　罗比 5 岁。他的姐姐已经和其他"大孩子们"一起上学了，而罗比几乎等不及自己长大就想和他们一起登上那辆黄色的大校车了。他喜欢自己的书，认识字母和数字，并且会写自己的名字和宠物狗的名字——考麦特（comet）。罗比渴望着自己人生中的下一个阶段。然而，罗比的妈妈对此心情很复杂。她知道，对她的宝宝放手会很难。而且，尽管罗比很喜欢学习，并且显现出了对自己周围世界的急切的好奇心，但他还很害羞，并且有时在跟其他同龄孩子相处时会有困难。他在公共场合会黏着妈妈。而且，他有时会把自己认识的一些词的字母顺序写反。罗比的妈妈担心他还没有为上学做好真正的准备。

　　"我该怎么办？"她问隔壁的邻居，这个邻居的三个孩子都已在附近的小学上学了。"我应该给他报名参加学前辅导课程，为上学作准备吗？或许我应该买些识字卡片并教他读。或者，可能我应该让他再晚一年上学。我不想让罗比放弃——但我也不想让他失望或沮丧。"罗比的妈妈摇了摇头，既困惑又担忧。

如何学，何时学，为何学

学龄前的末期，对于很多父母来说，都是一段紧张不安的时期，对他们的孩子来说也是如此。当孩子们长到五六岁时，上学和接受正规教育的问题就迫在眉睫了。孩子的世界会从家里和家人扩展到包括朋友和老师，他们在以后若干年中会对一个孩子的人生变得更加重要。对父母或孩子来说，这并不总是一种很容易的转变。

大多数父母都认识到，我们这个世界变得竞争更激烈了。大多数人都从报纸上看到过描述美国孩子学业成绩下降的详细报道。由于父母们爱自己的孩子，并希望孩子成功，他们就会考虑很多问题。我们应该教给孩子们什么，应该在什么时候开始？孩子在入学前应该对读、写、算了解多少？他们的社会能力应该发展到什么程度？而且，孩子到底是如何学习的？在他们发育中的大脑里发生了什么，使得他们能够吸收并运用知识和技能？为什么有些孩子比其他孩子更擅长学习？

在过去的若干年中，我们对人类大脑怎样成长和发育的理解发生了极大的变化。我们现在知道，孩子出生后头几年的生活对于其思考和推理能力——以及大脑自身的实际"回路"——的形成是至关重要的。在整个童年和青春期，大脑自始至终都在成长和学习；事实上，负责情绪调节、冲动控制以及更"成人化"的推理形式的大脑前额皮质，至少要到25岁才能发育充分。在3~6岁这几年，父母和照料孩子的人与孩子互动的方式，对大脑的发育和学习是至关重要的。

大脑是如何开始发育的

在并不太久以前，我们还相信婴儿在出生时大脑就已经"发育"完成了；我们要做的就是往他们等待就绪的大脑中填入必要的信息。然而，现在，我们对大脑有了更多的了解。复杂的成像技术已经使研究人员能看到一个孩子大脑内部的运作，观察其结构，并揭示它如何运用能量、血流和被称为神经递质的特殊物质进行思考、感知和学习。这些研究人员的发现是非同凡响的。

人类的大脑在胎儿时是一小簇细胞。到怀孕的第四周，这些细胞就已经开始根据它们未来某一天将要承担的功能进行分类，并逐渐"迁移"到它们最终要占据的大脑位置上。大自然给胎儿提供的细胞比需要的多，有些细胞会在迁移过程中死去，但其他细胞则会连接成一个被称为突触的网络。人类的大脑在出生后头三年里一直处在"建设中"，一个孩子对他自己和周围世界的了解和决定会成为他大脑回路的一部分。

一个孩子通过其感觉（听，看，闻和触摸）体验到的外界的刺激，使大脑能够创建或改变连接，并使其为学习做好准备。虽然大脑有着惊人的灵活性，并且能够适应变化或损伤，但在孩子的人生早期有一些进行重要学习（比如视觉和语言能力的发展）的机会之窗。如果错过了这些机会之窗，一个孩子要想掌握那些能力就会变得更为困难。大约到10岁时，孩子的大脑开始修剪掉那些不常用的突触。到青春期时，有一半突触会被修剪掉。所以，对某些功能来说，大脑的发育是"用则进，不用则废"的（对另一些功能来说，比如社会能力的发展，学习过程会持续到成年阶段的早期）。哪些突触会得到运用（并因此被保留），在很大程度上取决于塑造孩子的世界的大人们。

先天还是后天？

或许，你想知道你的孩子的那些特别而独一无二的特点和品质是从哪里得来的——并且，如果你有不止一个孩子，他们为什么会有那么大的差异！

研究人员现在相信，基因对性情和个性的影响要比我们以前认为的更强烈；很多研究人员相信，基因会影响诸如乐观、抑郁、攻击性之类的品质，以及一个人是否是寻求刺激者——对于那些喜欢体操、在橄榄球场上奋不顾身地扑球，以及在不胜烦扰的父母阻止之前就爬上了树的学龄前孩子的父母们来说，对此可能不会感到吃惊。（我们将在第6章进一步讨论性情。）父母们可能会发现他们很想知道自己对成长中的孩子有多大的影响。如果基因的力量如此强大，你怎样养育自己的孩子真的还有那么重要吗？

答案是，你的养育方式是非常重要的。尽管一个孩子通过基因继承了一些特点和性情，但这些特点将如何发展的故事尚未写就。你的孩子在来到这个世界时可能带着她独特的性情，但是你和其他照料者与孩子的互动将会塑造她成为什么样的人。（大脑研究人员将这些早期的决定和反应称为"适应性"，它们是一个孩子的天生特点与其生活的这个世界之间复杂舞蹈的一部分。）正如教育心理学家简·M. 希利在她的书[1]中指出的："大脑塑造行为，而行为又塑造大脑。"

---

[1]《濒危的大脑——为什么孩子不思考，我们该怎么做》，Touch stone，1990年。——作者注

父母和照料孩子的人——可能既脆弱又不完美——承担着塑造一个孩子的环境并进而影响其发展的责任。人类的大脑永远不会停止生长，并且永远不会丧失形成新的突触和连接的能力。随着我们年龄的增长，尽管改变会变得更加困难，但是，改变——在态度、行为和人际关系方面——总是可能的。

孩子为上学做好准备了吗？

有时，报纸上会刊登一个早慧的孩子提前完成小学学业，并为中学教育做好准备的故事。话说回来，也有一些像罗比那样的孩子，他们的父母因为各种理由担心自己的孩子在其他孩子为上学做好准备的时候，还没有准备好。

父母们应该在孩子很小的时候就开始教他们学业知识吗？如果大脑正在成长中，难道我们不应该往里面填入尽可能多的信息吗？事实是，孩子们是以多种方式学习的，其中的很多方式是我们还不完全理解的。一些研究人员相信，强迫孩子过早学习，或强迫孩子理解他们的大脑还没有成熟到能够处理的概念，甚至是有害的。如果大脑还没有准备好学习抽象的概念（比如数学），它就可能匆忙拼凑一个连接通路，这种通路要比正常形成的通路效率低很多——而且，这种低效率的通路会成为"固定回路"。

在孩子能够胜任之前就强迫他们学习，还有可能造成心理方面的影响。孩子们始终在对自己和周围的世界作着各种决定。当孩子们难以掌握充满爱心（并且出于好意）的父母强加给他们的一个概念时，他们可能会认定"我不够好"，而实际上只是因为他们的大脑还没有为理解某些概念做好准备。他们可能会坚持这种信念，而且可能会感到太害怕而永远无法学会这一概念。

几乎没有什么是绝对的：每个人的大脑都是独一无二而特别的，而且不可能一般化地概括对一个孩子来说什么是对的或错的。但是，有些学者，比如简·希利相信，我们快节奏的现代文化（以及一些有"教育意义"的电视节目）可能正在影响孩子的专注能力、倾听能力以及在以后的生活中学习的能力。一些从事儿童早期教育的工作者报告说，现在的3～6岁孩子似乎很难安静地坐下来专心致志地听课或听故事。与此同时，其中的很多孩子显现出了超乎其年龄的世故，因为他们已经从电视节目中（令人不安的是，有时是从成人那里）学到了大量词汇。或许，并非所有的学习都是"好的"；父母们需要密切关注小孩子们接触到的东西，并确保在教给他们词汇和能力时，要将相应的品行和价值观教给他们。

小孩子只有在与真实的人互动中才能学得最好，并且，他们在学龄前这几年中最需要学习的东西在识字卡片上（或电视中）是找不到的。孩子们通过积极参与那些能用到他们的各种感觉——视觉、嗅觉、听觉、味觉和触觉——的活动才能学得最好。在他们形成自己对世界的理解的过程中，他们还需要有机会将自己已经知道的与新的信息联系起来。玩耍能满足所有这些需要，这难道不是很有意思吗？玩耍在3～6岁这几年是极其重要的。要记住，一个玩耍中的孩子，实际上是在努力发展一个健康的大脑。

回路连接：你的孩子的真正需要

3～6岁的孩子无疑是非常忙碌的小人儿，因为他们有那么多东西要学。正如我们已经提到的，小孩子只有在与真实的人的互动中才能学得最好。大脑的发育就在于连接,你的孩子的大脑从出生那一刻就注定要寻求连接。你和你的孩子的其他照料人如何与他相处——你们如何与孩子说话、玩耍和养育——是他成长过程中最重要的因素。(你会在第 7 章了解到有关情感发展的更多内容)

罗斯·A. 汤普森——加利福尼亚大学戴维斯校区的心理学教授和儿童发展国家科学委员会[①]的创始会员之一——认为,当小孩子们没有压力时,并且当他们生活在一个有合理刺激的环境中时,他们会学得最好。汤普森相信,特殊的刺激,比如视频和其他学习学业知识的工具,都是不必要的;事实上,孩子们的成长和发展真正需要的是与关爱他们的大人从容不迫地共度的时间,这些人要全神贯注于孩子身上,并遵循孩子给出的线索,不分散注意力或带有任何企图(无论是父母,还是照料孩子的其他人,都能提供这种以孩子为中心的互动)。重要的是要注意,这并不意味着允许孩子主宰整个家庭。(在下一章会有更多介绍)

关于依恋

当你和你的孩子情感联结得很好时,即当你能识别并回应他的信号,提供爱和归属感,并让他形成一种信任感和安全感时,你就是在帮助他形成一种"安全的依恋"。形成了安全依恋的孩子们,能够与他们自己和他人建立良好的情感联结,并且有最好的机会培养健康、平衡的人际关系。非常有趣的是,像玛丽·梅因那样的一些研究人员发现,预测一个孩子依恋感的最好指标,

---

[①] 网站地址为:www.developingchild.net。——作者注

就是其父母对他或她自己成长的家庭的依恋程度。（埃里克·埃里克森也发现，婴儿在出生后头一年信任感的发展与其母亲对她自己的信任直接相关。）你如何了解并理解你自己的过去和经历，对你成长中的孩子会有直接的影响。理解并解决你自己内心的挣扎、挑战和情感问题，是你能给予孩子的一件最了不起的礼物[①]。

神奇的镜像神经元

你是否曾好奇，你的孩子是怎样学会拍手、推吸尘器，或者伸出手掌说"给我五个"的？研究人员最近在人类大脑中发现了镜像神经元，它能感知身体的动作、面部表情以及情绪，并让大脑准备好重复它所"看到"的。镜像神经元帮助你的孩子搞清楚怎样去模仿你。同样，当你生气、兴奋或焦虑时，他的镜像神经元就会"捕捉"到你的情感，并在孩子身上造成同样的感受。镜像神经元有助于解释为什么我们会那么容易一起哭泣、欢笑或发怒。它还解释了为什么你作为父母所做的事情（你示范的行为）要比你在教育孩子时所说的话更有力量。

鼓励健康的成长和学习

还记得罗比吗？他的妈妈想知道怎么做才能帮助罗比在学校里取得成功。实际上，父母们从孩子出生的第一天起就能开始为孩子的学习打基础——不是通过用Mobile玩具、识字卡片或"超级宝贝"课程，而是通过以培养大脑的健康成长、建立信任和爱

[①] 更多关于依恋、大脑发育和养育内容的了解，见《由内而外的教养：做好父母，从接纳自己开始》一书，丹尼尔·J·西格尔、玛丽·哈策尔著，浙江人民出版社，2013年。——译者注

的关系、教给孩子技能以及鼓励孩子热爱学习的方式，对孩子做出回应。

表达对孩子的喜爱、兴趣和接纳

　　一个孩子无论长到多大，都不会不再需要归属感和价值感。仅仅爱你的孩子是不够的；这种爱必须要在每天的生活中以健康的方式表达出来。要记住，解救、过度保护和溺爱不是表达这种爱的健康方式。

　　研究表明，那些得到父母温暖、一贯、充满爱的照料的孩子，产生的压力荷尔蒙皮质醇较少，而且，当他们确实不安时，也能更快地"关闭"他们的应激反应。另一方面，那些在童年早期遭受到虐待或忽视的孩子，很可能会更经常地感受到更多的压力——而且经常没什么缘由。

　　拥抱、微笑和大笑都是极好的养育工具，而且就长期效果而言，比最神奇的玩具和活动对你的孩子都更有意义。与一个孩子共度特别时光、对其行为和想法表现出好奇心、学会更好地倾听，将会在每天的生活中向你的孩子表明他是被接纳的、被爱着的，并且会塑造和增强其大脑的发育。

运用对话的艺术

　　与大多数人的看法相反，即便是最有教育意义的电视节目，孩子们也不会从中学会语言；看电视是被动的，而且不需要观众做出任何回应。孩子们语言能力的发展，要通过有机会与真实的人说话，并由真实的人对他们说。到 4 岁时，那些有机会接触到大量语言的孩子，将会掌握多达 6000 个左右的词汇，并且能说出含有五六个单词的句子。到 5 岁时，他们的词汇量可能会增加到

8000个左右，一天的词汇量飞跃般地增加5个，而且在这一年中的每一天都如此。太令人惊叹了，不是吗？

> **如何使大脑健康发育**
> ·表达对孩子的喜爱、兴趣和接纳。
> ·运用对话的艺术。
> ·阅读，阅读，阅读！
> ·鼓励好奇心、安全地探索和动手的学习。
> ·限制看电视的时间。
> ·运用正面管教教孩子，而不是羞辱或让孩子丢脸。
> ·了解并接受孩子的独特性。
> ·提供运用感觉的学习经历。
> ·给孩子提供通过玩耍来学习的时间。
> ·认真选择儿童看护——并且你要始终参与。
> ·关爱你自己。

与任何一个3~6岁的孩子交谈，都是一种真正的艺术，需要幽默和耐心。大多数小孩子都会经历隔一会儿就问"为什么"或"怎么回事"的阶段。我们曾听到一个已被她那充满好奇心的4岁儿子的问题狂轰乱炸得不耐烦的妈妈告诉儿子，她已经回答了他一整天的问题，并建议他安静一会儿。这个小男孩困惑地看着妈妈，告诉她："可是，妈妈，小男孩就是这么学习的！"他说的绝对正确。

成年人有时会以不给予小孩子太多回应机会的方式说话。很多成年人的"交谈"只是指令："穿上你的睡衣"，"吃土豆"，"现在就去做，小伙子！"这不会让孩子交谈。像"今天在幼儿园过得怎么样？"或"你的垒球比赛赢了吗？"之类的问题，可以用一个字，甚至只是一句嘟囔就能回答。让一个3~6岁的孩子交谈（并在这个过程中发展语言能力）的一种有效方式，是问启发式问题（通常以"什么"或"怎样"开头）。"你今天在幼儿园有什么高兴的事情？"，或"你认为你原本能怎样解决那个问题？"，会让孩子做出需要进行更多思考的回应，并给予孩子练习极其重要的推理和语言能力的机会。当然，他们还需要得到父母专注而认真的倾听，这是需要父母大量精力和耐心的一件事情。必须要记住，与真实的人的互动和情感联结会支持大脑的发育。

阅读，阅读，阅读！

谈到为正式的学习做准备，没有什么事情能代替阅读，而且，任何时候开始都不会太早（或太迟）。书籍为孩子们打开了全新的世界。而且，由于孩子必须在自己的头脑中创造出场景和人物，书籍还能刺激思考和学习。

要确保选择那些适合你的孩子的年龄，并能唤起其特别兴趣的书籍——你们当地图书馆的管理员或书店的售货员都能向你推荐适合孩子年龄的书籍。研究表明，男孩子们有时会因为对提供给他们的图书不感兴趣而不喜欢看书。如果你有一个3～6岁的男孩，你可以从 www.guysread.com 网站上查询能让你的小男孩爱上读书的一些书目和建议。

当你给孩子读书时，要把故事读得栩栩如生——用不同的声调来表现不同的人物，并且要在中间停下来谈论一下故事或画面。对于最喜欢的书籍和故事，大人通常要比孩子更早地感到厌倦，但你要有耐心：3～6岁的孩子是通过重复来学习的。他们往往会记住最喜欢的书，并想"读"给你听，会在你读到该翻页的地方翻页。在书的陪伴下长大的孩子们，通常会养成对阅读和学习的持续终生的热爱，并且为在学校中的成功打下基础。很多家庭发现，阅读时间还是依偎在一起并建立情感联结的时间；直到孩子进入小学并学会独立阅读很久之后，这都是他们最喜欢参与的一项活动。

顺便说一句，给孩子讲故事还是刺激孩子学习的一种极好方式。讲一讲你们家的历史，或你自己小时候的经历，会建立起亲密感和信任感，并促进倾听能力和学习能力的发展。讲讲你和孩子共同的一段回忆，还能帮助孩子加深对一件事情的记忆。

鼓励好奇心、安全地探索和动手的学习

父母和照料孩子的人可以给孩子提供大量安全的机会去跑、去爬、去跳和探索。要尊重孩子的兴趣：小孩子很难从自己被强迫参加的不喜欢的活动或实际上让他们感到害怕的活动中受益（或从中学到东西）。没有必要给孩子报名参加各种有组织的活动，只要和热情的成年人一起做，他们就能学着画画、玩球、唱歌或种花。

3~6岁的孩子通常都想动手做，而不只是在一旁看，所以，你要为由此造成的些许脏乱做好心理准备。还要记住，有些孩子在这个年龄会表现出非常切实并且对他们的一生都很重要的好奇心和才能。

当然，并非3~6岁孩子的所有兴趣都展现着其终生的才能。然而，给孩子提供合理的机会试验各种活动，会给他们提供建立自尊感和自信，并成长为健康、积极的人的途径。

限制看电视的时间

走进现在很多家庭的起居室，你会注意到一件物品占据着最重要的位置。位于娱乐室的中心、配备有卫星天线或网线以及复杂的遥控装置的电视机，在许许多多家庭中已经成了家庭生活的中心。"家庭时间"是以闪烁着蓝光的电视屏幕为主题的——而且屏幕越大越好！

不幸的是，对于电视对大脑发育造成的影响，还有很多是我们尚未完全了解的，而我们已经知道的是电视对发育中的大脑没

有促进作用。大多数小孩子待在电视机前的时间都太多了，他们看最喜欢的电视节目和视频——或者大人正在看的随便什么东西。这对他们的大脑、学习能力以及专注能力会有怎样的影响呢？

像简·希利这样的一些教育心理学家和研究人员相信，过多看电视实际上是在改变大脑的运转方式。看电视和视频实质上是一种被动的活动；待在电视机前的孩子的大脑中很少有或根本就没有重要的思考。即便像《芝麻街》之类所谓的教育节目，可能也没有什么帮助；那种闪烁快变的形式不利于孩子注意力的持续；有些研究表明，刚入学的孩子期待课堂上有他们从电视上看到的那种娱乐和特殊效果，并且对课堂教学感到无聊。很多老师都报告说，在过去的大约10年中，学生们的注意力集中时间、理解能力以及书面语言能力都显著下降了。我们将在第17章更深入地探讨文化、电脑以及其他电子媒体的影响。在这里，你要知道最好限制孩子坐在屏幕前的时间。

运用正面管教教孩子，而不是羞辱或让孩子丢脸

要记住，你的孩子的大脑中能保留下来的是那些最经常被用到的突触，而羞辱、惩罚和让孩子丢脸会塑造一个小孩子大脑中形成的回路。这就是我们一再强调最好的管教就是教的众多理由之一。孩子们会对充满关爱、有效的管教做出良好的回应，并且会因此更健康地成长。知道你的正面管教技巧还能促进孩子大脑的健康发育，难道不是很好吗？

了解并接受孩子的独特性

小孩子是通过看和听来了解自己和周围世界的；他们对自己

（以及对你）所做出的决定，在很大程度上取决于他们从父母和照料者那里接收到的讯息。学会毫无保留地接受孩子，不仅会让孩子建立自我价值感，而且还能支持其大脑的健康发育，并鼓励孩子重视自己的特殊品质和能力，有勇气去尝试新事物——这是孩子在进入青春期和成年后面对挑战和压力的最好的预防措施。

提供运用感觉的学习经历

小孩子是通过其感觉来体验这个世界的，而这些体验有助于塑造其发育中的大脑。要给你的孩子提供大量的机会去看、听、闻、触摸、品尝他的世界——当然，要在你的认真看护之下。你的孩子的感觉会丰富他的体验，并增强他学习的能力。

给孩子提供通过玩耍来学习的时间

对于一个3～6岁的孩子来说，玩耍不只是娱乐。玩耍是一个孩子体验自己的世界的实验室，他们要试验新的角色和主意，并要学着在动作和感觉的世界里感到轻松自在。对父母们来说，更方便的做法是为一个孩子安排好玩耍时间，但是，孩子们需要更随意的时间来练习他们的想象力和身体。提供一些基本的东西，然后就要任凭你的孩子自由自在地去玩耍和学习。

认真选择儿童看护——并且你要始终参与

儿童看护是极其重要的。很多很多的孩子每天或每天的大部分时间都是和照料他们的人——而不是他们的父母——待在一起。照料孩子的人和老师们了解孩子的大脑怎样发育，并尽最大努力促进大脑的健康发育和学习，是极其重要的。给你的孩子换一个看护中心可能会很难，但这有助于你认识到高质量的看护能促进一个孩子的发展。这还能显示出确保你的孩子真正不在你身边时得到高质量的看护有多么重要。（第 15 章将解释高质量看护的构成要素以及如何能找到。）

关爱你自己

你可能会奇怪，关爱你自己与你的孩子的大脑发育有什么关系。但是，你想一想：养育并指导一个精力充沛、充满好奇心的 3~6 岁孩子是一件很辛苦的事情——并且是一份全职的工作。父母和照料孩子的人需要用上他们的全部精力和智慧，而且，往往是在他们的精力之泉干涸时，危机正好就出现了。

当你得到充分休息和合理恢复时，你才能最好地履行作为父母的职责。是的，疲惫和压力似乎是和小孩子在一起的日常生活的一部分，尤其是如果你还有一个配偶或一份工作要照顾到的话。然而，照顾好你自己的需要必须排在优先位置。要锻炼身体、吃健康的食物，并尽最大可能得到充足的睡眠。要经常抽时间（一年一次可不够）去做些你喜欢的事情。要花时间和配偶单独在一起，和朋友一起喝杯咖啡，去唱诗班唱歌，参加一个课程，读一本书——你为恢复精力之泉所做的任何事情，都对你的孩子有好处。当他们看到你尊重地对待你自己时，他们将学会尊重你（以及他们自己）。而且，他们会发现，一个平静、精力充沛、开心的大人要比一个筋疲力尽、暴躁、怨恨的大人容易回应得多。保持你的健康不是自私，而是智慧。

上学："我的孩子真的准备好了吗？"

凯特发誓自己不哭。她要和女儿妮可一起去庆祝入学的第一天，然后不受任何干扰地去购物。然而，不知怎么回事，那天上午的事情并没像她计划的那样进行。

哦，妮可很好。她可能有一点紧张，但很兴奋，很高兴。她精心地穿上了自己的新衣服，把头发梳得很整齐，将几件学习用具装进了标志着她作为一个"大孩子"新身份的崭新双肩背包里。在开学的前一周，凯特和妮可已经参观过教室，查看了操场，并且见过了老师，那是一个充满活力、友好的年轻女老师，她记得每个学生的名字。

每件事情都很好——直到凯特看着突然显得很小的妮可和其他孩子一起走进教室。当她转过身来走向自己的汽车时，她发现自己周围的东西变得有点模糊了起来——她看不清了。她震惊地意识到自己哭了。一个孩子的爸爸走过来冲她笑了笑，说："有点难过，不是吗？"

"当然，"凯特摇着头回答道，"当然。"

一个孩子"真正"学校生活的第一天，是一件有里程碑意义的事情。孩子的世界再也不会局限于家庭和朋友的一个小圈子了；突然扩展成了包括很多其他成年人和孩子，而且他们每天和你的孩子在一起的时间比你还多。很多父母都想知道，他们怎样才能知道自己的孩子是否为更广阔的校园世界做好了准备，包括智力上和情感上。

重要的是，要承认所有的孩子（以及所有的学校）都是不同的。到一个孩子准备好上学时，父母对这个孩子的内心世界已经有了几年的了解，并能理解他思考、感受和看待这个世界的方式了。大多数学校都是按照孩子的年龄来分班的，但是，年龄并不是一个孩子发展状况的真正指示器。很多孩子热切地盼望着开始上学，几乎头也不回就进入了学业学习阶段。另一些孩子却会在外面徘徊，或者看上去对最简单的任务也很难完成。评估学习障碍或心理问题超出了本书的范围，但是，有些事情是父母们能够考虑的，这有助于他们对送孩子进学校感到更轻松（更多内容见第18章）。

了解你的孩子

没有人能像一个细致而充满爱心的父母那样了解一个孩子，特别是那些努力了解孩子的发展并掌握了一些有效的养育技巧的父母们。大多数学区都提供入学准备的面试，以帮助父母和老师们确定一个孩子是为上学做好了准备，还是再等一年更好。

还记得罗比吗？他的妈妈最终决定最好让他再等一年，直到他的情感发展赶上他的智力发展。在学校里的成功不只涉及到学业能力；孩子们还必须能忍受父母不在身边的时间，对老师作出反应，并且和其他孩子交朋友。推迟入学并不是丢脸的事；事实上，当孩子们在情感和社会交往方面为离开家做好准备时，他们的学业学习才会做得更好。对大人和孩子来说，推迟入学比入学后成绩落后要少一些烦恼。考虑一下下面几个问题，可以帮助你评估你的孩子的准备情况。

・你的孩子喜欢学习吗？他对周围的一切有好奇心吗？

- 你的孩子能很好地忍受与你分离吗？
- 她热切地想交朋友并愿意与同龄人建立关系吗？
- 他对一件事情保持专注的时间与其年龄相符吗？
- 她对上学表现出了兴趣，还是看上去很害怕？

花时间去参观学校并与老师见面，通常能消除一个孩子的大部分焦虑。与孩子谈谈感受（关于感受和积极倾听的更多内容见第7章），并告诉你的孩子大多数人在第一次做一件事情时都会感到紧张，也会有帮助。你越了解自己的孩子和老师，孩子在学校就会越快乐。如果你有时间在孩子的班里做志愿者，并参加学校的各种活动以及父母-老师见面会，你和孩子就可能会感到更轻松。学校将成为你未来几年生活中的一部分，一个好的开始是值得为其付出的！

学习是终身的

俗话说，"学海无崖"、"学无止境"。对你和你的孩子来说，总是有一些美妙的新事物需要学习。外面的世界并非总是友好或热情的；当你的孩子离开你的身边，他会经历伤害和困难，而你不能总在那里为他铺平道路。然而，有很多事情是你可以在孩子3~6岁时教给他的。你可以教给他知道你会始终支持他，你会永远倾听他，以及你相信他学习、成长和蓬勃发展的能力。无论他在成长过程中遇到了什么样的人和经历，你的孩子都能信任你将始终对他有信心，并将永远欢迎他回家。

第5章

"我能做!"
主动性带来的快乐和挑战

如果3岁的孩子自己没有那么多主意——以及那么大的精力实施自己的主意,养育他们就会很容易。比如,看看下面这个小家伙:

问:我的儿子去哪儿都不是走——他是飞奔。他追着海滩上的鸟儿跑,在游泳课上跳进浅水池,今天早上,我发现他试图在狗身上搭一块毯子当马鞍,因为他想骑到狗身上。我不得不解释,狗不够强壮,驮不动人。他放弃了骑狗的打算,但我知道他随时会想出一些其他的主意。他似乎什么都不怕,而我担心他会受伤。随时都要跟着他,让我疲惫不堪。我应该允许他做这些事情吗?

答:你听上去已经被看管和指导你那活泼好动的孩子搞得筋疲力尽了!别害怕,大多数父母有时都会奇怪,为什么3岁孩子的精力和创造力比他们的父母多那么多。然而，你只需想一想：你的儿子正在表现出很多优秀的品质。他很勇敢，不害怕尝试新事物。他能将想法和行动联系起来，而且他是带着兴奋和好奇在飞奔。这些在今天让你感到筋疲力尽的特点，可能正是将来让他成为一个成功和有能力成年人的那些特点。

埃里克·埃里克森——人类发展研究的一位先驱——告诉我们，大约从2岁开始到6岁期间，孩子们会经历一个极其重要的成长阶段，他称之为"主动与内疚"[1]。孩子们需要这种主动性——那些不能培养和发展出像上面描述的那个孩子所表现出的主动性的孩子们，长大成人后会难以面对生活的挑战，总有挥之不去的内疚感，并且可能会相信自己什么事情都做得不够好。

当我们说一个孩子需要一种健康的主动意识时，并不是说应该允许他将头脑里冒出的每个念头都付诸行动，而是说他需要一些安全的界限和限制，使他能在此之内探索、试验，并学会培养他对自己才干和能力的信念。在安全（以及合适的行为）、创造性和勇气之间达成一种平衡，是养育3~6岁孩子的精髓所在。父母们可以通过以和善而坚定的方式，而不是羞辱或惩罚来实施限制，建立起这种平衡并避免给孩子逐渐造成一种内疚感。说"爬上书架很危险。在什么地方攀爬对你来说才安全呢？"是和善而坚定的，而说"我无法相信你这么不小心，你不知道这会让你受伤吗？"则是羞辱。

这是父母们很容易听到孩子经常说"我能做"的几年。你的孩子正在试图让你知道他们比你认为的更有能力。这个年龄段早期的孩子们想尝试每一件事情：他们想推吸尘器、洗盘子以及在花园里挖坑。太多的时候，父母们会用这样的话压制这些想要帮

---

[1] 埃里克·埃里克森，《童年与社会》，Norton，1963年。——作者注

忙的孩子："不，你还太小。等你长大了再说。我做这件事情会更轻松、更快。"大人做这些事情通常会更容易（并且更少麻烦），但是，拒绝一个孩子学习和练习新技能的机会可能会为内疚而不是主动性播下种子。几年后，同样是这些大人，可能会发现自己很奇怪为什么他们的孩子"就是不做任何事情！"。这种培养主动性的强烈内在需要与内疚和羞耻的对抗，会贯穿3~6岁的整个阶段。再说一次，我们在这里谈的是主动意识——而不是实际的能力。那些理解这个重要发展阶段的父母、幼儿园老师和孩子的照料者，能够创造出一种增强孩子的主动性，而不是内疚、沮丧或操纵的环境。

培养主动性的实例

迈克尔的妈妈带他到附近的公园玩儿。迈克尔刚刚3岁，迫不及待地想玩攀爬架。他轻松地爬上了下面几级，然后向下看了看——他感到胃在翻腾。迈克尔呜咽着让妈妈救他，把他抱下来，但是，妈妈只是微笑着把一只手搭在他背上来鼓励他。她以安慰的语气给吓坏了的儿子说着话，帮助他寻找自己下来的办法。当他下到地面上时，妈妈给了他一个大大的拥抱，并祝贺他"靠自己"下来了。迈克尔的脸上绽放出了一个骄傲的微笑。妈妈和迈克尔后来经常来这个公园，过了两周，迈克尔就能轻松地在攀爬架上爬上爬下了。

玛格丽特的妈妈面对着同样的困境，但她的回应却完全不同。玛格丽特也是3岁，当她在同样的攀爬架上大哭时，她的妈妈立刻跑了过去，把玛格丽特抱在了怀里。她抱着女儿，并用坚定的语气告诉她爬这么高有多危险。玛格丽特哭了一会儿，就跑到沙坑去玩了。尽管她们经常去这个公园，但在两个月后，玛格丽特还是回避攀爬架，一有其他孩子邀请她去爬攀爬架，她就抱着妈妈的腿不放。

3~6岁的孩子把这个世界看作是一个令人兴奋而迷人的地方，尤其在他们发展更强的主动性并且有更强的身体和智力能力去探索的时候。当大人们妨碍他们时，孩子们可能会感到沮丧，并会退缩，并对自己的无能产生一种内疚感，而另外一些孩子则会放弃，并让他们焦虑的父母过度保护他们，使他们体验不到成长所需的挫折或小伤害。在这两种情况下，他们正在发展中的主动意识和能力感都会受到阻碍。玛格丽特的妈妈想要保护女儿免于受伤，但结果却是说服她相信了要完全避免攀爬。在以后的生活中，玛格丽特可能仍然会发现难以承担风险——即便是那些对她有益并丰富其生活的风险。

成年人可以选择在孩子面对挑战时鼓励他们，就像迈克尔的妈妈做的那样。迈克尔的妈妈表明了对他掌握一种新技能的能力的信任，他的经历以一种他妈妈的话语永远做不到的方式告诉了他"我能行"。当迈克尔和玛格丽特在成长过程中面对挑战和新的责任时，他们会怎么反应呢？他们对自己的能力会怎样认为呢？

发展主动性的需要是与生俱来的，无论父母和照料孩子的人发现这是否方便。即便在沮丧的时候，有些孩子（那些充满勇气、意志坚定的孩子）也会坚持努力发展主动性。成年人通常将这种行为称为"不顺从"，并会想办法控制、娇惯或过度保护这个孩子。是的，我们必须保护孩子的安全，并且必须教给他们要行为得当——但是，当大人们同时还给学龄前的孩子提供体验主动性的机会时，这项任务才更容易完成。

是主动性，还是操纵？

主动性发展受挫的孩子，有时会以发展操纵别人的能力作为回应。这就是那种退缩至无助状态并且坚持让你为他做每一件事情的孩子。他没有培养出"我能做"的心态，而是通过一种"我不能"的心态来寻求归属感和价值感。他"不能"走到汽车边，他"不能"自己穿袜子，他"不能"拣起自己的玩具。当你的孩子有不良行为时，你就应该问自己："这种行为有可能是基于沮丧和如何找到归属的错误信念而产生的吗？"考虑一下下面这两位父母所面对的困境：

问：当我说"不"时，我3岁的女儿就会又哭又喊。她从来不吃我们给她的食物：她要涂花生酱的面包片，但只舔掉上面的花生酱，拒绝吃面包。然后，她会坚持让我在面包片上再涂更多的花生酱。如果我不照她说的做，她就会开始哼唧或哭。她白天在看护中心表现得却很好。

问：我相信"不"的意思就是不，但我的女儿还认识不到这一点。我以前是把她放到一个看不见我们的角落里，直到她不再哭，但这只能管用一会儿。现在，我的丈夫把她放在关掉灯的小浴室里。我认为这会让她患上幽闭恐惧症。她确实是睡在自己的床上，但几乎每天晚上都尿床。就寝时总是麻烦不断，因为她不愿意待在床上。我不得不拍着她的后背，直到她入睡。我讨厌和孩子持续不断地争斗，但她就是不按我说的做。

答：类似上面这些情形很普遍，真令人伤心。如果大人理解孩子的发展以及与孩子年龄相适应的行为、不良行为背后的错误目的（见第8、9、10章），以及在设定限制的同时让孩子合作的非惩罚性方法，很多此类的争斗都会消除。

有一种方法可以避免这类操纵。第一个例子中的妈妈可以选择在适当的时候让步（比如，让女儿在面包片上涂花生酱，并教给她在之后收拾干净）。让这个孩子参与准备食物，会增强她对主动性的内在需要，通过教给她一种生活技能，会帮助她感觉自己更有能力，并且会激励她吃自己帮助准备的食物。

正如你在第2章了解到的那样，从来都不需要惩罚性的"暂停"，把一个孩子放在角落里或不开灯的房间里不会有任何帮助。这些惩罚性的暂停经历会造成怀疑、羞辱和内疚。相反，爸爸和妈妈可以说"不"，然后要允许孩子有她自己的感受。当她哭泣时，他们可以强调说："我知道这很让人失望，并且你很生气。"如果父母忍受不了哭泣，他们可以离开，说："感到难过没关系，只要你想。当你不再难过时，就来找我。"

3～6岁的孩子需要知道你说到做到，并会用和善而坚定的行动（而不是说教）坚持到底。与听大人的话语相比，孩子们会更多地"听"和善、坚定且前后一致的行动。

如何鼓励主动性并防止操纵

鼓励主动性的发展之所以是一项棘手的任务，就是因为父母和照料孩子的人发现它是那么艰巨、那么麻烦。然而，大人们在家里和幼儿园里可以通过在孩子们能做的很多事情上给他们提供大量的机会、训练时间和鼓励,来帮助学龄前的孩子培养自信和主动性。当孩子们以这种方式得到支持时,他们就会学着信任自己,并感觉到自己能干。

这听上去很费时间吗?实际上,给孩子们提供机会培养他们的主动意识,要比解决沮丧的孩子们的不良行为所花费的时间少。谁说养育很容易,并且不应该花费太多时间呢?太多的父母想让自己的孩子自信、尊重、机智、有责任心,但却不想在那些能教给孩子这些品质的方法上投入时间。有很多方法能帮助孩子发展主动性,而不是操纵和不良行为。帮助孩子发展主动性的一种最好的方式,是通过家庭会议或幼儿园班会,这将在第16章中讨论。其他方法包括玩假扮游戏、说出明确的期望、提供有限制的选择并坚持到底,还有本书中讨论的其他正面管教方法。这些方法可以用来帮助孩子学会在家里和公共场合行为得当,同时鼓励他们发展主动意识。

玩假扮游戏

孩子们喜欢玩游戏,所以,假扮游戏(大人们有时称其为角色扮演)是教给孩子技能,并帮助他们理解有效行为(尊重他人)和无效行为(不尊重他人)之间区别的一种有趣方式。如果你让游戏简单一些,学龄前的孩子就不会因为太小而无法理解了。

开始假扮游戏的一种办法,是对你的孩子说类似这样的话:"你来当爸爸,我来当小男孩。我们是在薄饼店里,我该怎么做呢?我应该大喊大叫地到处跑,并像这样扔食物吗?"然后表演大喊大叫和到处跑。"或者,我应该安静地坐在椅子上吃东西,或者,在等待的时候安静地玩填色游戏?"然后,表演出假装你坐在那里,让孩子监督你的行为。转换一下角色,并让孩子把尊重和不尊重的行为都表演出来。一定要确保跟孩子好好谈谈，以便他能知道尊重的行为所带来的好处。

说出明确的期望

一句最古老的养育忠告仍然是最好的忠告之一：说真心话，并说到做到。你应该怎样确立对学龄前孩子明确、恰当的期望呢？让我们来看看科迪的父亲是怎么做的：

尽管科迪只有4岁，但他十分喜欢棒球。他从很小的时候起，就开始收集棒球卡片，喜欢和爸爸在后院玩儿童垒球，并且知道旧金山巨人队的全部明星阵容。科迪的爸爸提姆，正计划带自己的小儿子去看他的第一场真正的棒球比赛。以前的经验告诉他，为了与自己这个充满好奇心而活泼好动的学龄前孩子度过愉快的一天，需要做一些基础的准备工作。

首先，提姆决定带科迪到当地的公园去看一场小联盟的比赛。当他们坐在露天看台上时，提姆问科迪认为他们在"大体育场"里该怎样做。科迪双眉紧锁，聚精会神地认真思考了这个问题。

"我们应该静静地坐着？"他试探着说，知道这对自己来说是很难遵守的一个规矩。

"哦，"爸爸笑着对儿子说，"我们有时候可以站起来。而且，我们可以一起出去买杯冷饮或一个热狗。"

"我们可以在第七局时活动一下！"科迪兴奋地喊了起来，并开始唱"带我去看棒球赛"。

父子俩一起商讨了那一天的准则。提姆明确告诉儿子，那天看球赛的人会非常多，所以，不管去哪里，科迪都必须拉着他的手。提姆和科迪一致同意，科迪可以吃一个热狗，喝一杯冷饮，吃一个点心，并且可以选择一个纪念品——只要花费不超过10美元。并且，他们还一致同意，如果科迪乱跑或在座位上爬上爬下，他们就得回到车里。

提姆非常了解儿子；当科迪受好奇心的驱使想要乱跑时，他只要将手坚定地放在科迪的肩膀上（不用斥责或说教），就能让儿子回到自己身边。而且，当科迪决定爬到下一排（并且隔着三个人）以便看得更清楚时，提姆只需问他们的约定是什么，就能让科迪很快地扑通一声坐回到自己的座位上。

由于科迪才4岁，他的爸爸知道那一天不会很完美。他还知道，科迪可能不会在整场九局比赛中都遵守准则。他知道，他们甚至可能不得不回到车里坐一会儿，直到科迪准备好再次尝试。但是，通过（事先）设立明确的期望并将这些简单的限制坚持到底，科迪第一次看比赛的经历将会成为父子俩人在以后几年里的美好回忆。

提供有限制的选择，并坚持到底

父母们有时相信，给孩子想要的东西，并且不必用规则给他们增加负担，就能向他们表明他们是被爱着的。我们想强调的是，娇纵并不是帮助孩子培养主动性——或任何其他有价值的社会或人生技能的方式。替代娇纵的一种方式，是提供有限制的选择，并和善而坚定地坚持到底。如果有限制的选择是相关的、尊重的并合理的，就会很有效。

埃琳娜一家和邻居一家一起去动物园。埃琳娜想要棉花糖、蛋筒冰激凌，以及她看到别的孩子在吃的东西。爸爸告诉她，要么要蛋筒冰激凌，要么要爆米花。埃琳娜选了爆米花。爸爸买了爆米花，然后告诉埃琳娜，如果还要其他零食，她就要和他一起回到汽车里，他们会在那儿等到其他人逛完动物园。

爆米花吃到一半，埃琳娜看到了一个孩子手里拿着一个蛋筒冰激凌，开始向父亲要。埃琳娜很坚决：她把剩下的爆米花扔到了路上，撒得人行道上到处都是，以此强调自己的要求。爸爸平静地问埃琳娜，她是想拉着他的手回到汽车里，还是让他把她抱过去（他决定不去管那些撒在地上的爆米花，因为一群鸽子已经在解决这个问题了）。当她拒绝走时，爸爸抱起了她，向汽车走去。他没有斥责她、打她，或提醒她为什么他们要离开。他对她很尊重，并且当她开始哭喊着说想去看猴子时，他向她保证他确信下次再来动物园时，埃琳娜会做出更好的选择——并且能够看到猴子。

给孩子一个再次尝试的机会，是合理而令人鼓舞的。说"因为这件事，我再也不带你来这儿——或其他任何地方了！"是不合理的。大多数父母都不会按照这种威胁的话去做——这只会教给孩子，他们可以漠视规矩和自己的父母。

是的，在运用和善而坚定的坚持到底时，错过家庭的外出对你来说会带来不便。你也有一个选择。哪个更重要，是家庭的外出，还是你的孩子通过学会适当的社会技能而培养出自尊、主动性和自信？当你以和善而坚定的方式坚持到底时，你就不会再像你的孩子以前不知道你说话算数并会坚持到底时那样错过很多次家庭外出了。当然，坚持到底需要大人在说之前考虑清楚。如果你做不到，就不要说出来！

"我能做！"

正面管教实例

莫娜和拉马尔决定，到他们的儿子马克3岁时，就教给他自己穿衣服（这对于正在萌发的主动性来说，是一个极好的训练）。他们买来了小孩子很容易对付的衣服，比如腰部带松紧带的裤子、大圆领T恤和带尼龙搭扣的轻便运动鞋。马克很乐意学，并且很快就掌握了自己穿衣服的技巧（即便在一半情况下都会把鞋子穿错脚）。

马克上了幼儿园，他早上的惯例包括自己穿衣服、帮助准备早餐，并且要在7：30准备好出门，爸爸每天在这个时间出门上班，顺便送他去幼儿园。马克和爸爸早就做了一张特殊的早晨惯例表，上面有马克做每一件事情的照片——马克热心地遵照执行了几天。莫娜和拉马尔知道，马克可能会用他的主动性来"试探"这个惯例。为了作好准备，他们和马克一起提前制订了一个包括有限制的选择和坚持到底的计划。他们一起决定，如果马克在出门时没有及时穿好衣服，他们就会把马克的衣服放到一个纸袋里带着，以便他在幼儿园穿。他们不确定马克对于他们所讨论的选择和坚持到底能真正理解多少，但是，他们相信如果他们不得不实行这个计划，他就能明白。

果然，在几周平静的早晨之后，莫娜有一天注意到马克没有按照惯例做。当拉马尔该出门上班时，马克还穿着睡衣。莫娜已经准备好了一袋衣服，所以，拉马尔和善而坚定地用一只胳膊抱起马克，用另一只手拎着那袋衣服，在瓢泼大雨中走向了汽车——这时，正好一个邻居出来取报纸。

拉马尔叹了口气，并提醒自己："好吧，花时间训练马克，要比邻居怎么想更重要。"

在他们开车去学校的路上,马克哭着抱怨说自己冷。拉马尔指了指马克座位旁边的外套,并建议说穿上衣服就会暖和一些。拉马尔还提醒马克,他可以在到达幼儿园时穿好衣服。马克继续抱怨着。当他们到幼儿园时,园长乔伊丝(她完全理解此时此刻的情境)微笑着看着这对走近的父子。

"嗨,马克,"她热情地说,"我看见你今天早上没有穿好衣服。没关系。你可以把那袋衣服拿到我的办公室,等你穿好衣服再出来。"马克自己穿好了衣服。

一个月后,马克决定要进一步探究并再次试探这个惯例。拉马尔就事论事地做了回应,拿着衣服袋上了汽车。当他们到幼儿园时,马克的老师让他穿好衣服,并提醒他需要穿好衣服才能出去玩。他拒绝了,并开始玩积木,就穿着那身帅气的米老鼠睡衣。马克一直开心地玩到该到室外活动时。马克的老师向他保证,一旦他穿好衣服,他就能和其他同学一起在游戏场上玩了。在思考了一会儿后,马克决定验证自己的想法不值得错过休息时间,便匆忙穿好了自己的衣服。

马克的父母和老师没有唠叨、说教,或提醒马克穿好衣服。他们只是按照自己说过的去做——为他把衣服拿到车上、在他穿好衣服之前限制他的户外活动,并允许他在幼儿园里自己穿衣服(重要的是,要注意到,对于那些对穿着睡衣上幼儿园感觉是羞辱的孩子来说,这个办法是不合适的。那些会给孩子造成羞辱或尴尬的大人行为,不可能鼓励孩子的尊重或合作)。

如果拉马尔借题发挥,他就会使这种经历成为对马克的羞辱,这意味着在他和善而坚定的行为中加入责备或羞辱的说教。拉马尔没有说:"真是活该!也许下次你就会快点儿了。其他孩子会笑话你没穿好衣服。"相反,莫娜、拉马尔和乔伊丝和善而坚定地对待马克，这帮助他知道了运用自己的技能来帮助自己并与他人合作的好处。

"哎呀，我犯了一个错误！"

现在，你或许在想你必须成为一个完美的父母，养育一个完美的孩子。世界上没有这样的事情。这难道不是很好吗？无论我们学会或懂得了多少东西；我们永远不会停止犯错误。有时，所有的人都会忘记自己懂得的道理，而陷入情感反应中无法自拔——或者他们就是会把事情完全搞砸。一旦你理解了这一点，你就能把犯错误看作是不可或缺的重要的人生过程：有趣的学习机会。当你犯了一个错误时，不要感到沮丧，你可以说："太棒了！我又得到了一次学习的机会！"

如果你还能将这种心态逐渐灌输给你的孩子，使他们对犯错误不再有你那样的精神负担，难道不是很好吗？有多少成年人曾因为自己在无辜地犯错误时受到了羞辱和惩罚，形成的内疚感要强于主动意识？错误和失败不是一回事，尽管人们的反应好像是两者一样似的。而且，即便是所谓的失败，也能提供学习和成长的机会。如果大人们能稍微调整一下自己的心态，培养主动性的过程就会少些痛苦。当然，3~6岁的孩子不会把事情做得很完美。但是，哪个更重要呢？是完美重要，还是帮助你的孩子形成健康的自尊和良好的人生技能重要？

问启发式问题

当父母和老师花太多的时间说教时——告诉孩子们发生了什么、什么原因造成的、他们对此应该如何感受、他们应该怎么做——孩子们培养不出强烈的主动意识。"告诉"可能无法让孩子们将错误看作学习的机会。"告诉"会逐渐灌输一种内疚感或反叛,因为它发出的信息是孩子们没有达到大人的期望。或许,最重要的是,告诉孩子发生了什么、如何发生的以及为什么,教给他们的是要思考什么,而不是怎样思考。

当大人问启发式问题时,孩子们就会发展思考能力、判断能力、解决问题的能力和主动性,要问:"发生了什么事?你当时想做什么?你认为这件事情为什么会发生?你有什么感受?你怎样才能解决?如果你不想让这种事情再次发生,你还能做些什么?"

当马克——那个在早上不愿意穿衣服的孩子——在车里抱怨自己冷时,他的爸爸或许可以将此作为一个问启发式问题的机会:"你认为你为什么冷?你怎么做才能感觉暖和点?"这些问题就能帮助马克将衣服与暖和联系起来。他或许还会发现,当外面冷时,为什么睡衣不是一个好的选择。或许,马克并不真正理解这种联系,可能会回答:"因为我没有吃完我的烤面包片。"这就会给爸爸一个机会,帮助马克了解衣服对我们冷暖感受的影响。不管你信不信,孩子们并不总能理解那些在大人看来非常明显的推理。这就是为什么理解孩子的发育、适龄行为以及鼓励如此重要的原因。

一切全在于鼓励

鲁道夫·德雷克斯一再说："孩子需要鼓励，就像植物需要水。"那么，什么是鼓励呢？

"鼓励（encouragement）"这个词来源于一个法语词根，其意思是"将心给与"。鼓励能帮助孩子们培养勇气：学习和成长的勇气，不受责备和羞辱地从错误中学习的勇气，发展社会交往能力和人生技能的勇气。孩子们怎样才能做到这些呢？当孩子的父母和他们生活中的其他成年人创造一个能让他们安全地运用他们发展中的自主性和主动性并且犯错误，而不会体验到怀疑、羞辱和内疚时，他们就能培养出勇气。

要记住，自责和内疚不是一回事。当孩子们犯了一个错误或伤害别人时，他们会感到自责（有时候，自责是恰当的，并且是诸如同情之类品质的开端。然而要记住，你无法强迫一个孩子真正感到自责）。当大人通过启发式问题帮助孩子们探究自己的选择所造成的后果，而不是将后果强加给孩子时，大人们就能给孩子鼓励。启发式问题还能帮助孩子们理解他们的感受、为什么会有这种感受，以及他们怎样才能做出弥补。这样，孩子们会感觉受到鼓励去从自己的错误中学习。

正如德雷克斯所说："一个行为不良的孩子，是一个丧失信心的孩子。"这就是为什么成年人需要理解自己的行为造成的长期效果的原因。我们相信，父母和老师们本意是想鼓励孩子们的。他们只是没有意识到自己常常让孩子更沮丧，而不是在鼓励。

含糊的赞扬不是鼓励

含糊的"真棒"不是鼓励小孩子的最好方式——要让你的鼓励很具体。比如，一个3岁的孩子在幼儿园拿他刚画的画给你看，而你对孩子说："哦，这是我见过的最美的画，我要把它装在镜框里，挂到墙上。"你对孩子的帮助可能并没有你想的那么大，你教给他的可能是，他能做的最重要的事就是取悦别人，这是一个危险的人生信条。告诉这个孩子，"我看到，你真的很喜欢红色和黄色。你能跟我说说这些图案吗？"会打开交谈和一起学习的大门。

确定你说的话是否是真正鼓励的另一种方法，是它只能在当时对那个人说，而赞扬是更宽泛的。你可以在任何时候对大多数人说："干得真棒。"但是，你只能在一个具体特定的情形中对一个特定的孩子说："你搭了一个很高的积木塔。看你得够到多高才能把积木放到塔尖上啊——都比你高了！"这个孩子会感觉你注意到了她做的事情，你是专门对她说的。

下页这张表更清楚地表明了赞扬和鼓励的区别。

帮助孩子们充分发挥潜能

乔伊丝——马克的幼儿园的园长——相信运用鼓励和本章所谈到的给予孩子发展主动性机会的其他概念的重要性。她的员工会寻找每一个机会，通过花时间训练孩子，并在之后让孩子们做很多通常由大人来为他们做的事情，让孩子们体验到他们多么能干。

鼓励与赞扬之间的不同

	赞扬	鼓励
字典里的定义	1. 表达令人满意的判断 2. 美化，尤其是通过将完美归因于被赞扬的人 3. 表示认可	1. 鼓起对方的勇气 2. 激励，促进
指向	做事的人："好丫头。"	行为："干得好。"
认可	只有对完成了的、完美的结果："你做得正确！"	努力以及改进："你尽力了"或者，"你对你的成果感觉怎么样？"
态度	摆架子，操纵性的："我喜欢苏西坐着的姿势。"	尊重的，欣赏的："谁可以让我看看我们现在该怎么坐？"
"我"式句	评价式的："我喜欢你的做法。"	自我指向："我感谢你的合作。"
最常用于的对象	孩子们："你是个好丫头！"	成年人："谢谢你的帮助。"
例子	"我为你能拿到 A 而骄傲。"（剥夺人的自我成就）	"那个 A 反映了你的辛勤努力。"（承认对方的成就及其努力中的责任感）
导致	孩子们为他人而改变：总是寻求别人的认可。	孩子们为自己而改变：内省。
控制点	外在的："别人会怎么想？"	内在的："我是怎么想的？"
教给孩子	该想什么；依赖于别人的评价。	如何想；自我评价。
目的	遵从："你做得正确！"	理解："你想到了、学到了、感觉到了什么？"
对自我价值的影响	当得到他人的认可时，觉得自己是有价值的。	觉得自己有价值，无需他人的认可。
长期效果	依赖于他人。	自信，自立。

比如，当乔伊丝去采购食品杂货时，她会让孩子们轮流跟她一起去，帮她把购买的东西放进购物车。当她回到幼儿园时，会将货车倒进孩子们的游戏场，并招呼孩子们一次一件把买回来的东西拿到厨房里。厨师帮助孩子们记住哪些东西该放在什么位置。

在午餐时，孩子们自己取食物。一个叫马特的小家伙总是拿太多食物。大约一周后，他的老师通过问他问题，帮助他探究这件事，老师问："当你取太多食物时，会发生什么情况？"

马特回答："我吃不完，不得不扔掉一些。"

老师接着问："如果你少取点食物，会出现什么情况？"

马特好像突然有了重大发现："我就能全部吃掉了。"

老师说："我确信你能。"接着，她又问："如果你拿的食物少了，并且都吃完了，但还没吃饱，你这时可以怎么做？"

马特笑着说："我可以再拿一些？"

老师问："你什么时候开始这么做？"

马特高兴地说："明天！"似乎都迫不及待了。

午餐后，每个孩子都会把自己吃剩的食物残渣倒进一个塑料洗碗盆里，在另一个盆里冲洗自己的盘子，然后将盘子放到洗碗机里。这样的惯例比在午饭后由一个成年人来收拾所花费的时间绝对要多。但是，乔伊丝和她的老师们更感兴趣的是帮助孩子们发展他们的全部潜能，而不是尽快把这些杂事做完。他们还都非常爱孩子们，喜欢孩子们，并且因为能成为孩子们成长发育过程中的一部分而感到荣幸。

这又是爱和喜悦。你越了解什么是与孩子的发展相适应的、怎样强化孩子们成长的环境、学习能鼓励他们发挥全部潜能的新技能，并在你犯错误时原谅自己，你就越能轻松而愉悦地看着你的孩子们成长，知道他们正在学着信任自己的能力、相信他们生活中的大人在给他们支持，并体验他们身边生活中的美妙。

第 6 章

接纳你的孩子
理解性情

大多数父母都知道在孩子们之间进行比较是不明智的。然而，大多数父母仍然会时不时将自己的孩子与周围的其他孩子做比较，即便不公开比较，也会默默地比较：幼儿园的其他女孩和男孩、邻居的孩子、侄子或侄女等。而比较通常会导致这样的判断：鲍比是"一个那么好的男孩"；米兰达是"一个小恶魔"。

你已经知道了3~6岁的孩子正在经历一些有趣的发展阶段；你知道自主和主动性的试验会导致他们以一些在大人看来"坏"的方式行事。有完美的孩子吗？你真的想要一个这样的孩子吗？

"完美孩子"的神话

一个完美的孩子，通常会被描述为一个默默地服从父母、不和兄弟姐妹打架、毫不抱怨地做家务、把自己的钱存起来、不用提醒就做作业——而且，成绩优秀、喜欢运动，并且很受大家欢迎的孩子。这意味着不符合这种描述的孩子就是不完美的吗？

　　坦率地说，我们对符合这种梦幻描述的孩子会很担心。这通常是那种没有足够的安全感去试探自己力量的边界，并且当父母和老师不在身边时就不知道自己是谁的孩子，是那种害怕犯错误或别人不赞同的孩子。我们之所以说"通常"，是因为确实有极少数孩子既符合这种梦幻描述，又有安全感并且不害怕犯错误。

　　正如第4章和本章所讨论的那样，大脑的研究人员相信，性情特征是天生的，是每个孩子"固定回路"的一部分。你的孩子与你和其他照料人如何互动，似乎对这些天生的倾向实际如何发展有强烈的影响。这是一个复杂的过程，是我们尚未完全理解的。尽管心态、行为和决定会随着时间和经历的变化而改变，但性情似乎是我们无法改变的一部分。理解你的孩子独一无二的性情，将有助于你接纳真正的他，并和他一起学习、成长和蓬勃发展。你将会理解你对孩子偶尔产生的失望感的根源、养育你的孩子的最好方式，以及如何通过努力调整你的契合度来建立更牢固的关系。

契合度

　　史黛拉·翟斯和亚历山大·汤马斯强调了"契合度"的重要性，这指的是父母和老师对一个孩子性情了解的深度，以及和这个孩子一起促进其健康发展的意愿[1]。当孩子们为获得一种能力

---

[1] 见史黛拉·翟斯和亚历山大·汤马斯合著《契合度》，布伦纳，梅泽尔，1999年。——作者注

感和归属感而努力时，他们在生活中会体验到足够大的压力。期望一个孩子成为与他不同的另一个人，无助于缓解这种压力。

理解一个孩子的性情，并不意味着耸耸肩，说："哦，好吧，这个孩子就是这个样子。"而是为了让你帮助一个孩子培养可接受的行为和技能。比如，一个注意力持续时间短的孩子，将仍然需要学着接受一些安排好的任务并保持专注。提供有限制的选择，是尊重这个孩子的需要以及情形需要（意味着行为必须符合当时的环境）的一种方式。

找到能够满足父母和孩子双方需要的一种匹配，对于契合度来说是至关重要的。如果你的孩子难以适应新的环境，而你是社交场合的活跃人物，你们之间的契合度就很差。好消息是，有了这种理解，你就能找到平衡，并建立一种良好的契合。你的孩子交朋友的速度可能不快，但他能学会一些有助于他找到一两个好朋友的社会交往技能。如果你逼迫他和你一样，他可能会感到沮丧；但是，如果你温和地让他知道在接受其他孩子的友好表示时花点时间没关系，他就会得到鼓励。找到你的需要和你的孩子的需要之间的平衡，可能需要一些时间和练习，但是，学着接纳并与你的孩子的独特性情相处，将会使你们双方在未来若干年中都受益匪浅。既然你已经知道了为什么了解性情如此重要，我们就更多地了解一些吧。

伯克利研究

每个孩子天生都有一种处理感官信息和对其周围世界做出回应的独一无二的方式。史黛拉·翟斯博士和亚力山大·汤马斯博士在他们于上世纪60~70年代对九种主要性情的追踪研究中，了解了性格的神奇之处。伯克利研究是对两种基本性情——积极和消极——的一项追踪研究。该研究显示，这两种性情是持续终生的性格特征；也就是说，消极性情的婴儿长大后会成为消极性情的成年人；而积极性情的婴儿会成长为积极性情的成年人。事实上，婴儿的活跃程度在母亲子宫里就可以衡量出来。

> **塑造一个孩子性格和生活方式的 9 种性情**
>
> 1. 活跃水平
> 2. 规律性
> 3. 初始反应
> 4. 适应能力
> 5. 感觉阈限
> 6. 心理素质
> 7. 反应强度
> 8. 分心程度
> 9. 毅力和注意力的持续时间

由翟斯和汤马斯发现的九种性情——形成个体性格的品质和特点——可用来描述三种类型的孩子："容易相处的"孩子、"难相处的"孩子，以及"慢热型的"孩子。所有的孩子都是好的；只是有些孩子比其他孩子更有挑战性。我们将讨论这九种性情，但如果你想了解更多内容，我们强烈推荐你阅读《了解你的孩子》[1] 和《性情：理论与实践》[2] 两本书。

九种性情

所有的孩子都不同程度地拥有翟斯和汤马斯所研究的全部这九种特点。下面将描述这些特点在现实生活中是什么样子。（在我们对这些性情进行描述的过程中，你可能想仔细想想你认识的孩子们。）

---

[1]《了解你的孩子》，杰森·阿伦森，1996 年。——作者注
[2]《性情：理论与实践》，史黛拉·翟斯、亚历山大·汤马斯著，1996 年。——作者注

活跃水平

活跃水平指的是一个孩子运动活动的水平，以及活跃期和不活跃期所占的比例。一个高度活跃的学龄前孩子可能会喜欢充满活力的奔跑游戏，而一个低活跃度的孩子会选择一些安静的活动，比如画画或看书。

问：我的3岁的儿子不知道"请等一下！"这句话的意思。他从来都不会慢不来。我已经筋疲力尽了。我妹妹的孩子看上去要安静得多。是我哪里做错了吗？

答：你注意过3~6岁孩子的父母和老师多么经常地用到"筋疲力尽"这个词吗？大多数3~6岁的孩子的体力都非常充沛——毕竟，他们每天都有那么多要做、要学的事情——但是，有些孩子的体力应对这些事情依然绰绰有余。如果你家的孩子是这种高度活跃的孩子之一，请放心，你或你的孩子都没有任何问题。每个人天生就有不同的性情。一个活跃的孩子并不是"坏"孩子：他到处跑并不是想把你搞得筋疲力尽。他只是在忙着做他自己。与活跃的学龄前孩子和平相处的关键在于，要找到一种满足他的需要，而又不放弃你自己的需要的方法。

下面是一些建议：

·**记住孩子的需要，事先做好计划。**给他提供空间、有挑战性的活动，以及消耗过剩精力的机会。带他去公园，给他报名参加游泳班或体操课，或给他提供参加剧烈活动游戏的大量时间。在这个阶段，别让他上芭蕾课、听独奏音乐会、看演出或去高档餐厅就餐也可能是明智的。要建立起适合你们自己取得成功的方式。要记住使你的期望与你的孩子的能力相适应。

• **要为你自己留出时间**。要找一个临时保姆、让你的孩子上幼儿园或其他学习班，以便你自己休息一下，或者让一个朋友或伙伴定期来陪伴你的孩子。这不是自私；而是常识。你需要大量的精力，以平静而有效地对待一个 3~6 岁的孩子，而且你需要时间休息和恢复精力。

• **学会爱你的孩子本来的样子**。孩子的性情不是孩子自己选择的。要为孩子的优点感到高兴。有这么充足的精力，孩子在以后的生活中会做成很多事情。

莫尼卡已经学会了记住她的双胞胎的不同性情和活跃水平，并以此来计划每天的活动。一个星期六的下午，在社区里的游泳池，3 岁的内德和丝泰西在他们的姐姐上游泳课的时候一直让妈妈陪着。在一个小时里，内德一直高兴地玩着妈妈带来的一袋塑料动物玩具。整整一个小时就在内德开心而专注地玩玩具中过去了。

双胞胎中的妹妹丝泰西则不一样。她一开始是在妈妈带来的一本书上涂色，但是，不到 10 分钟，她把整本书的每一页都涂了一点，并且想让妈妈给她读。故事读到一半时，丝泰西确定自己渴了，于是莫尼卡带她去喝水。然后，丝泰西开始在露天看台上爬。还不到半小时，丝泰西已经涂了颜色、听了一个故事、喝了水、探索了看台。莫尼卡很了解她的女儿，并且已经准备好到秋千那儿玩一会——而且，她知道他们最好在游泳课一结束就离开。

内德不太活跃，而丝泰西是高度活跃。莫尼卡以前常常因她的双胞胎之间的这种差异而感到沮丧，尤其是因为她认为自己对待他们的方式并没有不同。关于性情的知识帮助她更好地理解了两个孩子。她决定自己最好放松下来，只需欣赏每个孩子的独特性，并为他们做好计划。

规律性

规律性指的是生理功能的可预见性（或不可预见性），比如饥饿、睡眠以及排便。

西尔弗顿夫妇都可以按照3岁的小儿子马丁的日常惯例来对时钟了。他每天早上6:30醒来，每天都想吃同样的午餐，总是选择玩同样的玩具，而且每天晚上都在同样的时间上床睡觉。

马丁使西尔弗顿夫妇得到了所需要的休息，因为马丁5岁的哥哥斯坦利与马丁相反，完全不可预见。这对夫妇想知道他们对斯坦利做"错"了什么，以及对马丁做"对"了什么，直到他们了解了性情的概念，并且认识到自己不应该因为孩子们的天生特点而受到赞扬或责备。然而，他们可以学着对斯坦利更有耐心，并避免更偏爱马丁。他们让两个孩子都参加了制订早晨和就寝时的日常惯例（即便马丁一个都不需要）。斯坦利发现遵循自己帮助制订的日常惯例很有益。

了解规律性，能帮助父母和孩子的照料者以减少冲突和压力的方式安排孩子的时间。

弗瑞德知道自己4岁的女儿仍然会在每天下午1:30准时感到疲倦并想要睡午觉。他确保了在工作日来照料孩子的人了解这一点，并且他在周末的时间安排中也会留出时间让女儿得到休息。弗瑞德发现，尊重女儿的性情以及需要睡午觉的习惯，有助于防止孩子在下午因为疲倦而没完没了地发脾气。

初始反应

这种性情描述的是一个孩子对一种新情形或新刺激的反应方式，比如一种新食物、一个新玩具、一个不认识的人或一个新地方。反应方式通常由心情的表达（微笑、话语和面部表情）或身体动作（吃下一种新食物、伸手去够一个新玩具、和新伙伴一起玩耍）表现出来。退缩反应显得更消极，并且是由心情（哭泣、话语、面部表情）或身体动作（跑开、吐出食物、扔掉新玩具）表现出来的。学会养育你独一无二的孩子，意味着要识别出这些线索，并以鼓励和有益于孩子成长的方式做出回应。

年龄大一点的学龄前孩子会以他们对待新体验的方式显示其性情，他们要么是跑过去加入到一个新群体中，要么是在旁边犹豫一段时间先看看。

阿曼达在4岁时上了一所新幼儿园。当孩子们做集体活动时，阿曼达总是退缩并拒绝参加。因为老师很体贴阿曼达的性情，她并没有坚持让阿曼达参加集体活动，尽管她确保了让阿曼达知道大家都欢迎她参加。在两个星期里，阿曼达一直没参加，而是在旁边看，并逐渐地向孩子们靠近。到第三个星期的时候，她就开心地和其他孩子一起玩了。阿曼达的初始反应是退缩，而她的老师明智地尊重了她性情中的这一方面。

再说一次，性情是天生的，并且研究表明，这些根深蒂固的个性特征并不会被那些焦虑的父母轻易改变。

邦妮很担心自己5岁的儿子杰里米：她害怕他的羞怯会让他无法与别人建立快乐的关系，或喜欢上爸爸妈妈一直以来都十分喜爱的一些活动。邦妮发现，当她往前推他或催促他和新认识的孩子说话或玩耍，或给他报名参加一项运动或活动时，他只会更退缩，会藏在她身后并把头埋起来。

当邦妮认识到杰里米或许会永远对新情形抱有提防心理时，她决定接受儿子未来的样子——并要找到办法帮助他对新情形感觉更自在，更自信。她学会了在给儿子报名参加儿童垒球班之前，先给他提供机会看其他孩子玩。她学会了不强迫他和刚认识的人说话，而是由她自己与人友好地交谈，并把一只手轻轻放在儿子的肩膀上作为安慰。

在新环境中，邦妮会花时间和杰里米在一起待一会儿，因为当她陪在他身边时，他会更快地对新环境感到放松。最重要的是，她接纳了儿子并给他鼓励，而没有要求他"克服"羞怯。杰里米对于新的环境和人可能永远是"慢热型"的，但妈妈的耐心和充满爱意的鼓励将会帮助他信任并接受他自己。

适应能力

适应能力描述的是一个孩子随着时间推移对一种新环境如何做出反应——调整和改变的能力。有些孩子一开始会吐出一种新食物，但尝过几口之后就会接受。另一些孩子接受一种新食物、一件新衣服或一所新学校要慢得多，如果不是完全不接受的话。

当三岁半的玛利亚的父母决定申请离婚时，她的爸爸在几个街区之外的地方找了一所新公寓。任何一个孩子都会对父母离婚感到很痛苦，然而玛利亚的"慢热型"性情更加重了这种家庭巨变所带来的压力。尽管爸爸和妈妈一致同意共同承担养育职责，让玛利亚每周去爸爸那里住几夜，但他们还是决定先采取渐进的方式。

当玛利亚的爸爸从家里搬出去的时候，他让玛利亚帮他往他的新公寓搬了一些东西。在接下来的几个星期里，他带玛利亚到他的公寓去了几次，并逐渐延长待在那里的时间。三个星期后，玛利亚有几天整个白天都和爸爸待在一起，并在他的新公寓里吃晚餐，但会回到她熟悉的家里的卧室去睡觉。

渐渐地，玛利亚和爸爸在他的新家为她布置了一个卧室，并选了一些她可以搬到新房间的家具和衣服。当玛利亚和她的父母对她在爸爸的新公寓里过夜都感到很轻松时，一个月时间已经过去了。

对爸爸来说，立刻问玛利亚是否想在他的公寓里过夜是不恰当的。这会给一个已经在经历家庭巨变和对父母忠诚感的割裂的小孩子加上太大的情感负担。玛利亚的父母把她的需要放在第一位，并给了她调整自己适应这种变化的时间[1]。

很多孩子都会从这种温和、渐进的方式中受益。如果你的小孩子很难适应快速的转变和变化，那么，认可并体谅孩子的这种性情可能会使你们双方都避免不安和不开心。

感觉阈限

有些孩子只要有开门声就会从午睡中醒来，无论声音多么

---

[1] 对离婚和单亲家庭的更多了解，见《单亲家庭的正面管教》，简·尼尔森，谢丽尔·欧文，卡罗尔·德尔泽著，Three Rivers Press，1999年。——作者注

轻，而另一些孩子即便外边是雷电交加的暴雨也能睡得很好。有些孩子会抱怨衣服紧或床单扎，而另一些孩子即便擦伤膝盖或碰了头也不会停下来。每个孩子对感官输入的敏感度是不一样的，并且影响着他们的行为和看待这个世界的方式。

安伯正在庆祝她的4岁生日。她打开了一件礼物，里面是一件有花朵图案的漂亮裙子，她开心地笑了起来。然而，当她注意到蓬松的裙子是由一层坚硬的尼龙网撑着的时候，微笑就变成了失望。"我得把这个东西穿在身上吗？"她惊恐地问道，"它会划伤我的腿的。"

类似这种细节不会让安迪担忧。他喜欢光着脚走路，只要有机会就会脱掉他的鞋子。他的父母会担心地向他指出游戏场的碎石路，或大喊着告诉他人行道的路面很热，但路面的质地和温度都不会给安迪造成麻烦。他的小脚丫勇敢地走在路上，享受着每个小脚趾无拘无束的感觉。

时间和经验会让你知道你自己的孩子对生理感觉和刺激的敏感度。你的孩子喜欢嘈杂的声音和音乐，还是会变得烦躁不安？他会盯着明亮或闪烁的灯光看，还是会把脸扭到一边？他会吃新的食物，还是会吐出味道和质感与平常不同的食物？他喜欢被抚摸和拥抱，还是会扭着身子躲避这种过多的接触？

如果你的孩子对刺激较敏感，你在给他新玩具、新体验以及介绍他不认识的人时，就要慢慢来。柔和的灯光和轻柔的音乐会帮助他平静下来，而在嘈杂、拥挤的地方（比如生日派对、游乐场或繁忙的购物中心），他就会变得紧张或易怒。不那么敏感的孩子可能会更愿意尝试新的体验。要找出吸引他的注意力的事物，然后为他创造探索和试验的机会。

> **感觉统合失调**
>
> 有些孩子会受到感官输入的深刻影响；事实上，在一些情况下，一个孩子的大脑会难以整合感官信息。一个孩子可能会发现自己的袜子"不舒服"或衬衫"太紧"；他可能会坚持同样的惯例，吃同样的食物，因为其他的都不舒服或"不好"。另外一些孩子对任何刺激都没有强烈的反应；他们可能会以摇晃、旋转或撞头来努力产生感官输入，他们发现这很舒服。这样的孩子们可能患有感觉统合障碍，各种能帮助他们了解感官信息并感觉更舒服的治疗会让这些孩子受益。
>
> 如果你怀疑你的孩子对感官输入的反应与同龄的其他孩子不同，明智的做法是让儿科医生做一下评估。

心理素质

你注意过有些孩子（和大人）会以怎样愉快而接纳的心态面对生活，而另外一些孩子却对每一件事和每个人都能找出缺点吗？一个孩子可能会带着开朗的笑容得到家人的欢心，而另一个孩子却可能觉得必须撅着嘴或皱着眉，只是"因为……"。

那些不那么开朗的孩子的父母要振作起来。如果你的孩子经常愁眉苦脸而让你不高兴，要记住，那紧皱的眉头不是对你或你的养育能力的反应。要体谅孩子的心情，但要花时间拥抱你的严肃的小家伙，并让他分享你的快乐。对父母和老师们来说，和一个总是看到事物悲观一面的孩子打交道可能是令人沮丧的，但是，有一些方法能让你既接受这种性情，又能帮助孩子更积极地面对生活。

史蒂夫带着从养育讲习班上得到的一个新主意回到了家里：他要问5岁的儿子卡尔一天中最开心和最难过的时刻。史蒂夫期待着这能成为他们每天睡前惯例的一部分，并有机会走进儿子的内心世界。当史蒂夫问卡尔最难过的时刻时，他通常会有一连串的烦恼要说，但当问他开心的时刻时，他一次也想不起来。史蒂夫开始为卡尔这么可怜感到真的很惊愕。

当史蒂夫了解了性情后，他就能不再沉浸在卡尔的负面心境中了。他会倾听儿子的那一大串烦恼，然后说出自己难过的一些时刻。接着，他会说出自己快乐的时刻。随着史蒂夫不断地向卡尔表明既看到事物的积极方面又看到消极方面没关系，卡尔也开始分享他的开心时刻了。尽管他仍然会看到很多负面的东西，但他正在学着也看到事物的积极一面。

卡尔只是有一种负面情绪的性情，并且从这种角度看待世界。通过接纳他的性情，史蒂夫对自己的孩子以及该怎样帮助他感觉好起来有了更多的了解，并且他们两人都将从中受益。

反应强度

孩子们对发生在自己周围的事情会做出不同的反应。有些孩子会轻声一笑或只是看一眼，然后就继续做自己手头的事情；另外一些孩子则会做出行动和情感的反应。比如，你的高反应强度的孩子的大发脾气，会让整个公寓大楼的人都能听到，而你的邻居的儿子在失望时却以安静相对。

皮特夫人正在为上美术课做准备。在孩子们安静地玩耍时，皮特夫人拿出了纸、记号笔、彩色粉笔和剪刀。她在拿一个装有水彩盘和画笔的盒子时，被忘在地上的一块积木绊了一跤，那个装画画用具的盒子掉到了地板上。

那群孩子以几种有趣的方式做出了反应。有些孩子吃惊地抬起头看了看，然后又继续玩。小史黛菲和亚当则开始大哭。马特站起来用脚尖捅那些洒落在地上的东西，而艾米则咯咯地笑着在教室里乱跑。

孩子们对同样的情形做出不同的反应，是因为他们的反应强度不同。理解孩子会以不同的强度对刺激做出反应，能帮助父母和老师更平和地对待孩子的行为。

分心程度

"如果我的女儿决定她想要出去玩，但现在是午餐时间，"一个妈妈说，"她就会不停地抱怨，并且不做任何其他事情。"另一个妈妈说："我的小家伙知道自己什么时候饿了，他会在厨房里跟着我，直到我为他准备好午餐。"尽管她们可能没有意识到，但这两位妈妈实际上是在谈论自己孩子的分心程度，即一个外界刺激干扰一个孩子当前行为以及他愿意（或不愿意）转移自己注意力的方式。

在幼儿园的午睡时间，梅丽莎不幸地发现自己那个特别的泰迪熊忘在了家里。老师抱着她，跟她说话，并用幼儿园的其他玩具作为替代，但都没有用。梅丽莎在整个午睡时间都坐在她的垫子上哭哭啼啼地要她的泰迪熊。

梅丽莎的分心程度较低，如果有一天她被聘为空中交通管制员，这会是她的一个真正的优点。但是现在，梅利莎是一个不带上她珍贵的泰迪熊就不应该去幼儿园的孩子。事实上，明智的办法是准备两个泰迪熊，一个放在家里，另一个放在幼儿园，这样就能避免此类危机的出现。

另一方面，无论什么玩具，亚伦都会很开心地抱在怀里。今天，他忘了带他的填充恐龙玩具，但是，当老师给了他一个蓝色的兔子玩具时，亚伦笑了，并且心满意足地进入了梦乡。

在以后的生活中，亚伦会成为一个能同时做很多事情的容易相处的人，对于一个繁忙的公司办公室而言，这是一种非常宝贵的优点。当父母和老师们记住专注于一个孩子性情中的优点时，对大人和孩子来说都是非常令人鼓舞的。

毅力和注意力的持续时间

毅力指的是一个孩子在障碍或困难面前继续一项活动的意愿；注意力的持续时间描述的是他不间断地进行一项活动的时间长度。这两个特点通常是相关的。一个心满意足地一次撕半个小时旧杂志的孩子，注意力的持续时间是相当长的；而一个在10分钟内玩了10种不同玩具的孩子，其注意力的持续时间就短。一个正在往一根线上串珠子的孩子，可能会因为一粒珠子没有立刻穿好就放弃；而另一个孩子会一次又一次地尝试，直到最后成功。这些孩子表现出的是不同的毅力。再说一次，没有哪种性情必然比另一种性情好；这些性情只是不同，并对养育和教育提出了不同的挑战。

5岁的麦克每天早上临摹他那本儿童地图集上的一幅地图已经有一个星期了。他一直小心翼翼地进行着他的工作，添加着细节，并且在画时还心满意足地自己哼着歌。麦克最好的朋友埃丽卡来找他玩，她坐了下来帮他一起画——但只画了一会儿。不到半个小时，埃丽卡草草地画完了三幅画，就把她的注意力转到了麦克的培乐多彩泥上。有一天，埃丽卡可能会以自己探索和研究新事物的能力而发现新的细菌菌株和新的药物，而我们中的大多数人可能会对未来的麦克医生做的6小时开胸手术感到很满意。

重要的是要理解，注意力持续时间短和毅力差的孩子并不一定有所谓的注意力缺乏症（ADD）。注意力缺乏症是一种真正的神经系统疾病，应该由受过训练的能识别其特殊症状的儿科神经学家或儿科医生来诊断。按照另一个父母或照料人提供的"诊断"而行事，通常是不明智的——尽管他们的建议可能值得你去向孩子的医生了解情况。

在孩子至少长到五六岁之前，大多数医生都不愿诊断一个孩子患有注意力缺乏症；在这个年龄之前，冲动行为、高活跃水平以及注意力的持续时间短，都可能是由性情或发育的差异造成的。如果你很担忧，就要和你的孩子的儿科医生或一个受过训练能对孩子做出评估的治疗师核实一下。药物是一种选择，但是应该谨慎采用（更多内容见第18章）。不管是哪种情况，理解发展与性情、和善与坚定并行以及运用正面管教的技巧，都能帮助你和你的孩子在家里和学校里体验到成功。

性情：是挑战还是机会？

如果被问到，大多数父母和老师们可能都更喜欢注意力持续时间长和更有毅力的孩子；这样的孩子教起来和相处起来要容易得多。然而，很少有孩子符合这种理想的描述。事实上，大多数家庭中的孩子们都会有不同的性情，而老师们会发现自己在跟各种性情的孩子打交道。

老师们可能还会发现，向父母们提供有关性情的知识是有帮助的。对性情的理解，有助于鼓励老师和父母们接纳孩子，而不是对孩子抱有不切实际的期望。每一个孩子——以及每一种性情——都有优点和缺点，都有优势和劣势。没有哪一种是"好的"或"坏的"，而且，正如我们已经看到的那样，比较和评判会导致沮丧和失望。有效的养育和教育将帮助每一个独一无二的孩子依赖自己的优势，并控制自己的劣势，给他们提供学习受用终生的技能的机会。

所有的父母最终都必须承认并接受孩子们的梦想方式和性情与他们自己的是不同的。

埃文的父母都是从事艺术工作的人，他们设计漂亮的壁挂和非传统的服饰。他们担心埃文在幼儿园里没有得到充足的艺术表达机会，因为埃文回到家时，衣服上从来没有过颜料的痕迹，指甲缝里也没有过黏土。事实上，埃文有过很多机会探索艺术世界，他只是对此不感兴趣。埃文是个一丝不苟、有条理的孩子，喜欢安静地玩拼图或搭积木。他的感觉阈限使他不喜欢颜料沾在手上滑溜溜的感觉或黏土的黏糊糊的感觉。埃文的父母是在以他们自己的性情，而不是他的性情来看待他们的儿子。当埃文的老师解释了他性情中的这一面时，他的父母很感激。现在，他们可以开始将埃文作为一个独一无二的人来接纳，并鼓励他追逐他自己的梦想，而不是他们的梦想了。

情形的需要

我们想要再次强调，对孩子性情的了解将帮助你理解为什么不同的方法对有些孩子要比对另一些孩子更有效。有一些普遍的原则，比如每个人都有得到尊严和尊重的权力，但是，这并不意味着你能要求你的孩子以尊严和尊重的方式对待你——或者认为孩子会自动地知道怎样做到这一点。

比如，在学校里，情形的需要是孩子们必须学习，而且孩子们应该尊重自己并相互尊重。给一个孩子提供一种有限制的选择使其能以不止一种方式学习或做一个活动，就能符合情形的需要，将孩子的性情考虑进去，并且对相关的人仍然是尊重的。一个注意力持续时间较长的孩子，可能需要鼓励他将其视野扩展到不同的兴趣和活动。

每个人都必须学会为自己的尊严和尊重承担起个人的责任。你不能要求你的孩子以尊重的方式对待你，但你能尊重地对待自己。如果你的孩子行为不尊重，你可以选择离开房间，或找到另一种正面管教的方法来处理这种行为。因为一个孩子的行为需要处理就收回对他的爱和接纳，既不会有效，也是不尊重的。

马蒂从不把事情只做到一半。他妈妈说她4岁的儿子"充满激情"，这是一个令人钦佩的特点——在对的环境中。一天下午，马蒂的妈妈告诉他该收起他的蜡笔了。马蒂并不想停止涂色。他愤怒得脸都变了形，撅着下巴，在勃然大怒中将他的蜡笔砸向了妈妈。马蒂的妈妈认识到，他的沮丧是可以理解的，但他的感受和强烈情感并没有给他虐待别人的权力。马蒂的妈妈深吸了一口气，以控制自己的愤怒，然后转身离开了房间，什么也没说。

马蒂喊叫着。他的妈妈保持着平静，回到了自己的房间。几分钟过去了，马蒂开始认识到这种没有别人在旁边看的大发脾气感觉很愚蠢。他开始找妈妈。

当他在妈妈的房间里找到她时，马蒂爬上了妈妈的床，一声不响地依偎在她的身旁。妈妈意识到自己有一个选择：她可以对马蒂不可接受的行为进行长篇大论的说教，并让他去隔壁的房间把那些蜡笔捡起来；或者她可以回应他想要亲近的愿望。马蒂的妈妈选择了给儿子一个拥抱。

在他们建立起了良好的情感联结之后，妈妈告诉马蒂，有时候感到愤怒是没关系的，但是，向她或任何一个人砸东西是不好的。他紧紧地靠在她身旁，点了点头，表明他知道了自己不应该扔东西。在静静地过了一会儿之后，妈妈问他是否需要帮助他收拾那些被扔在地上的蜡笔，或者他能一个人收拾。马蒂跳下床，又拥抱了妈妈一下，就跑出去收拾他的蜡笔了。

马蒂冲妈妈扔蜡笔的不良行为"被放过"了吗？实际上，马蒂的妈妈选择了一种既考虑到她自己的性情，又考虑到她儿子性情的方式来处理这种情形。假如她大喊大叫，要求儿子立刻服从，或惩罚马蒂，很可能会出现双方都发怒的情形。相反，她通过走开而让自己不再成为靶子来尊重了自己的需要，让儿子看到了什么是自制，并且自己去冷静了一会儿。她通过给马蒂回应一个拥抱，让他知道妈妈仍然爱他，然后，在他平静下来时，让他通过捡起他的蜡笔来做出改正。

无论是马蒂还是他的妈妈，都学到了如何处理自己的强烈情感的重要一课。性情和强烈的情感不是不当行为的借口。考虑一个人的自然性情能提供一个视角，指导你的回应，并提醒你你的孩子始终需要你的爱，尤其是在他努力提高他的人生技能的时候。

父母和老师们的正面管教技能

我们推荐的很多正面管教技能，对所有性情的孩子都是适合的，因为它们让孩子们学会的是合作、承担责任和人生技能。然而，对性情的了解有助于我们理解为什么不同的方法会因为一个孩子性情和需要的不同而有不同的效果。

比如，一次积极的暂停，在运用得当时会成为帮助那些需要时间平静和冷静下来的孩子们的一种令人鼓舞的方式（见第 1 章）。家庭会议和班会，对于帮助所有的孩子学习解决问题的技能和合作都是十分重要的（见第 16 章）。问启发式问题，能鼓励孩子们在探究发生了什么、什么原因造成的、他们对此有什么感受以及下一次可以选择哪些不同的办法时，专注于自己应该承担的责任。当父母和老师们理解并尊重每个孩子的差异、个性和创造性时，他们就能帮助孩子们成长为他们最好的自己。

那些了解自己孩子性情的父母们，可以成为老师们和与自己的孩子打交道的其他人的顾问。比如，如果你的孩子适应得慢，你就可以要求和老师见面谈谈，并向这位老师解释你的孩子适应得比较慢，但对耐心而和善的坚定会做出回应。如果你的孩子注意力的持续时间短，就要找一个欣赏创造性并能在一天中提供各种经历的老师。要避免那些要求孩子们花大量时间安静地坐着，以及那些会惩罚达不到期望的孩子的专制型老师。要确保你的出发点是你的孩子的性情，而不是你自己的性情。你应该始终是自己孩子的最好的辩护人和支持者。

个性和创造性

父母和老师们可能没有意识到，当他们相信（通常是在无意识中）完美孩子的神话时，他们会对孩子的个性和创造性造成怎样的压制。大人很容易更喜欢"容易相处"的孩子，或者希望孩子遵守社会的行为模式。父母的自我通常会参杂进来；我们会担心别人怎么想，并且害怕如果我们的孩子在别人眼中不是"好孩子"，我们的能力就会受到质疑。

翟斯和汤马斯对性情进行研究的一个主要动机，就是想阻止人们因为孩子的性格而指责母亲们的社会倾向。翟斯和汤马斯说："一个孩子的性情能主动地影响她的父母、其他家庭成员、玩伴和老师们的心态和行为，并反过来帮助塑造他们对孩子的行为发展的影响。"这样，孩子与父母之间的关系就是双向的，每一方都在持续地影响着另一方。

对性情以及个性和差异性的巨大价值的了解，可以帮助父母们避免因缺乏信息和理解而做出批评和排斥。

爱你的这个孩子

大多数父母都对自己的孩子抱有梦想。你毫无疑问会希望你的孩子健康并快乐，但除此之外，你还希望他能实现你在他身上看到的全部潜能。你可能怀抱着你的孩子将成为体育明星或音乐家、获诺贝尔奖的科学家，或者甚至美国总统（是的，这是真的）的愿望。

威尔早就梦想着自己儿子出生的那一天。他骄傲地把刚出生的儿子抱进了一个装饰着冠军锦旗和他获得的一些奖杯的房间，还在婴儿床里放了一个小小的蓝色橄榄球。随着小凯文慢慢长大，爸爸给他报名参加了所有的运动项目。爸爸从来没有因为太忙而对橄榄球漫不经心，或取消棒球的击球练习。凯文和其他5岁的孩子一起玩儿童垒球，和青少年联盟的孩子一起踢足球。他有一个微型的篮球筐和一副十分精美的棒球手套。他的爸爸从来没有缺席过一场练习或比赛。

这里只有一个问题：凯文厌恶运动。他尽了自己的最大努力，但他天生能力不足，并且厌恶竞争。一个人待在房间里时，他梦想自己能成为一名演员或喜剧演员，梦想着自己面对满面笑容、热烈鼓掌的观众站在舞台上。他将自己的填充动物玩具排列起来，讲他最喜欢的故事和笑话，在内心听着它们的热烈回应。他用荒诞不经的故事逗邻居家的小伙伴们开心。

当威尔急切地跟儿子谈"职业大联盟"时，凯文只是叹气。使爸爸的梦想成为泡影所需要的勇气，超出了他所拥有的勇气；他害怕失去父亲的爱和赞同。所以，他继续参加着各种体育运动，对每一项运动都变得越来越沮丧，因为永远成不了爸爸真正想要的儿子而感到很失望。

威尔爱他的儿子吗？毫无疑问。但是，表达对一个孩子的爱的最好方式之一，就是学会爱这个孩子——而不是你希望拥有的那个孩子。所有的父母都对自己的孩子抱有梦想，而梦想并不是一件坏事。然而，如果我们要鼓励我们的孩子，并建立他们的自尊感和归属感，我们就必须花时间教他们并鼓励他们的梦想——而不是我们自己的梦想。

致力于改善，而不是完美

即便有了对孩子的理解并出于最好的意愿，大多数父母还是会时常因为孩子的性情和行为而经历内心的挣扎，尤其是在他们失去耐心、以自己的自我为中心，或陷入对孩子的行为做出被动反应，而不是深思熟虑的主动行动中的时候。你和你的孩子都是人：你们都会有好的时候，也会有脾气暴躁的时候。意识到和理解，并不意味着你会变得很完美；错误是不可避免的。然而，一旦在你犯错误之后有时间冷静下来，你就需要和孩子一起解决问题。孩子们通常很愿意给你拥抱和原谅，尤其是在他们知道你会以相同的方式对待他们的时候。重要的是，要帮助你的孩子致力于改善，而不是完美；你也可以将这个礼物送给你自己。

和善而坚定

鲁道夫·德雷克斯相信，对父母和老师们来说，和善而坚定地对待孩子是最有效的。对性情的理解表明了这有多么重要。和善，表明的是对孩子及其独特性的尊重；坚定，表明的是对情形的需要的尊重。通过理解并尊重你的孩子的性情，你将能帮助他实现他作为一个有能力、自信、满足的人的最大潜能。而且，还有一个额外的好处：你或许将得到更多的休息、更多的欢笑，并且在这个过程中对你自己和你的孩子有更多的了解。

第 7 章

"别用这种语气跟我说话"
情感和沟通的艺术

　　感受有时是让人很困惑的事情，而一个 3~6 岁孩子的世界充满着各种各样的感受。有时候，你可以花时间观察一下你的孩子努力处理沮丧或愤怒时的样子。她可能会把玩具扔到房间的另一头、使劲跺脚、提各种要求、躺在地上大发脾气，或哭到晕过去。事实上，她可能在几分钟之内做出这一连串的事情。

　　对大人来说，处理情感已经够困难了，而对小孩子来说，还多了一件愁事：他们还不懂情感到底是什么，或者如何识别并说出它们，更不用说如何有效地处理它们了。而且，当然，如果大人告诉孩子不应该有那种感受，不会有任何帮助。"别再这样做"很容易被孩子理解为"别那样感受"。

　　理解孩子并与其沟通，意味着要破译她的非语言线索，理解她的感受，并且还要帮助她理解她的感受。这意味着要教给她知道她有任何感受都是可以的，但她的行为并不都是可以的。也就是说，她对弟弟感到生气是可以的，但打他是不可以的。学会识别并处理你的孩子的感受，是理解其行为以及她对自己周围世界的信念极其重要的一步。

什么是情感？

人类大脑的研究人员已经发现了一个有趣的事实：情感远不止是会时不时地淹没孩子们和成年人的难以控制的冲动。情感是由大脑边缘系统产生的，并且实际上是给人类大脑加油的能量。感受是你的晴雨表，一种让你知道自己是安全和舒适，还是需要某种帮助或支持的方式。感受是为了给你提供有价值的信息；事实上，有些感受能保护你免于做出愚蠢的行为。留心你的感受，能够帮助你决定该怎么做，或者让你知道你需要做出改变。当人们学会关注感受所传递的深层信息，而不是压抑这些感受时，他们就能获取极其重要的信息。

小孩子拥有与自己的父母和老师们同样的情感。然而，两者之间有一个重要的区别。正如你在第 4 章了解到的那样，前额皮质（负责调节情感）直到 25 岁时才会发育充分。学会识别和处理感受是一个需要花费你的孩子很多年时间的过程；正如养育的很多其他方面一样，孩子将需要你的耐心、理解，以及和善而坚定的教育。

正如学习生活中的其他事情一样，孩子们是通过观察成年人来学习处理自己的感受的（要记住，你和你的孩子都有镜像神经元，这使你们很容易"捕捉"到对方的感受）。太多的时候，父母们在处理难以对待的感受时，要么是以情感发泄的方式，要么是完全压制。你可能会相信，你已经将你拒绝表达的感受隐藏了起来，但是，这些感受依然在影响着你和你周围的人，而其结果通常要比以恰当的方式早点表达出来更具有破坏性。

实际上，感受本身并不会造成问题。某些行为（或者完全不采取行动）才可能造成问题。有些人将感受与情感发泄归为一类。发脾气是一种情感发泄；行为很沮丧也可能是一种情感发泄。然而，一种感受只是一种感受。并且，每一个人，无论他或她的年龄多大，都有感受。

教给孩子感受和行为之间的区别

帮助孩子们识别并以恰当的方式表达他们的感受，是很重要的。孩子们（和大人）需要知道感受和行为是不同的。很多成年人都很难承认并表达他们的感受。压抑感受通常看起来更容易（或更有教养），尽管这些感受常常会以愤怒或沮丧的形式泄露出来。这种否认感受的错误模式常常会传递给孩子们。想想下面这个熟悉的对话：一个愤怒的孩子说："我恨我弟弟！"一个大人回答："不，你不恨。你知道你爱弟弟。"对这个孩子这样说会更有帮助："我能看出来你现在感到有多么生气和伤心。我不能让你踢你弟弟，但是，也许我们能找到一种办法，帮助你以一种不伤害任何人的方式表达你的感受。"

小孩子们常常选择不恰当的方式表达自己的感受，这不是因为他们"坏"或有恶意，而是因为他们对那些扑面而来的情感海啸不知道该怎么办。让我们来看看你怎样才能教给你的孩子接受并理解他的感受，并用一种不仅能帮助他感觉好起来，而且能帮助他找到在生活中所遇到的问题的解决方案的恰当方式，来表达自己的感受。

学会感受

感受是能量的语言。情感（emotion）一词的词根是运动（motion）；我们的感受和情感确实会让我们动起来，在心理上、话语上或身体上。情感的能量可能是积极的，也可能是消极的。你无法看到或听到这种能量（尽管你能感受到它），而由于这个原因，有些人试图忽视它（并且教他们的孩子忽视它）。这是不明智的，因为当你学会信任感受的能量时，它就能给你提供有价值的信息。大人和孩子们会在他们的脸上、声音里以及动作或站立的姿势中表达情感的能量（在这种意义上，你可以看到它）。因为3~6孩子的语言能力仍然在发展中，他们对非语言沟通的信任程度要远远超过单纯的语言沟通。

3岁的凯尔蹦蹦跳跳地跑进厨房，他的妈妈琳达今天因为开会回家晚了，正在那里准备晚餐。

"看，妈妈，看——我画了一架飞机！"凯尔兴奋地说着，激动地挥舞着他手中的纸。

"真棒，宝贝。你简直是一个画家了。"被打扰的妈妈头都没抬就回答道。

琳达毫无疑问是出于好意，而且，她的话肯定也没什么错，但是，凯尔注意到她的双手一下也没停止往砂锅里磨奶酪，她的眼睛也没有看一下他的飞机。凯尔真正接收到的是什么信息呢？

5岁的温迪正在帮爸爸准备午餐。温迪的弟弟正在发脾气，而爸爸一边做烤奶酪三明治，一边看电视上的足球比赛。温迪在自告奋勇去倒牛奶时，重重的牛奶盒从手里滑了下去，半加仑牛奶撒到了厨房的地板上。

温迪怯生生地抬头看着爸爸的脸。"对不起，爸爸，"她说，"你生气了吗？"

爸爸狠狠地皱着眉，紧咬牙关，用细而紧张的语气说："不，我没生气。"当温迪哭起来时，他还奇怪为什么。

桑多斯夫人正在给她班里4岁的孩子们读午睡故事。她当天一刻也没休息，因为替换的老师没来，而且没有其他老师能代班。小爱丽看着她的老师问道："你不喜欢这个故事吗？"

桑多斯夫人惊讶地看着爱丽，回答道："我当然喜欢了。你为什么这样问？"

爱丽回答："因为你的脸都皱起来了。"

非语言沟通的力量

在你的孩子成长和发展过程中，你需要时刻留意你给他发送的讯息——以及你的话语和行为是否一致。孩子们会注意我们的行为，甚至远远超过对我们话语的注意。比如，说"我爱你"可能并不是将这个信息传递给你的孩子的最好方式。经常说这句话（并且发自内心）固然很重要，但是，单凭话语并不能将这个重要的信息传递给你的小孩子。

非语言沟通元素
·眼神接触
·姿势和位置
·语气
·面部表情和身体接触

眼神接触

有时候，可以做一个试验。和一个人背对背地站着，并试着告诉他或她发生在你身上的事情，或者解释你有什么样的感受。如果你像大多数人一样，你会发现自己想扭过头去看着对方的眼睛。

在西方文化中，眼神接触表明的是关注。一名优秀的演讲者会抓住听众的目光，通过这样做能让他们聚精会神地听他或她的演讲。同样，与你的孩子进行眼神接触，向他表明的是他很重要，能抓住他的注意力，并增强你的信息的有效性。

不幸的是，父母们常常会将眼神接触主要保留在某些时刻。你能猜出是哪些时刻吗？大人们与孩子最经常有直接眼神接触的时刻，往往是他们生气或对孩子进行说教时，即将他们最有力的沟通方式留下用来传递最负面的讯息。托尼·莫里森曾经在奥普拉脱口秀节目中问过一个非常尖锐的问题：当你的孩子走进房间时，你的眼睛会亮起来吗？

认识到在一些文化中直接的眼神接触会被看作是一种不尊重的表示，也是很重要的。一位老师曾经认为一个孩子逃避眼神接触是因为他在"遮掩"什么事情，但在她了解到这个孩子的本民族文化中回避眼神接触传达的信息是尊重后，她改变了自己的看法。当她了解到他缺乏眼神接触所传递的信息后，她的态度转变了，她与这个孩子及其家人的沟通变得有效多了。

姿势和位置

与孩子进行眼神接触可能并不像听起来那么简单。在没有帮助的情况下，你的孩子往往只会看到你的膝盖！如果你想要和孩子沟通，就要和他处于同样的高度。要蹲或跪在他的身旁、和他挨着坐在沙发上，或者将他放在一个能舒服地与你对视的台子上（只要你能抓着他）。这时，在你跟他说话时，你们不仅能保持眼神接触，而且还消除了有时因身高和体量而造成的巨大差异。此外，还要当心你的姿势所发出的信号：比如，抱着双臂或跷二郎腿可能会表示抵制或敌意。你的孩子很快就会注意到。

苏珊正在努力哄劝自己的女儿米歇尔说出她生气的原因。
"说说吧，亲爱的，"苏珊温柔地说，"我真的想帮助你。"
米歇尔犹豫了一下，然后说："但是，你可能会对我发脾气。"
苏珊鼓励地笑了笑，回答道："米歇尔，我保证不发脾气。我很在意你，我希望你能告诉我所有的事情。"
米歇尔想了一会儿，然后抬起头来看着妈妈的脸："如果你发誓在看着我时不紧绷着嘴唇，我就告诉你。"

可怜的苏珊——她在尽力做到无条件地接受和爱。然而，女儿能够读懂她那泄露了真实感受的身体语言。当苏珊的话语和她的表情契合时，米歇尔才会感到能更自在地与妈妈坦诚交谈。

语气

你说话的语气可能是所有非语言沟通工具中最强有力的一个。试试说一个简单的句子，比如"我不能帮助你"，每次强调一个不同的词。其含义是怎么改变的？如果你选择一种特别冷漠的语气，即便像"祝你今天愉快"这种没有任何恶意的话，也会变得很恶毒。常常是你说话的方式，而不是你用的词，在传递信息。要记住，孩子们对非语言沟通的细微差别是特别敏感的。

面部表情和身体接触

在你感到特别沮丧时,一个朋友对你微笑并拍拍你的肩膀或给你一个友好的拥抱,会有帮助吗?你看着孩子的方式以及你的手的运用方式,都能跟孩子进行有效的沟通,而不必说任何话。

汤米得了流感,盖着一条毯子蜷缩在长沙发上。爸爸从旁边走过,给他盖了盖毯子,温柔地揉了揉他的头发。

这其中有沟通吗?很可能是不用说一句话,汤米就知道了爸爸关心他,想帮助他,并希望他很快感觉好起来。

让我们回到一开始的问题上。现在,你应该怎样对你的孩子说"我爱你"呢?想象一下,如果你蹲在孩子面前,直视他的眼睛,微笑着用最温柔的语气说"我爱你",会让孩子感到多么有力啊。这时,话语和非语言的暗示匹配了——你可能会得到一个大大的拥抱!非语言沟通能教给孩子们情感联结、感受,以及最终与之相随的话语。

积极倾听的艺术

积极的(或反射式)倾听是另一种有效沟通的工具,一种能很好地满足你养育自己的小孩子和青春期孩子(你的孩子到青春期的日子可能比你认为得要快)需要的工具。积极的倾听是观察并倾听感受,然后将感受映射回去的艺术。积极的倾听并不需要你赞同孩子的感受,但能让你的孩子感觉到情感联结和理解——

这是所有人都需要的——并且给孩子提供一个机会,去探究并澄清那些被称为情感的神秘冲动。

4岁的克莉丝从前门跑了进来,使劲把门摔上,以至于墙上的画都被震得发出了声响,并立刻开始哭了起来。"塔米抢了我的球,"她哭着说,"我恨她!"然后,克莉丝猛地倒在沙发上,呜呜咽咽地哭着。

她的妈妈黛安从一堆正在支付的账单中抬起头来,抑制着斥责克莉丝摔门的冲动,平静地说:"你看上去很生气,丫头!"

克莉丝沉思了一会儿。"妈妈",她带着一点哭腔哀怨地说,"塔米比我大,她抢走我的球是不公平的。"

"被一个大孩子找茬肯定让人非常沮丧。"黛安说,她仍然在专注地映射女儿的感受。

"是的。我很生气。"小姑娘坚定地说,"我再也不想和她玩了。"她静静地坐了一会儿,看着黛安往信封上贴邮票。"妈妈,我能去后院玩儿吗?"

黛安给了女儿一个拥抱——还有比拥抱多得多的东西。

通过将女儿隐藏的感受映射回去(积极的倾听),黛安抑制住了说教、解救或贬低女儿的感受。她给了克莉丝探究自己当前情况的机会,在这个过程中,克莉丝找到了一个解决自己问题的办法。在其他时间,黛安或许能跟克莉丝谈谈避免将来发生问题——并且或许要问她可以怎样表达她的愤怒,而不是摔门。

黛安还表明了对女儿感受的尊重。父母们经常不赞同(或不完全理解)自己孩子的情感,但是,积极的倾听并不要求你赞同或完全理解。它能让孩子们感觉自己被听到了,并让他们知道任何感受都是可以的。带着爱和理解认可一个孩子的感受,会打开真正的情感联结和解决问题的大门,并努力建立一种持续一生的爱和信任的关系。

假如一个孩子说了下面这些话，你该怎么回应呢？

- "不！我不想睡午觉！"
- "我想要和那个宝宝一样的奶瓶。"
- "我讨厌去看医生。"
- "没有人会让我和他们一起玩。"

父母们有时会用"成人主义"来回应："你怎么从来不……？""你什么时候才能……？"或者"我得告诉你多少次……？"父母们往往会由于希望改变一个孩子的想法或帮助他感觉好起来，而努力说服孩子不要有那种感受。这种尝试可能听上去会像这样：

- "你当然需要睡午觉——你早上六点就起床了。什么时候你才能知道你需要休息？"
- "别傻了。只有小宝宝才用奶瓶。你现在是一个大男孩了。"
- "我一直在告诉你，你必须去看医生才能感觉好起来。"
- "为什么，宝贝，你知道你有很多朋友。……怎么样。"

上面的每个例子都会让孩子感觉被误解了，并且需要辩解——这很可能会导致争论，以及你们双方的沮丧。

积极的倾听应该听起来是这样的：

- "不得不停止玩玩具，使你看上去很失望。你正玩得很开心呢。"
- "听上去你感觉自己在大家对你刚出生的妹妹的忙乱中被遗忘了。你能跟我多说说吗？"
- "有时候，我也有点害怕去看医生。"

- "你似乎因为被那些大孩子忽视感到很难过。"

这些回应不带任何评判，并且为孩子进一步探究自己的感受打开了大门。问"能多说说吗？"表明的是一种倾听的意愿，并且可以帮助一个孩子发现自己被埋在内心更深处的感受。

像大多数成年人一样，有时候孩子们的全部真正需要就是有人倾听并理解他们。积极的倾听能帮助你的孩子了解他自己的感受（以及表达这些感受的恰当方式），并能帮助你将注意力集中在那些真正重要的事情上。

愤怒怎么办？对待难以处理的感受

像成年人一样，孩子们经常会感到愤怒和沮丧。毕竟，有那么多事情是一个小孩子不能理解或不能做的。不幸的是，小孩子们还没有能以大人可接受的方式来表达自己的愤怒和沮丧所需的技能和成熟程度——这就是发怒的孩子常常被看成是行为不良的孩子的原因。大人和孩子都同样需要找到处理感受的可接受的、积极的方式，即便是难以处理的感受。

当你生气或极端情绪化时，你的大脑中会发生一件有趣的事情。前额叶皮质——负责情感调节、冲动控制以及良好判断的部分——实质上处于"断开连接"的状态，只给你留下一些身体的知觉和感受。（这通常被称为"火冒三丈"，是所有父母终究都会体验到的。）要记住，镜像神经元使得捕捉强烈的情感很容易；当你火冒三丈时，你的孩子很可能也会这样——反之亦然。没有前额叶皮质的作用，就不可能有效地解决问题，这正是为什么在试图处理问题之前为冷静下来而做一次积极的暂停，是如此重要的原因。

当一个孩子发怒时，大人们通常称其为"大发脾气"。给孩子一个拥抱，或让他做一次积极的暂停（并且要理解小孩子还不能以一种成熟的方式来处理强烈的情感）是帮助孩子的第一步。有时候，最有帮助的方法，就是允许一个孩子感受愤怒（不用解救或试图"解决"她的感受），直到这种愤怒消散。稍后，你可以用一些启发式问题来帮助你的孩子理解她的感受，并想出解决方案。

> **情感词汇的重要性**
>
> 迈克尔·汤普森、丹·金德伦、威廉·波洛克以及其他一些研究人员已经发现，尽管没有哪个孩子天生就有一个"情感词汇表"，但父母们对他们的儿子运用描述情感的词汇可能是极其重要的。男孩子情感技能的发展通常比女孩子的慢；此外，西方文化通常会将诸如恐惧、难过或孤独等感受贴上"软弱"的标签，并鼓励男孩子们压抑这些感受。用简单、准确的语言来反映并描述情感，会教给你的孩子明确自己的感受，并使他能——通过时间和练习——用词汇而不是行为来表达感受。

父母和孩子的照料人可以有很多方法对一个孩子的愤怒做出回应，而不只是对他的大发脾气进行回应。在孩子平静下来之后，你可以教给你的孩子注意他为什么会发怒。你还可以帮助他认识到愤怒是一种深层的身体情感，并帮助他培养处理这种情感的方法。

如何帮助孩子识别并对待感受

下面是一些可以用来帮助一个小孩子探究并表达强烈情感的方法。

- 让孩子画一幅情感感受的画——这种情感有颜色吗？有声音吗？

- 让孩子把感受详细说出来，而不是将其付诸行动。因为大多数孩子都不能清醒地意识到自己的感受，并且可能缺乏准确地描述其感受的词汇，你可以试着问一些能用"是或不是"来回答的关于感受的简单问题："听上去你好像感觉受到了伤害，并想要扳平。""你控制自己内心的愤怒时感到很难吗？""当你得不到自己想要的东西时，会让你愤怒得难以忍受吗？"当你正确地猜出孩子的感受时，你的孩子会感觉得到了认可，并会因为得到了理解而感到欣慰。

- 问孩子，当她真的很生气时，她注意到自己的身体有什么变化。因为愤怒会引起身体反应（肾上腺激素被释放，心率和呼吸加快，血管扩张等），大多数人实际上是通过身体感受到愤怒的。如果你的孩子说她双拳紧握，或者她感到胃在痉挛，或者她的脸感觉发热（这些都是很常见的反应），你就能和孩子一起帮助她确认什么时候她是真的生气了，并提供一些在愤怒失控之前冷静下来的办法。（成年人也能从留意自己身体的线索中受益。）

- 在手边保留一张感觉脸谱表，并和你的孩子一起看，问他："这张表中的脸有表达出你的感受的吗？"

- 提供一种对待愤怒的可接受的方法。你可以帮助你的孩子通过在院子里绕圈跑、用拳头打沙袋，或者甚至假装成一只凶猛的恐龙，来用身体表达她的愤怒。（在你的孩子表达这种强烈的感受时，你要待在旁边跟孩子详细说明这些感受。）有些3~6岁的孩子有一个"生气盒"，是一个膝盖高度的纸板盒子，生气的孩子可以站在里面、在里面跳或大声喊叫。有时候，老师们也会用它。冲着枕头大叫，或玩"陪乐多"胶泥，也能帮助孩子发泄情感并恢复平静。

·教给孩子一个慢呼吸的技巧。在所有的办法中，最方便的一个办法就是缓慢、专注地呼吸，这是一个孩子（或大人）在任何时间和地点都能做的。练习方法是，在每次呼气和吸气时，慢慢地数到四。要连续做几次。年龄大一点的孩子能学会数自己脉搏的跳动，并会发现缓慢呼吸能怎样减慢自己的心跳。这是一个多么令人兴奋并能赋予孩子力量的发现啊！

·问孩子，在将强烈的情感付诸行动之前，做一次积极的暂停以冷静下来，是否会对她有帮助。（只有这个孩子理解第 1 章所解释的积极暂停的概念时，这种方法才会有效。）你可以和孩子一起去做暂停，或者你也可以自己去——作为一种对孩子的特别支持，或因为你也需要。

·用书籍和图画发起有关愤怒和其他情感的讨论。关于愤怒和情感的两本非常好的书是《爆炸了》[1] 和《我感受的方式》[2]。其他人显示出不同感受的照片也是有帮助的，因为这能教给孩子们识别面部表情和身体语言的线索——这有助于孩子发展共情能力——并说出这些感受的名称。这还能帮助孩子们识别他们自己的情感以及相应的身体信号。（当你和你的孩子心平气和并且能一起谈论你们所学到的东西时，这种办法是最好的。）

---

[1] 《爆炸了》：雷切尔·韦尔著，Scholastic，2002 年。——作者注
[2] 《我感受的方式》：哲娜妮·该隐著，Parenting Press，2000 年。——作者注

"别用这种语气跟我说话"

（愤怒选择轮图示：说出感受、画出你的感受、班会议程（马克—生气、萨利—吃零食、荷西—午睡时间）、用玩偶来表达愤怒、砸培乐多胶泥、砸木桩）

- 帮助你的孩子做一个愤怒选择轮（如上图）。这样，他就能从选择轮上选择他感觉能帮助他以非破坏性的方式表达自己愤怒的方法了。可以用上面的图列出的主意，或者可以添加一些你自己的主意。

- 不要和孩子争执。试图说服孩子不要有她那种感受或者试图替她处理事情，都是没有帮助的。要对你的孩子有信心；让她感觉自己的感受，并且在她平静下来后，专注于教给她一些技能，以便她能为自己的问题找到解决方案。

愤怒并不是小孩子必须学会处理的唯一一种难以处理的情感。通过练习积极的倾听、花时间理解并运用上面提到的一些理念，大人还能帮助孩子诚实地对待嫉妒、恐惧、悲伤以及作为人的存在的一部分的其他情感。

当涉及到很多小孩子时，冲突迅速升级是常有的事。老师们可能会发现，在孩子们感到愤怒时，练习化解愤怒的各种方法，或者让孩子们就刚刚发生的事情玩假扮游戏是有帮助的。事先跟孩子们谈谈情感，并积极地教给孩子处理情感的技能，会让每个人——包括孩子和老师们——在强烈的感受爆发时有一个可以依循的计划。教室里的愤怒选择轮是示范和讨论恰当的行为，并提供处理这种强烈情感的一些主意的一个有益工具。

情感真诚

父母们（和老师们）经常想知道，他们应该向孩子说出自己的多少感受。正如生活中的很多事情一样，孩子们通过观察他们的成年人角色榜样才会学得最好。你处理（或没能处理）自己的情感的方式，会向你的孩子传递一种强有力的信息。如果你用大喊大叫来处理自己的愤怒，那么如果你生活中的孩子们也这样做，你就不应该感到奇怪。另一方面，如果你能找到表达自己感受的有益方式，你就能减少冲突的机会，并给孩子们做出一个如何恰当地处理情感的好榜样。

正如你可能已经发现的那样，与一个小孩子相处能让你激发出各种各样有趣的感受。在一天当中，一个父母或老师就能感受到爱、温情、沮丧、愤怒、恼火、厌倦、希望和绝望。孩子们对自己周围的人的情感状态惊人地敏感；他们的镜像神经元和解读非语言信号的能力通常能让他们知道你的感受，甚至是在你认为自己行为"正常"的时候。那么，成年人应该如何向孩子解释并表达自己的感受呢？

情感真诚通常是最好的办法。平静而尊重地告诉一个孩子，

"我现在真的感到很生气",不仅是可以的,而且或许是一种真正的智慧。要注意,这句话中没有"你"这个字。这与说"你让我很生气"是非常不同的。责备或羞辱的话是不必要的;简单地向你的孩子解释你的感受及其原因,能够帮助你处理你自己的感受,并让你的孩子知道他的行为可能会有的结果。还要记住,这个年龄的小孩子都是以自我为中心的,并且常常会认为你的任何感受都是因他们而引起的。向他们解释你的感受及其原因,可以使你和你的孩子免于产生很多误解和困惑。

表达感受的一种有益方式是用"我式句"。"我式句"的一个简单公式,能让你解释自己的感受及其原因。比如:"我对____感到____,因为____,因此____。"(当你太情绪化而无法正确思考时,这个公式就会派上用场。)

"我式句"应该像以下这样:

- "看到积木在游戏室里被扔得到处都是,我感到很担心,因为其他孩子可能会因此受伤。你去做一会儿暂停直到平静下来,对你会有帮助吗?或者,你有其他办法解决这个问题吗?"
- "当麦片粥被倒在地板上时,我感到很生气,因为我很累,并且我不想收拾了。如果麦片粥再被倒在地板上,我就知道你决定不吃了,你可以把碗收起来,或者我给你把碗收起来。"
- "我感到既生气又沮丧,因为车胎瘪了,现在,我上班要迟到了。"
- "我现在太生气了,我需要做一会儿暂停,直到我能平静下来,这样我就不会做或说一些以后会后悔的事了。"

老师和父母们还可以练习将一个孩子与其有时候会做出的不当行为区分开。你可以向你的孩子保证你对他的喜爱不会改变,并鼓励他为理解他的世界所做出的努力,而同时仍然能教给他知道某些行为或行动是不可接受的。比如：

- "我爱你，可我不允许你在生气时踢我。"
- "我很高兴你想了解厨房，但你不能在炉子上融化蜡笔。"
- "我很感谢你的帮忙，但你还不够大，不能修这个吸尘器。"

（要记住，对小孩子来说，行动是一种比话语更有效的教育工具。如果你的孩子有受伤或伤害别人的危险，要先行动——以和善而坚定的方式——然后再谈。）

"我应该保护我的孩子免于悲伤或焦虑吗？"

大人们有时会感觉需要让孩子们免于遭受悲伤、失去，以及其他不愉快的生活现实，但是，最好的方法通常是对你的孩子尽可能合理地诚实。正如我们已经提到的那样，当家里出了事情时，孩子们通常会知道，而如果没有足够的信息，他们就会认为自己做错了什么事。因为他们是以自我为中心的，孩子们随时会相信是自己造成了坏事的发生。孩子们不应该被要求为自己肩负太重的负担，或者为自己父母的问题承担责任，但是，可以给他们理解和参与所发生的任何事情的机会。这能吸引孩子参与家庭的生活，并帮助他们形成一种归属感和情感联结。

如果一位家庭成员去世了，或深受喜爱的宠物死了，最好能给孩子提供一些能帮助他理解所发生的事情的信息。人们很容易告诉一个小孩子，爷爷"睡着了"或者"走了"，但是，这会导致孩子害怕上床睡觉，或怀疑妈妈或爸爸是否也会意外地"走了"。死亡可以用简单而诚实的词汇解释，而孩子们可以在大人的帮助下感受悲伤并从中恢复过来。（是的，孩子会悲伤，尽管他们的悲伤有时看起来像烦恼，而不是难过。）没必要告诉孩子超出他们理解能力的事情。你可能想向孩子解释，很多大人也难以理解死亡，而且很多人对于死亡的含义以及之后会发生什么都会有不同的信念。让孩子参与与死亡相关的仪式，比如葬礼，可能实际上对他们来说并不比把他们排除在外更让他们感到害怕。死亡是生命循环的一部分；这样看待死亡，会使父母和孩子更容易对待死亡。

同样，如果家里正在遭遇经济紧张或其他压力，父母可以告诉孩子简单的事实，以帮助他们理解，然后运用积极的倾听去探究并处理他们的感受。要注意，孩子们对于会造成创伤的家庭事件，比如父母离婚，会有强烈的感受和反应，简单地假设他们会"没事儿"是不明智的。要花时间向孩子解释——不要带有任何责备或评判——发生了什么事情以及会如何影响你的孩子。要确保她知道这不是她的错，并且父母仍然爱并珍惜她。要保持关注，运用积极的倾听核实你的孩子的看法，并允许她坦率地表达出她的恐惧和感受。

通过让小孩子参与家庭生活，父母能够帮助他们理解感受，以及这些感受对人意味着什么。通过探究并尊重你的孩子的感受，以及通过真诚地对待你自己的感受，你们会建立一种信任和情感联结的关系，并培养出受益一生的解决问题的能力。

你花费的时间

父母们与孩子沟通爱和关心的另一种方式，是如何运用他们的时间。你的孩子需要知道你认为她足够重要，你愿意花时间在她身上——而且，这也不会花去大量的时间。定期一对一地专注陪伴一个孩子，我们称其为"特别时光"，是你能为自己的孩子做的最重要的事情之一。很少有什么事情能像专注地单独相处那样告诉孩子"我爱你"。

因为"特别时光"是如此有效，我们真的再怎么强调它的重要性也不过份。没有一个人——不管是大人还是孩子——会因为长大了，就不再需要与他们爱的人待在一起。

任何时候开始都不会太早

"我的父母就是不理解我。"

"我想和孩子谈谈性和毒品，但我不知道怎么谈。"

"我担心我的十几岁孩子遇上了麻烦，但他们好像不信任我……我怎么也搞不懂。"

"我永远不会告诉父母我的朋友们和我在做什么——他们只会发脾气。我们永远也无法交谈。"

很多十几岁的孩子——以及很多十几岁孩子的父母——都希望情况不是这样；他们希望彼此之间能有足够的理解和信任，以便坦率地谈论他们面对的选择和问题。太多的时候，无论他们多么爱对方，他们就是做不到。他们无法信任彼此；他们无法理解彼此。尽管任何时候改变都不会太晚，但是，你等的时间越久，肯定会越困难。

如果你足够幸运，养育的还是一个小孩子，现在就是你的宝贵机会。开始建立一种信任和坦诚关系的最好时机，不是在你的孩子进入青春期而你突然意识到问题有多么严重之后；最好的时机是现在，在他还小的时候。花在与你的孩子交谈，倾听他的幻想、想法和感受，教给他了解生活以及陪伴他的时间，是你将来永远都不会后悔的一种投资。

如果你是一位幼儿园的老师，要记住孩子们与你相处的时间塑造着他们看待自己的世界的方式——你在教孩子们时，你真的在触摸未来。对父母和老师们来说都一样，花时间理解情感并用积极的方式表达出来，将帮助你建立一种让爱和信任茁壮成长的关系。

第 8 章

"我的孩子为什么会这样？"
不良行为背后的信息

理解你的 3～6 岁孩子的发展，并用正面管教的养育工具充实你的工具箱，将对你解决与你的小孩子的冲突大有帮助。了解构成你的孩子在这几年中行为基础的性情、出生顺序、大脑的发育、身体和智力能力以及技能的习得，也是有帮助的。然而，即便最讨人喜欢的 3～6 岁孩子也不是完美的，其不良行为可能会令人很沮丧。孩子们为什么会做出不良行为呢？父母们对此该怎么办呢？

卡莉在地板上开心地玩着，妈妈在付账单。电话响了，卡莉的妈妈接起了电话——而卡莉突然紧紧地抱住了妈妈的腿，哼唧着要果汁。无论妈妈怎样小声劝，都无法让卡莉再自己玩。为什么？

阿尔贝托知道刷牙是他每天就寝惯例的一部分。他还知道这对他的爸爸来说是极其重要的。当爸爸拿着挤好牙膏的牙刷走过来时，阿尔贝托抱着双臂，皱着眉头，并紧紧地闭上了嘴。阿尔贝托的爸爸威胁、恳求，并用牙刷刷阿尔贝托的嘴唇，但是，阿尔贝托一直紧闭着自己的嘴。为什么？

这两个孩子是在做出不良行为吗？哦，看上去肯定是。大多数父母都经历过像这样的时刻，并努力寻找解决办法。正如你将会了解到的那样，在你能够帮助你的孩子选择不同的行为之前，你必须理解你的孩子为什么会做出这种行为，以及他在试图以这种行为达到什么目的。

行为实际上是透露一个孩子对自己和生活的潜在信念的一种密码信息。当你的孩子行为不良时，他是在以他知道的唯一方式告诉你，他感到丧失了信心，或者他没有归属感。当你学会破译这些密码时，你会发现你的回应（以及最终你的孩子的行为）将会改变。

有一句格言规劝我们，在谴责或批评一个人的行为之前，要先穿上他的鞋走一英里。当你能够进入你的孩子的内心世界（并且穿着他的小鞋走路）时，他的行为可能就开始讲得通了。

什么是不良行为？

父母们有时会将任何非典型行为都看成是不良行为。现在用一点时间，将你自己放在你的孩子的位置上，努力进入他的内心世界。

4岁的理查德得了水痘，和妈妈待在家里。妈妈不得不请了几天假，需要花一些时间打电话来跟进公司的工作。一天下午，在打过一个时间特别长的电话后，她走进理查德的房间，发现他正全神贯注地用着一只颜色擦不掉的记号笔连线。原来，这个富于想象力的小男孩看着自己身上的水痘，想起了他的点对点连线的填色图画书。理查德脱掉自己的衣服，正忙着用记号笔在水痘之间连线。他的身上已经布满了连接红色水痘的鲜艳线条。

理查德的妈妈足够明智地意识到，这不是不良行为。他不是在试图得到关注或制造混乱；他是在精彩地创作。理查德发现他的身体看上去像一张点对点连线的大图画，所以他就将这些点连了起来！他的妈妈是怎么做的呢？她发挥了自己的幽默感。她走了过去，拿出几只颜色可擦掉的记号笔，和他一起将那些点都连了起来。

妈妈本来很容易斥责或羞辱理查德。这件事本来有可能以眼泪和痛苦收场。相反，妈妈让孩子多了一次童年时期的宝贵时刻。当理查德自己作了父亲，和自己的孩子围着奶奶的桌子讲"记得那时候……"的故事时，理查德和妈妈回忆起他连线水痘的事情将会一起大笑！而且，在大笑时，他们会在脑海中再现很久之前一起经历的那个快乐和爱的时刻。

一天晚上，当三岁半的艾西的爸爸到幼儿园接她时，他立刻注意到艾西前额的头发明显比那天早上的短。"今天有人剪了艾西的头发吗？"困惑的爸爸问艾西的老师。

"没有，是她自己剪的。"老师回答，"艾西最近一直在练习使用安全剪刀。"

艾西是行为不良吗？当爸爸进入艾西的内心世界时，他意识到艾西正在积极地探索使用剪刀的神奇之处。今天，她发现了头发可以被剪掉。爸爸可能不喜欢女儿的新发式,他肯定会向艾西解释,他宁愿她不剪她自己(或其他人)的头发。他或许还会告诉勇敢的女儿:"让我们找一些你能剪的东西吧。"这位爸爸知道艾西的试验是一种学习的经历。头发会再长出来。艾西犯了一个错误,而爸爸帮助她从中学到了东西。

这两个孩子的行为方式都是与发展相适应的——并且很有创造性。然而,人们很容易将这两种情形解释为不良行为。

那么,你怎样知道什么时候一个行为才是不良行为呢?关键在于是否是因为丧失信心。那些对自己得到归属的能力感到丧失信心的孩子,更容易行为不良。理查德和艾西都不是丧失信心;相反,他们是在探索自己周围的世界(他们的父母和老师或许应该监督他们使用颜色擦不掉的记号笔和剪刀)。

如果理查德想让妈妈陪他玩而不是打电话,他的行为就有可能是不良行为。那样,他的行为或许是为了得到关注或权力,作为感到归属的一种错误方式。正如你已经了解的那样,人类的基本需要之一就是归属的需要,感觉到一种价值感和重要性的需要。当一个孩子相信自己没有归属时,他就会感到沮丧。出于这种沮丧,他就会选择鲁道夫·德雷克斯所说的一种"不良行为的错误目的"。之所以被认为是"错误的"目的,是因为这个孩子错误地相信这种行为将帮助他重新获得一种归属感。当你承认一个行为不良的孩子只是一个想要得到归属并对如何实现这一目标抱有一种错误观念的丧失了信心的孩子时,你对不良行为的看法就会改变。

"我的孩子为什么会这样？"

是不良行为，还是密码信息？

感恩节，3岁的玛吉和她的家人以及所有的姑姑、堂兄弟姐妹都去看爷爷奶奶。当奶奶去看玛吉在浴室待那么长时间是在干什么时，她发现玛吉正在将一卷卫生纸撕成碎片。

玛吉是行为不良吗？如果奶奶的第一反应是愤怒，也是完全可以理解的。

进入一个孩子的内心世界，有点像通过万花筒看事物。假设你是玛吉的奶奶，当你看万花筒时，你会看到什么？你可能会看到到处都是卫生纸碎片，已经被你自己愤怒的火焰染成了红色。现在，轻轻地转一下万花筒，再看一看。看看玛吉，她刚刚因为碍手碍脚被从厨房赶了出来。看看玛吉，她的姐姐琼刚才告诉她，她还太小，不能和堂哥堂姐一起玩大富翁游戏。看看玛吉，她想给爷爷演示如何做"快乐的小蜘蛛"游戏，但当他不得不帮忙往餐厅里搬椅子时，游戏就被放弃了。玛吉的撕手纸其实是在说什么呢？她真正的感受是什么呢？怎样才能阻止玛吉进一步的破坏行为呢？

你认为大多数成年人会对玛吉的行为做出怎样的反应？你会怎么做？理解玛吉此刻的内心感受，会影响你的回应吗？

理解玛吉的内心世界，并不意味着她故意把浴室弄得一团糟没关系。但是，理解玛吉当时的一些感受，很可能会影响奶奶如何做出回应。玛吉仍然得捡起所有的碎纸片。有了爱和理解，奶奶才更可能帮助玛吉一起捡起这些碎纸片，并可能在之后请她帮忙来揉做馅饼的面团。

错误目的表

孩子的目的是：	如果父母或老师的感觉是：	而且想采取的行动是：	如果孩子的回应是：	孩子行为背后的信念是：	密码信息：	父母或老师主动的、和赋予孩子力量的回应包括：
寻求过度关注（让别人为自己奔忙或得到特殊服侍）	心烦；恼怒；着急；愧疚。	提醒；哄劝；替孩子做他们自己能做的事情。	暂停片刻，但很快又回到原样子，或换成另一种打扰人的行为。	唯有得到特别关注或特别服侍时，我才有归属感。唯有让你们为我团团转时，我才是重要的。	注意我——让我参与并发挥作用。	通过让孩子参与一个有用的任务，转移孩子的行为。说："我爱你，随后我会……"（例如：我在乎你，一会儿陪你。）通过安排一个孩子能获得有用的关注，从而转移孩子的行为；避免特殊服侍；安排特别时光；设立日常惯例；利用解决问题技能会议；运用家庭会议鼓励；默不作声地抚慰；忽略孩子的行为；设定一些无言的信号。

150

续表

孩子的目的是：	如果父母或老师的感觉是：	而且想采取的行动是：	如果孩子的回应是：	孩子行为背后的信念是：	密码信息：	父母或老师主动的和赋予孩子力量的回应包括：
寻求权力（我说了算）	受到了挑战；受到了威胁；被击败。	应战；投降；心想："想逃脱"或"瞧我怎么收拾你"；希望自己能做对。	变本加厉；虽服从，但蔑视；看父母或老师生气，而觉得自己赢了；消极对抗。	只有当我说了算，或由我来控制或证明没有谁能指使我时，我才有归属感。你强迫不了我。	让我帮忙——给我选择。	通过让孩子帮忙，转移孩子的行为；提供有限制的选择；不要开战，也不要让步；从冲突中撤出，坚定而和善；只做，不说；决定你要做什么；让日常惯例说了算；离开并平静下来；培养相互的尊重；设定几个合理的限制；练习坚持到底；鼓励；运用家庭会议或班会。
报复（以牙还牙）	伤心；失望；难以置信；憎恶。	反击；变本加厉；心想："你怎么能对我做这样的事？"	反击；变本加厉；行为升级或换另一种武器。	我没有归属感，所以我在伤害别人。没人喜欢我，没人爱我。	我很伤心——认可我的感受。	承认孩子伤心的感受；避免伤害性的还击；建立信任；避免惩罚和积极的倾听；说出你的感受；做出弥补；表现你的关心；只做，不说；鼓励其长处；同等地对待孩子；运用家庭会议或班会。

151

续表

孩子的目的是：	如果父母或老师的感觉是：	而且想采取的行动是：	如果孩子的回应是：	孩子行为背后的信念是：	密码信息：	父母或老师主动的、和赋予孩子力量的回应包括：
自暴自弃（放弃），且不愿别人介入）	绝望；无望；无助；无能为力。	放弃；替孩子做他们自己能做的事情；过度帮助。	更加退避；变得消极；毫无改进；毫无响应。	我没办法归属，因为我不完美，所以，我要让别人不对我寄予任何希望；我很无助，很无能，尝试是没用的，因为我做不对。	不要放弃我——让我看到如何迈出一小步。	把任务分成小步骤；停止任何批评；鼓励任何积极的尝试；相信孩子的能力；关注孩子的优点，不要怜悯，不要放弃；设置成功的机会；教给孩子技能或示范怎么做；替孩子做，真心喜欢孩子；以孩子的兴趣为基础；鼓励，鼓励，再鼓励；运用家庭会议或班会。与孩子共情。

152

行为不良的孩子是丧失信心的孩子，而鼓励对于他们干渴的灵魂就像雨水。创造机会帮助孩子们感受到鼓励和自己的价值，并让他们知道自己有归属，是很重要的。

让我们一起转动万花筒，仔细看看丧失信心的孩子们的四种密码信息。

破译密码

如果你能学会读懂你的孩子在不同情形中的行为背后的密码，你就能有效地处理他的信念，而不是只处理行为本身。有三个具体的线索能帮助你破译密码。我们来仔细了解一下这些能帮助你破译一个孩子不良行为背后信息的线索——以及最终怎么做才能鼓励你的孩子，并改变他的行为。

你在回应孩子行为时的感受

你在回应一个孩子的不良行为时的感受，是理解这个孩子的错误目的的第一条重要线索。比如，当这个孩子的目的是"寻求过度关注"时，他的行为会让成年人感到心烦、恼怒、着急或愧疚。当一个孩子"寻求权力"时，大人们通常会感觉受到了挑战、受到了威胁，或被击败了。当这个孩子的错误目的是"报复"时，他的行为会让大人感到伤心、失望、难以置信或憎恶。当一个孩子是如此沮丧，以至于完全放弃时（错误目的是自暴自弃），大人们也会感到无能为力、绝望、无望或无助。

在你仔细看第 150～152 页的错误目的表时，你通常能发现，在第二栏中有一组感受能最贴切地描述你在面对一个行为不良的孩子时的感受。注意，你无需对你的感受做任何事情；只需要注意到你的感受并用它们来帮助你理解你的孩子。还要注意，你的孩子的行为不会"造成"你以某种方式感受。你的感受来自于你对自己孩子行为的理解。当你的理解改变（并且理解了密码信息）时，你的感受也会改变。

制止孩子行为的常见（无效的）尝试

另一条线索是你对自己孩子的行为做出的通常反应。大人们常常会以可预见的方式对每一种错误目的行为做出反应。比如，爸爸和瑞恩总是因为一些事情争斗，无论是该穿什么、该吃多少，或者瑞恩可以在电脑上玩多久。他们的争斗显示的是一种不断的权力之争：爸爸给出一个命令，瑞恩抵制，而爸爸的反应是和瑞恩开战，心想："你休想就这样被放过，我要迫使你这样做。"有些大人则会让步。在这两种情形中，都发生了权力之争，一个获胜者、一个失败者，或一次暂时的中止，双方积蓄力量和弹药，以便继续战斗。错误目的表的第三栏，列出了大人对每一种错误目的行为的常见反应。

孩子对你的无效行为的回应

破译一个孩子错误目的的下一条线索，是当大人们试图用惩罚或娇纵的方式（而不是正面管教的方式）阻止不良行为时，一个孩子如何回应。

当幼儿园的老师告诉5岁的马修"规矩点"时，马修通常会以损坏自己的玩具或踢翻其他孩子的积木作为回应。有时候，他甚至会大喊："我恨你！"马修的错误目的是"报复"。当一个孩子对一个大人的行为的反应是伤害他人、毁坏财物或以其他方式——比如用侮辱性的字眼——反击时，他的错误目的就是报复。

"错误目的表"中的第四栏，列出了孩子们在每种错误目的中对成年人的无效干预所做出的典型回应。

记住问题的实质

有时候，很难确定一个孩子的错误目的。不用过分关心得到"正确"答案，也不要念念不忘"分析不出来"。要仔细观察，尽自己的最大努力。记住，没有人是完美的。要学会将你的错误看作是学习和成长的机会。

行为从来不是发生在真空中的（无论你是个孩子，还是个大人）；行为背后都有信息，而这种信息涉及到某种形式的丧失信心。不管是哪种错误目的，通过无条件的爱、拥抱、耐心，以及让孩子知道你对他们有信心来鼓励孩子，始终都是明智的。

看到各种可能性

无论你多么努力，你也永远无法强迫一个人改变其行为，至少其改变很难超出表面。而且，当行为与根深蒂固的信念联系在一起时，在行为改变之前，这些信念必须先改变。你可以通过拿走杯子来阻止一个孩子用勺子敲杯子，但是，如果这个孩子相信只有在得到关注时他才重要，他在接下来的5分钟之内肯定会用腿磕椅子。

阻止一种症状，只会暂时缓解疾病。当一个孩子感到归属的深层需要得到满足时，他达到这个目标的错误方式就不再是必要的了。形成归属感的一种最有力方式，就是和孩子一起共度特别时光。

特别时光

由于一个行为不良的孩子是一个丧失信心的孩子，那么解决不良行为的最明显的办法就是鼓励。通常，没有必要处理不良行为。相反，帮助孩子感受到鼓励，不良行为就会消失。

我们每个人都需要和我们爱的人待在一起的时间。待在一起的宝贵时间影响着家庭关系的健康。我们所说的"特别时光"是什么意思呢？是什么使得待在一起的时间很特别呢？特别时光的"3A原则"将帮助你创造和孩子在一起的有意义的特别时光。

特别时光的3A是指：

- 心态（Attitude）
- 关注（Attention）
- 单独（Alone）

第一个"A"是**心态**（Attitude）。当你抱着一种特别时光是有价值的并且是值得的心态，并且花时间真正与孩子（或者其他家庭成员）建立情感联结时，你和孩子一起度过的时间就会具有真正特别的品质。正是这种特别的品质会帮助你创造长久而宝贵的记忆。心态（你的和你的孩子的），使得特别时光成为增强每个孩子的归属感——那种来自于与他人的有意义的情感联结的感受——的一种有力工具。特别时光告诉一个孩子，他是有价值的、被爱着并被欣赏的。

第二个"A"，**关注**（Attention），是指当你能全神贯注于你的孩子时，特别时光会更有效。特别时光是没有任何外界争夺你的注意力，而专心致志于一项活动的一段时间：没有其他家庭成员、电话铃声或安排好的其他事情。想象一下用这种特别的关注和爱的分享来填满孩子的内心和精神，还有你自己的。当你将你的全部注意力都用来和孩子共处时，即便是用在去商店路上的时间也能变得很特别。

最后一个"A"，**单独**（Alone），强调的是特别时光是远离其他家庭成员的一段时光，是一个孩子和一个大人共度的时间。无论一个家庭里的人有多少，和一位父母（或叔叔、阿姨，或祖父母）单独相处的时间都是一种款待。

5岁的金和爸爸将他们一起度过的特别的日子称为"我和爸爸的约会日"。金每个月会有两次和爸爸单独相处一天，而妈妈和她的小弟弟则留在家里。金和爸爸会去图书馆一起选一些书读；然后，金会陪着爸爸去五金店和锯木场办事。一天的最后，他们会去最喜欢的糖果店吃甜筒冰激凌。尽管他们的活动并不是只以金为中心，但他们对这种特别时光的心态、爸爸的专注程度以及金和爸爸单独相处的机会，使得这一天成了两人都很期待的一天。

同时，妈妈在家里和金的小弟弟弗兰克一起做饼干。没有了姐姐在旁边推开他，或者做那些他还不能做的事，弗兰克有了学习技能并在厨房里享受和妈妈单独在一起的特别时光的机会。特别时光可以既简单又精彩，正如金和她的家人如此美好的体验所表明的那样。

特别时光的另外一个部分是时间。对于繁忙的父母们来说，这可能是最难的一部分。然而，一个智者曾经说过，爱就是时间。我们从哪里才能找到时间呢？需要多少时间呢？如果一件事对你来说很重要，你很可能就会为它找出时间。即使在最繁忙的生活中，重要的事情也有时间。

一位有 5 个孩子的母亲，每天晚上为每个孩子读书 10 分钟，用在读书上的时间不到一小时。在其他孩子帮着干晚餐后的家务活时，她会抱着一个孩子坐在她卧室角落的摇椅上。每个孩子都知道自己的 10 分钟何时开始，并且愿意尊重妈妈和其他孩子在一起的时间。被打断的情况很少见——而且，妈妈习惯了将晚上的时间用来与她的孩子们建立起爱意满满的情感联结，而不是自己一个人在厨房里刷盘子。

做好计划并说出来

特别时光并不需要花大量的时间，但重要的是要被你和孩子视为很特别。你可以让你的孩子知道你和她一样期待着特别时光："我很高兴我们能一起度过这次特别时光。"或者"和你一起去游泳，对我来说是一件特别高兴的事。"你可以认可你的孩子的独特能力："你长大了，现在能做那么多你以前是小宝宝时做不了的事情，不是很棒吗？"（对于一个仍在适应家里有一个新生儿到来的稍大的孩子来说，这种话确实是一种安慰！）

当你的孩子想要你关注，而你又实在很忙时，这样说可能会让孩子感到更安慰："我现在不行，但我确实期待着我们在七点钟的特别时光。"

寻求满意的结果

不良行为会花费孩子和大人的大量精力，并造成一些相当强烈的感受。对一个丧失信心的孩子来说，被追着满院子跑，或踢打、叫喊着被带上床睡觉，也比感到不重要、没人理睬和无能为力要好得多。根据孩子行为目的的不同，有很多方法能让一个孩子形成一种新的信念。每种错误目的可能的解决方案，都列在了"错误目的表"的最后一栏。（你可能会发现把这张表贴到冰箱上会很有用。）

走进一个孩子的内心世界，将帮助你理解孩子行为的含义，尤其是在你能记住并非所有令人讨厌的行为都是不良行为的情况下。当一个丧失信心的孩子做出不良行为时，你可以运用同情，并找到更有效的方式做出回应。在接下来的两章，我们将考察这4种错误目的中的每一种在家里和幼儿园里会是什么样子。当你理解了一个孩子不良行为背后的信息时，你就能更好地以充满爱心并真正有效的方式做出处理了。

第9章

家庭中的错误目的

我们已经探讨了孩子们有时会做出不良行为的原因。要理解你的孩子行为背后的密码信息并和他一起有效解决问题，学会在现实生活中识别错误目的是很有帮助的。不良行为的目的在家里看上去会是什么样子呢？拿出你的万花筒，把它转一下，看看当我们从错误目的（见第150～152页的错误目的表）的角度来看待行为时，会是什么样子。

寻求过度关注，或"我要让你为我忙得团团转"

妈妈、凯瑟琳（7岁）和安妮（5岁）正等在医生的办公室里，因为凯瑟琳发烧了，还咳嗽。妈妈把凯瑟琳安顿在候诊室里，轻轻地替她裹好外套。她用手在凯瑟琳的额头上试了试温度，想帮她尽可能感觉舒服一点。然后，妈妈坐了下来，开始看一本杂志。安妮拿着一本她刚找到的童书走了过来,让妈妈给她读。妈妈说:"现在不行。"她提醒安妮,她昨天晚上一整夜几乎都在陪凯瑟琳,现在她只想看手里的杂志。

安妮走开了,但几分钟后,她就开始在长沙发上又蹦又跳。"别跳了,安静地坐下,安妮!"妈妈喊道。安妮不跳了,但几分钟后她问能不能坐在妈妈的腿上。妈妈说:"不,当然不行。你现在是大姑娘了,不能坐在妈妈腿上了。"妈妈站了起来,走过去又摸了摸凯瑟琳的额头。

然后,她们被叫进了检查室。就在她们仨人等着医生的时候,安妮抱怨说肚子疼。妈妈焦急地看着她,摸了摸她的额头。当医生过来给凯瑟琳做检查时,安妮开始使劲拉妈妈的袖子,说她要去洗手间。妈妈大声叹了口气,站起身来,带着安妮穿过大厅往洗手间走去。

安妮的行为当然让妈妈很烦恼。安妮的什么信念导致了她这样做呢?哦,安妮已经注意到凯瑟琳得到了大量关注,她可能已经认定妈妈更爱凯瑟琳。从她的角度来看,当然是这样。

你认为妈妈这时是什么感受呢?心烦?恼怒?愧疚?她或许但愿自己把安妮留在了家里。如果妈妈走进安妮的内心世界,她会是什么感受呢?她会采取什么不同的做法呢?

安妮的行为是在说:"我也想得到关注。我想被注意到,想参与正在发生的事情。"安妮相信,只有在她被注意到或者妈妈为她忙得团团转时,她才有归属感或重要性。这是行为背后的4种信息(或错误目的)中的第一种:寻求过度关注。

识别"寻求过度关注"的错误目的

安妮的妈妈感到恼怒和愧疚，即错误目的表中第二栏列出的感受。这些感受很重要，因为这是揭示在这种情形中正在发生的事情的第一条线索。当妈妈和两个女儿在医生办公室时，发生了什么事情，并且妈妈是如何反应的呢（错误目的表的第三栏）？妈妈要求安妮安静地坐下来，不要在沙发上蹦跳。妈妈通过提醒安妮她现在已经是个"大姑娘"了，来哄劝她别坐在自己的腿上。最后，她和安妮一起走过大厅去了洗手间，而这是安妮本来可以自己做的事情。所有这些都是对安妮行为的反应。那些错误目的是得到过度关注的孩子们，在大多数时候都能成功地让自己生活中的大人们为他们忙得团团转。所有的孩子都需要自己父母的关注，但他们可能不会以积极而让人鼓舞的方式来寻求这种关注。

看看错误目的表的下一栏。安妮对妈妈行为的回应是什么？当妈妈让她停下时，她停止了每一种行为，但很快又找到了另一种。妈妈的感受和反应，以及安妮对妈妈的回应，是揭示寻求过度关注错误目的的重要线索。

那些通过寻求过度关注来发送密码信息的孩子相信，他能够有价值或归属的唯一方式，就是让别人为他忙得团团转，或得到某种特别的服侍。为达到这个目的，他愿意接受任何关注，即便是负面的关注。通过你的万花筒看一看，并想象这个孩子戴着一顶装饰有羽毛、水果、鲜花或飞翔的恐龙的太阳帽。这顶帽子上有一个彩色的条幅，上面写着："注意我；让我参与并发挥作用。"

"但是，等一下，"当父母们了解到自己孩子的行为完全是为了得到关注时，他们常常会说，"我们给了自己的孩子大量的关注。我们把自己所有的自由时间都给了他们；我们给他们读故事，和他们一起玩。他们怎么可能还需要更多关注呢？"实际上，给孩子过多的关注（即便以爱的名义）可能是造成问题的一部分原因。那些有特殊需要的孩子或得到大量爱的孩子，可能会得到大人的大量关注。这很好——只要能始终如一。但是，当一些事情转移了大人的注意力时，即便只是片刻（打一个电话、一个医生的预约、与朋友的一次交谈），孩子们也会将之视为一种失落，并且会做任何事情以重获通常的关注。也就是说，那些错误目的是寻求过度关注的孩子，并不一定没有得到足够的关注；他们可能实际上得到了太多的关注，以至于造成了他们无时无刻都需要得到特殊的服侍！

安妮得出的结论是妈妈爱她比爱凯瑟琳少，因为凯瑟琳得到了妈妈的大部分关注。毫不奇怪，安妮的行为反映出了这种信念。在安妮的世界里，关注成了爱的量杯。

对密码信息的回应

你怎么才能给你的孩子所需要的关注和归属感，而又不向其无休止的烦扰让步呢？既然你理解了促使你的孩子寻求过度关注的错误目的的信念，你就能以鼓励孩子而不是强化其错误信念的方式做出回应。下面是你可以做的一些事情。

运用积极的倾听处理信念而不是行为

让我们回到医生的办公室。妈妈本来可以选择处理安妮的信念，即认为妈妈更爱姐姐，而不是试图去控制安妮的行为。一种可能的办法是运用积极的倾听。

积极的倾听意味着进入一个孩子的内心世界，并猜测她可能会有什么感受。验证一下你的猜测是很重要的。妈妈可以说："看到我给凯瑟琳这么多关注，你可能很难受。你可能感到我没有爱留给你了。"如果妈妈猜对了，安妮就会感到自己的感受得到了认可。在她承认妈妈猜的是事实时，她甚至可能会因为缓解了痛苦而哭出来。然后，她或许就能放弃认为自己没有价值的信念——以及对不良行为的需要。

关注和妥协

妈妈可以告诉安妮，她会给安妮读一本书，只要安妮同意在之后安静地看另一本书，并让妈妈看杂志。这种形式的有限制的特别时光，在为过度关注设立一个界限的同时，给孩子提供了适当的关注。通过要求安妮尊重妈妈安静一会儿的需要，妈妈没有只是向安妮寻求关注的要求让步，而是理解了安妮的需要，尊重地说出了自己的需要，并在之后达成了一个妥协。

> **对寻求过度关注的孩子的鼓励**
>
> ·运用积极的倾听处理信念而不是行为。
>
> ·关注和妥协。
>
> ·通过合作让孩子参与，来得到有用的关注。
>
> ·给孩子一个安慰的拥抱。
>
> ·鼓励孩子愉悦自己和自我安慰的能力。

通过合作让孩子参与，来得到有用的关注

妈妈可以让安妮帮忙照顾生病的姐姐。（你还记得帽子上写的"让我参与"吗？）她可以问安妮怎样才能帮助凯瑟琳感觉更舒服一些，让她参与到照顾凯瑟琳的过程中，妈妈就会给她一个有意义的角色，并直接满足她感到自己必不可少和有价值的需要。然后，妈妈可以通过解释自己有多么累来要求安妮的支持，而安妮或许会提出给妈妈揉揉脖子，或者甚至会给妈妈读一个故事。当大人要求孩子们帮助和合作时，孩子们有时会非常体贴。这些选择会造成一种关爱的感觉和情感联结，而不是招致进一步的不良行为。

给孩子一个安慰的拥抱

另一个选择可以是拥抱安妮，并告诉她妈妈很爱她。忘掉孩子的行为，并给她一个表明"你有归属，并且在我的生活中很重要"的安慰的拥抱，是非常有效的。这通常足以让孩子停止不良行为。对任何一个人来说，一个拥抱都比唠叨和说教感觉好得多。

鼓励孩子愉悦自己和自我安慰的能力

没有人天生就知道如何自娱自乐；要让孩子学会这种能力，需要时间以及父母和照料孩子的人的鼓励。孩子们通常会期待大人能提供不断的娱乐和消遣活动，但如果大人这样做，孩子们可能就永远学不会如何打发清静的时间，或自己解决无聊的问题了。

要鼓励你的孩子学会自娱自乐——并且要认识到这是一个需要时间和耐心的过程。要给你的孩子准备一些故事磁带，并教给他学会自己操作录音机；要让他玩拼图、做手工或其他安静的游戏。然后，当你的孩子寻求过度关注时，你可以说："我爱你——我相信你有能力自己照顾自己一会儿。"这确实需要花时间，但是，一个能找到办法来打发空闲时间的孩子，不大可能要求大人为他们安排。自娱自乐的能力是你的孩子能够受用一生的能力。

寻求权力，或"你管不了我！"

4岁的贝弗莉站在电脑旁，好奇地盯着键盘。有趣的画面和图案正在彩色屏幕上移动，贝弗莉看到过爸爸妈妈用电脑，并决定要试一下。父母警告过她不要碰电脑，所以她小心地看了看周围，没有看到妈妈，她便轻拍了几下键盘。

妈妈转过拐角，正好看到了这一幕。她飞奔过来，紧紧地抓住贝弗莉的肘部，完全被女儿的不良行为主导了。"我告诉过你不要碰电脑！现在你把我的工作都搞乱了。"她生气地说着，还轻轻地打了贝弗莉的手。贝弗莉挣脱了妈妈的手，用自己的小拳头狠狠地砸在键盘上。

妈妈已经怒不可遏了，她抱起贝弗莉，把她放到她的房间里去做惩罚性的暂停。贝弗莉大发脾气；妈妈则怒气冲冲地跑出来修复自己被损坏的文件。这时，妈妈感觉到的是生气和受到了挑衅——她被一个4岁的孩子击败了！

贝弗莉的行为可能是因为缺乏控制冲动的能力。她知道自己不应该碰电脑——但是，这个规矩无法压倒她想要探索、触摸和学习的冲动。妈妈快速的反应立刻改变了事情的进程，引发了一场激烈的权力之争。贝弗莉得到的令其沮丧的信息变成了她的不良行为：贝弗莉是在说"我不相信我很重要，除非我有权力——或者至少我不会让你对我指手画脚。"

识别"寻求权力"的错误目的

　　当贝弗莉和妈妈在为电脑而争斗时，她的妈妈先是感觉受到了挑衅，然后是感觉被击败了。贝弗莉的妈妈用一些权力意味很浓的话作为回应："我告诉过你……"以及"你把我的工作都搞乱了！"贝弗莉对妈妈这种无效干涉的回应是强化自己的行为。而冲突便不可收拾了。

　　寻求权力的错误目的的一个重要方面，是双方——并要注意，这是需要两个人的——都想赢。没有任何一方愿意让步。当父母和孩子以这种方式陷入争斗时，结果就是权力之争。权力之争的问题在于，如果有一方赢，必然会有一方输。当输的人是你深爱着的孩子时，这种胜利可能就不值得为其付出的代价了。

　　这里还有一件有趣的事情。陷入权力之争的大人常常会吃惊地发现，随着自己变得越来越愤怒，孩子事实上可能会认定整个过程很好玩儿！是的，很好玩儿！权力之争产生大量的能量，而大人越努力，就越明显地表明孩子拥有多么强大的力量。对于刚刚体验到自己的主动性的孩子们来说，这是一个令人兴奋的发现。

　　如果你听到一个孩子充满激情地喊道："你不是我的头儿！"你完全可以怀疑他的错误目的是寻求权力。寻求权力的孩子可以被想象成头上戴着一顶亮黄色的安全帽。这顶安全帽上以大写字母印着一行命令："让我帮忙，给我选择。"

对密码信息的回应

当4岁的贝弗莉和妈妈为电脑而争斗时，她们陷入了可能会为两人的关系设定基调的一系列权力之争中。幸运的是，贝弗莉的妈妈了解到了自己在激化权力之争中应承担的责任。她首先改变了自己的行为，并因而为贝弗莉改变自己的信念和行为开辟了道路。

> **对寻求权力的孩子的鼓励**
> ·提供有限制的选择。
> ·通过要求孩子的帮助，将寻求权力变为合作。
> ·闭上嘴，和善而坚定地行动。
> ·问孩子积极的暂停是否会有帮助。
> ·约定一个解决问题的时间。

提供有限制的选择

贝弗莉的妈妈找到了一个养育讲习班，并最终学会了如何通过以恰当的方式给予贝弗莉权力来赋予她力量。她学会了给贝弗莉有限制的选择以及问启发式问题，而不是要求服从："妈妈的工作是需要妈妈来做的。你愿意去读一本书，或者玩你的乐高玩具吗？"或者"在我工作时，你喜欢做什么？"

通过要求孩子的帮助,将寻求权力变为合作

权力之争常常可以通过要求孩子的帮助来化解。妈妈可以让贝弗莉知道妈妈多么需要她:"宝贝,我们是一家人,你对我来说很重要。我知道你真的想摸电脑,但是电脑很容易损坏。妈妈和爸爸需要成为唯一能碰电脑的人。但是,我打赌肯定有一些办法让你能帮我做好工作,让我们看看能找到些什么事情吧!"要求帮助或者让孩子参与解决问题,会让孩子和父母从权力之争中转移出来,并朝着合作的方向努力。命令会招致抗拒,启发式问题通常会带来合作。

闭上嘴,和善而坚定地行动

撤出权力之争的另一种方法,是和善与坚定并行。当贝弗莉用力拍打电脑键盘时,她是在下战书,挑战妈妈。妈妈不应该应战,而要停止说话,并采取行动。她可以和善但坚定地抱起贝弗莉,把她带到另一个房间去。这需要别再提电脑的事情,直到在一段冷静期之后——在一个孩子能听进去有限制的选择或要求帮助的请求之前,冷静期通常是必要的。

不说教或羞辱女儿,妈妈就不会招致进一步的抵制。即使贝弗莉选择发脾气,妈妈也可以通过拒绝应战(或自己大发脾气)来化解权力之争。当孩子们感受到和善而坚定的力量时,就不大可能发脾气了。这并不意味着能完全避免孩子发脾气,但避免发脾气并不是你的目标。你的目标是和善而坚定地按你说的去做。你还可以帮助你的孩子找到在强烈情感爆发时冷静下来的方法。

问孩子积极的暂停是否会有帮助

当大人和孩子们陷入权利之争时，双方都不再理性地思考，并且会做出非理性的反应。当大脑被强烈的情感控制时，逻辑思考和客观性所需要的神经元连接就变得不可能了。在每个人能够冷静下来之前，需要推迟问题的解决；在找到双赢的解决办法之前，可能需要一次积极的暂停。要让你的孩子帮助你建立一个积极的暂停区（见第1章）。然后，当发生权力之争时，你可以问："去你的冷静区，直到你能冷静下来，对你会有帮助吗？"如果你的孩子帮助建立了一个冷静下来的地方，并且理解这种暂停不是惩罚，她常常会接受这个选择。如果你的孩子说"不"，你可以说："好吧，我想我要回到我的房间待一会儿，直到感觉好起来。"这会是一个多么强有力的榜样啊！要记住，权力之争需要两个人。当你选择去平静下来时，孩子也会这么做。

在一次积极的暂停后，紧接着和孩子一起想出一个解决方案是合适的。贝弗莉和妈妈或许会一致同意，当妈妈在旁边协助时，贝弗莉可以玩自己的电脑游戏；妈妈在工作时要有不受打扰的时间；并且当她想玩电脑时必须征得妈妈的同意。

约定一个解决问题的时间

通过用启发式问题帮助3～6岁的孩子探究发生了什么事情、什么原因造成的，以及他们有什么主意来解决这个问题，就可以与他们一起解决问题。四五岁的孩子还很善于参加家庭会议（见第16章）。在冷静期过后（或者甚至在冲突发生的当时），这样问就可能化解权力之争："你愿意把这个问题放到家庭会议的议程上吗？还是你愿意让我放上去？"把问题放到家庭会议议程上，不仅给了每个人一个冷静期，而且你们还能在家庭会议上一起解决问题。

报复，或"我要让你跟我感觉一样糟！"

这是就寝时间，爸爸正在帮助3岁的爱丽丝做准备。爸爸说该穿睡衣了，可爱丽丝正在开心地玩洗脸池里的泡泡，不想停下来。就在爸爸变得不耐烦的时候，爱丽丝把一杯水洒到了地板上。爸爸立刻生气了，认为爱丽丝是故意这么做的。他抱起爱丽丝，打了她的屁股。爱丽丝开始哭，而爸爸不得不在她的踢打挣扎中费很大力气给她穿睡衣。

当爱丽丝最终穿上睡衣后，爸爸没好气地拿起一本书，准备给她读一个睡前故事。爱丽丝撅着嘴，"我讨厌这本书，"她生气地说，"我不想让你给我读！我想要妈妈！"多么大的一个打击啊！爸爸感觉很糟糕；他自己的女儿不爱他。他感到既伤心，又难以置信。

爱丽丝可能是在以她知道的唯一方式说："爸爸伤害了我，所以我也要伤害他！"这是第三种错误目的：报复。

识别"报复"

爸爸对爱丽丝故意把水撒到地板上感到很震惊。由于妻子下班晚，他在尽自己的最大努力让爱丽丝上床睡觉，而现在，更重要的是，他的感情受到了伤害。他后悔打了爱丽丝。他不喜欢这么做，但是，他不知道还有什么其他办法来对女儿的行为做出反应。

最重要的是，爱丽丝是故意把水洒出来的吗？小孩子会撒很多东西。他们的肌肉控制能力还在发育中。如果爸爸理解这是爱丽丝成长阶段的自然行为，他可能就会理解爱丽丝只是出了意外或者犯了一个错误；他就可能帮助她拿一块海绵把水收拾干净。一起把地板上的水擦干净，甚至可能会分散爱丽丝的注意力，使给她穿睡衣更容易。

即便爱丽丝是故意往地板上洒水，打她屁股也无济于事。打屁股会教给孩子"强权即公理"。这会招致多种反应，而其中很少有符合父母们的本意的。在这个例子中，打屁股招致了报复。爱丽丝和爸爸最终都感觉受到了伤害。

当一个大人在任何时候因为一个孩子的行为而感觉受到了伤害时，这个孩子很有可能也感觉受到了伤害。当你仔细审视爸爸的感受和反应，以及爱丽丝的回应时，你就会看到表明错误目的是"报复"的线索。当你想象错误目的是"报复"的孩子时，可以想象他反戴着一顶黑色的棒球帽，上面写着他的恳求："帮帮我，我很伤心；认可我的感受。"

对密码信息的回应

当大人们能够开始把一个让人伤心的孩子看成是一个伤心的孩子时，他们就能感觉到要以不同的方式回应这个孩子。他们会选择给这个孩子关爱和支持，而不是向自己反击和惩罚的本能欲望让步。如果一个孩子感觉受到了伤害，让这个孩子感觉更糟会有意义吗？

处理受伤害的情感

最重要的是，爸爸可以通过处理爱丽丝受伤害的感受来直达问题的核心。爸爸可以说："你现在看上去好像很伤心。我打赌，我打你时既伤你的感情，又打疼了你的屁股。"进入她的内心世界并承认她的感受，对孩子来说是一种认可，她很可能会感觉得到了理解、归属感和价值感。

为你造成的痛苦道歉

爱丽丝的爸爸真的很爱他的女儿，他立刻就后悔打了她的屁股。当他通过道歉为自己的行为承担责任时，他的态度将会让爱丽丝改变她的信念。爸爸可以告诉爱丽丝，自己打她的屁股是错误的。爸爸可以向她保证，人们相互伤害是错误的，即便在生气或伤心的时候。

对一个孩子行为背后的信念作出回应（而不是用惩罚或说教对其行为本身作出回应），需要你放弃认为你能够或应当控制你的孩子的观念。你还必须让自己认识到，教和鼓励是比惩罚更有效的回应方式。做出这种改变——尤其是如果你自己是在旧观念中被养大的话——需要一些时间。你要对自己有耐心，承认你的错误，并愿意从错误中学习。

如果你从来没有过向一个孩子道歉的经历，那就收起你的傲慢，承认大人们并不总是对的，并在下次对孩子做了错事时向你

对寻求报复的孩子的鼓励
- 处理受伤害的情感。
- 为你造成的痛苦道歉。
- 倾听孩子的感受。
- 确保将爱的讯息传递给孩子。
- 做出弥补，而不是找借口。

的孩子道歉。孩子会高兴地很快原谅你，并且你可能会发现道歉之后加一个拥抱会让你们甚至更亲密。

倾听孩子的感受

爸爸可以花点时间密切观察一下他的小女儿。他可能会注意到爱丽丝撅着的小嘴、颤抖的下巴，以及开始盈满眼眶的泪花。他可以问爱丽丝——要带着真正的兴趣——她有什么感受。如果她因为年龄太小而说不清楚自己的感受，他可以问她是否认为爸爸不爱她。爱丽丝或许会用话语（或非语言信号）来作回应，让爸爸知道他理解对了。他可以问爱丽丝当时为什么把水洒到地上。她可能会解释说"水是自己洒出来的"，或者"是我不小心"。听到这样的回答后，爸爸的恼怒很可能会烟消云散。当爸爸和爱丽丝在进行这种交谈时，他们就是在培养一种新的信任感。

当一个孩子感到伤心时，她很难超越自己的情感去解决问题。因此，先说出她的感受是很重要的。

确保将爱的讯息传递给孩子

爸爸有一个机会告诉爱丽丝，他有多么爱她，以及她对他来说有多么重要。当一个孩子感到伤心时，这种讯息对于治愈孩子的痛苦具有极大的作用。爸爸还可以说出他自己的感受。当爸爸能够倾听并尊重爱丽丝的感受，然后解释自己的感受时，两个人都会对对方有更多的了解。爱的情感联结就会重新建立。

如果爸爸尝试了这些新观念，他可能会发现，在一起读睡前故事时，他和自己的宝贝女儿会紧紧地依偎在一起。当爱和关心的讯息传递给孩子时，即便是一次痛苦并造成伤害的经历也会得到弥合。

做出弥补，而不是找借口

无论爱丽丝是不是故意将水洒到了地板上，一旦她和爸爸处理了他们的感受，他们就需要收拾地上的水。爸爸可以提出帮助她擦干地上的水，或者可以给女儿拿一个拖把或海绵，让她自己把水擦干。如果爱丽丝又开始哭，或者又感到伤心，爸爸可以通过和善而坚定地继续帮助爱丽丝收拾地上的水，并在之后继续她的睡前惯例，将这件事情作为教孩子的一个机会（而不是继续报复循环）。

自暴自弃："我放弃"

珍妮和爷爷奶奶住在一起，今天是她的5岁生日。当她走进厨房时，爷爷奶奶热切地观察着她对放在屋子中央的一辆崭新的自行车的反应。珍妮渴望地看了看，对自行车什么也没说。奶奶迫不及待地问道："哦，你怎么想？你喜欢吗？"珍妮没有回答。然后，奶奶用一种哄劝的语气说："珍妮，看看你这辆漂亮的新自行车。"珍妮摇了摇头，咕哝着说："我不会骑自行车。"爷爷赶紧安慰珍妮："没问题，宝贝，你很快就能学会。"珍妮什么也没说，也没往自行车旁边去。爷爷和奶奶恼怒地相互看了一眼，耸了耸肩。"有什么用呢？"他们想，爷爷开始垂头丧气地给珍妮冲牛奶麦片。

珍妮的爷爷奶奶已经相信了不再对她抱有期望。他们对自己和珍妮都感到很无望。不知怎么，珍妮相信自己"不够好"，相信自己真的很没用。她通过让别人相信她能力不足，来按照这种信念行事。珍妮的爷爷奶奶很爱她，但是，他们错误地相信，表明这种爱的最好方式就是为她做她自己很容易做到的事，比如为她冲牛奶麦片。

"帮助我纠正"

问：当我告诉4岁的儿子该睡午觉时，他把他的果汁杯扔到了地板上。杯子摔碎了。我认为他感觉受到了伤害，因为今天上午没有让他去公园。我想对他受到伤害的感受做出回应，但我认为他的行为不应该不受惩罚。

答：有时候，大人们采取的方法是，如果一个孩子由于一种错误目的而做出不良行为，他对自己的行为就不用承担责任了。忽视孩子的不良行为，并不会教给孩子人生技能。惩罚也不能教给孩子人生技能，因为惩罚通常意味着"你必须遭受痛苦"。有帮助的做法是给孩子做出弥补的机会。

如果一件东西被损坏了，恰当的做法是想出让孩子替换或把东西修好的办法。这可能意味着做一些有帮助的事情来挣钱——即便小孩子也能做一些小事情——或者从他的储蓄罐里拿出一些钱来。或者，这可能意味着帮助他想出一个修复损坏的东西的计划，比如补好被撕坏的书。

所有这些解决方案关注的都是教给孩子承担责任。打屁股、羞辱、大喊大叫或把电视机搬走一星期，都不能教给孩子同样的人生课程。用这些方式惩罚，孩子可能会学会害怕反击、将自己的伤害行为升级，或者认定自己是一个"坏"人。这些结果中没有一个包含学会为自己的行为承担责任。

当孩子们被给予纠正错误的机会时，他们对自己的感觉会好得多。如果本着爱而不是愤怒的精神来这样做，孩子在这个过程中就会重获一定程度的自尊。很少有孩子在行为失控时对自己感到满意。他们需要得到鼓励，以便从错误中学习，并需要弥补损失的办法，而父母们需要将自己的态度从羞辱和责备转变为支持和真正的管教。

在四种错误目的或信息中，显示出自暴自弃的孩子们常常是最容易被忽视的——也是最令人感到沮丧的。他们通常不会造成像按照另外三种错误目的行事的孩子那样的大破坏。孩子们传递的这种信息可能几乎是看不出来的。

这种错误目的在不到5岁的孩子中很少会发现，除非他们很少或根本没有机会发展自主意识。当那些非常注重结果并且目标明确的父母们看到自己的孩子有这种行为时，他们会尤其困惑。父母们所重视的个人动机和决心，可能会压垮他们的孩子，并让孩子们相信自己是真的无能——相信自己永远也达不到父母的期望。这造成了第四种错误目的——自暴自弃，或者放弃。

识别"自暴自弃"

珍妮的爷爷奶奶努力不感到失望，但珍妮显得那么没有信心。他们尽了最大努力保护她，并弥补她的父母不在身边的缺憾。爷爷和奶奶对珍妮的无助行为的反应，是替她做事。爷爷给她冲牛奶麦片；奶奶每天早上为她穿衣服。他们满足珍妮的每一个需要。他们给她买东西、做好安排和选择，而都无需她参与。珍妮的回应是进一步退缩，行为更被动，并拒绝尝试任何新事物。这些感受、反应和回应给出的线索是她的行为是"自暴自弃"。

那些形成了自己能力不足信念的孩子们，可能会相信，因为他们不能把事情做完美，他们最好放弃。当孩子们理解了犯错误是每个人学习过程的一部分时，他们就能打破完美神话的禁锢。

很容易理解一个经常遭受批评的孩子怎样形成了一种她无法做对任何事情的信念。批评并不总是很明显的。作为一个学步期的孩子，珍妮总是穿着熨烫得很漂亮的百叶裙。她被警告要"保持干净"，当她的衣服上有颜料或食物时，奶奶会变得很生气。珍妮的观念是，不干净就是"坏"。因为她经常不干净，珍妮最终就开始相信自己能力不足。看上去，似乎她在每次试图画一幅画或给自己倒果汁时，都会弄得不干净。珍妮就认定自己什么事情也做不好。

寻求这种错误目的的孩子，可以被想象成戴着一顶褐色的滑雪帽，低低得几乎遮住了整张脸。你在帽子上会发现（如果你足够近去看的话）绣着这样一句话："不要放弃我——让我看到如何迈出一小步。"

对密码信息的回应

感到能力不足并放弃，是一种非常孤独的状态。因为这些孩子的目的就是一个人待着，他们很少会给别人带来太多麻烦，并且常常会被忽视。父母们可以做很多事情来满足这种孩子的需要。

信任你的孩子，让他自己做自己的事情

父母们可能没有意识到，为孩子做太多的事情（通常是以爱的名义）会让孩子丧失信心。当大人们坚持为一个孩子做他能做的事情时，他就会接受"我没有能力"的信念。另一个可能形成的信念是，"只

对自暴自弃孩子的鼓励

·信任你的孩子，让他自己做自己的事情。

·花时间训练孩子，哪怕只是最小的进步也要鼓励。

·教给孩子"错误是学习的大好机会"。

有当别人替我做事时，我才被爱着。"

记住自尊来自于有能力，以及娇纵一个孩子实际上会让他丧失信心，可能会有帮助。别再为你的孩子做他自己能做的事情，并要给他留出练习的空间——即便在他不能把事情做得很完美的时候。当他说"我不会"时，要有耐心；要说："我相信你能做这件事。"鼓励一个相信自己能力不足的孩子，需要大量的耐心、温和的坚持，以及对这个孩子能力的信任。

花时间训练孩子，哪怕只是最小的进步也要鼓励

珍妮不知道如何骑自行车并不让人感到奇怪，没有人不经过教和练习就能学会什么事情。奶奶可以说说自己学骑自行车的故事，而不是感到沮丧。或许，她可以告诉珍妮，自己学骑自行车第一次摔倒时是什么感受，以及她的哥哥姐姐是如何哈哈大笑的。当奶奶说自己的故事时，她也是在告诉珍妮感到难堪没关系，每个人都得学习如何做没做过的事情。待在神坛上可能对你的形象有好处，但会严重削弱亲密和信任的增长。

你对自己所犯的错误和遇到的艰难如何反应是很重要的。你的孩子在看着，并且可能相信你总是能轻易成功（并因为自己做不到而感到无能）。或者，他可能看着你尝试什么事情并一再失败。你如何反应——你是否能对自己笑一笑并继续尝试，还是沮丧地放弃——都会给孩子提供如何对待自己的经历的线索。永远不要低估榜样的力量。

那些已经形成"我能力不足"信念的孩子们，可能会抗拒进行训练的尝试。这就是分成小步骤之所以很重要的原因。爷爷可以从让珍妮先在屋里坐在自行车上开始。他可以确保给自行车装上辅助轮，并且让珍妮看到它们是如何起作用的。在她开始到街上骑车之前，爷爷可以向珍妮保证，在她准备好之前，他不会撒

手。他或许还可以教给她如何自己倒牛奶（从一个小杯子里）。要记住，在教给孩子新技能时，尤其是对于那些丧失信心的孩子，尽量预见到会出现的问题——并确保孩子取得成功——是很有帮助的。

教给孩子"错误是学习的大好机会"

你对自己所犯的错误是什么态度？大多数人从自己看到的东西中所学到的，比从自己听到的东西中所学到的要多得多。批评（即便是"建设性的批评"）是很难让人接受的。对于一个相信自己能力不足的孩子来说，批评只会强化他对自己能力不足的信念。帮助一个丧失信心的孩子的最好办法之一，就是停止一切批评。

如果珍妮用颜料或泥巴弄脏了自己的裙子，奶奶可以考虑给她穿上更耐脏的衣服。如果奶奶能够学会说，"哇，你现在满身都是颜料！你今天一定画得很开心"，会给珍妮传递一个多么棒的信息啊。

家庭成员也可以经常说说自己犯的错误。在晚餐时，每个人可以轮流说说自己犯的一个错误，以及自己从中学到了什么。这能创造出一种有趣和学习的氛围——以及对待错误的态度的极大改善。

了解隐藏的信息

"哎呀，"你可能会说，"我从没想到过当我的孩子那样做事的时候，他的脑子里会发生这么多事情。"重要的是要理解，孩子们不是有意识地决定要追求其中一种错误目的的；他们很少意识到自己的信念，并且不是出于让父母困惑的目的在玩"猜猜我的目的"的游戏。将你对孩子错误目的的认知，转变成和善、坚定和鼓励的行动也是要花时间的。

　　当父母们能够认识到自己孩子行为背后隐藏的信息时，并且当他们能够观察自己的感受和反应时，他们就能采取措施鼓励一个丧失信心的孩子，并祝贺孩子愿意冒风险并犯错误。在这样做的时候，父母们就能养育出相信自己有能力、可爱和有价值的孩子。

第 10 章

幼儿园中的错误目的

不良行为——孩子发送给我们关于他们信念的密码信息——并不只出现在与父母在家里的时候。不良行为会出现在孩子们所在的任何地方。老师和照料孩子的人也可以学会破译孩子们的错误目的，并以能教孩子和鼓励的方式做出回应。

幼儿园中的寻求过度关注

不应该奇怪，只要一群孩子在一起，就会显现出寻求过度关注的愿望。

这天上午，在小宝贝幼儿园玛西娅老师的班里有 12 个 5 岁的孩子。大约在 10 点钟的时候，贾马尔来找玛西娅，他的鞋带开了，他让老师帮他系好。玛西娅帮他系好了鞋带，他跑开去玩了。没过 5 分钟，他要老师帮他削铅笔。玛西娅也帮他做了，但是，还没过 2 分钟，她注意到贾马尔开始弄乱本杰明的积木。玛西娅提醒他，那是本杰明的积木，他需要选一些其他的事情做。到 10:15 时，贾马尔的鞋带又开了。

这时，玛西娅正盼望着课间休息。除了因为贾马尔不断的要求感到恼怒之外，她还因为自己不是特别喜欢和这个孩子待在一起而感到内疚。这些感受，正如你在错误目的表（第 150～152 页）第二列看到的那样，是说明贾马尔的行为由寻求过度关注的错误目的所驱使的第一条线索。

玛西娅对贾马尔行为的反应是非常典型的，这是破译他的错误信念的另一条线索。她为贾马尔做的是他自己应该能做的事情——或者他可以学着自己做。她还花了自己的很多时间提醒贾马尔停止某些行为。错误目的是寻求过度关注的第三条线索，就是贾马尔会停止自己的行为一会儿，但很快就会找到其他方式来让玛西娅为他忙得团团转。每个老师都会从贾马尔身上看到自己认识的某个孩子的影子。

贾马尔和像他这样的其他孩子通过他们的行为真正在说什么呢？要记住，贾马尔也戴着一顶颜色鲜艳的大帽子，上面写着"注意我，让我参与并发挥作用"。当一个孩子寻求过度关注时，他是在按照一种根深蒂固的信念行事：只有通过被人关注或让大人们为他忙得团团转，他才有归属或价值。当你学着破译他们的错误目的信息时，你将会理解行为不良的孩子对你说的实际上是："我是一个孩子，我只是想得到归属。"

对信息的回应

即便老师能够理解贾马尔的行为是在要求关注，在需要同时照料很多孩子的情况下，老师也并不总是能给予他一对一的关注。然而，一些平常可以和所有孩子一起做的事情，能极大地减少像贾马尔那样的不断地争取关注。

通过有意义的参与，帮助孩子以有益的方式得到关注

正如你在第 8 章和第 9 章了解到的那样，寻求过度关注的错误目的传递的信息是"注意我；让我参与并发挥作用"。要将一个孩子转向以有用的方式得到关注，忽视其不良行为会非常有效。玛西娅可以通过让贾马尔帮助她做一些事情——洗画笔、擦黑板，或者吹哨子让大家知道午餐时间结束该进教室了——来让他参与。

教给孩子一些非语言信号

可以考虑教给孩子们一些能让你知道他们需要你的时间或关注的非语言信号。玛西娅可以教给班里的孩子们把一只手轻轻地放在她的胳膊上，以便让她知道他们需要她。玛西娅表明自己已经注意到一个孩子在请求帮助的非语言信号，是看着这个孩子的眼睛，眨眨眼，并且说："我一有空就来帮你。"这就以一种合理的方式给了孩子关注，而同时仍然能让一个孩子感觉到认可和自己的重要。

在孩子寻求过度关注之前给予特别的关注

玛西娅可以说一些让每个孩子感到特别的事情。她可以问候贾马尔,并告诉他,她发现了一枚蜘蛛卵,并把它带来放到了实验桌上。她知道蜘蛛会让贾马尔着迷。她的特别关注和对他的兴趣的认可,将会帮助他感觉到自己得到了关爱并且是班里的一员。

另一种说"我注意到你了"的方式,是单独问候每个孩子。有些老师在孩子们走进幼儿园时会花时间跟每个孩子拥抱或握手。这种姿态是在说:"我在乎你,很高兴你来这里。"你可以找到将有效剂量的"特别时光"注入到班里的方法。当孩子们感觉到归属感和价值感时,他们就不大可能寻求过度关注了。大幼儿园或许想指派一名老师在早晨迎接孩子们。

对幼儿园里寻求过度关注的孩子的鼓励

· 通过有意义的参与,帮助孩子以有益的方式得到关注。

· 教给孩子一些非语言信号。

· 在孩子寻求过度关注之前给予特别的关注。

· 花时间训练孩子。

花时间训练孩子

对贾马尔那双似乎拥有每隔10分钟就松开鞋带的离奇能力的鞋子该怎么办呢?玛西娅可以制订一个训练计划,帮助贾马尔学会自己系鞋带。在经过必要的演示和练习之后,玛西娅可以合乎情理地告诉贾马尔,她想看到他自己系鞋带。最终,贾马尔会受到鼓励自己系鞋带,并在成功之后回来让玛西娅看。贾马尔得到了关注,但是以帮助他感觉自己很能干的方式,而不是以强化其不断地烦扰或不适当的特别服侍要求的方式。

正如孩子们经常会犯试图得到过度关注的错误一样，大人们通常犯的错误是受此牵绊，而不是寻找一种使孩子们转向以有用的方式感觉到归属感和价值感的方法。要记住，有信心的孩子不需要寻找以错误的方式来寻求归属感和价值感——至少不会经常这么做！

幼儿园中的权力之争

这是银色港湾幼儿园里阳光灿烂的一天。在苹果树旁，3岁的莎玛和她的老师朱莉正注视着对方。朱莉说该进教室了。莎玛拒绝进去。朱莉强调游戏时间结束了：其他小朋友都进了教室，莎玛必须马上进教室。莎玛紧紧抓住攀爬架不放。朱莉的脸都气得微微发红了，她开始威胁她的小学生："如果你不马上进教室，今天一天都不允许你再出来了。"

莎玛伸出舌头做了个鬼脸，"你不能强迫我！"她嘲笑道。朱莉试图把她抱起来，带到教室里去，但她首先得抓住莎玛。

朱莉生气了（并且有一点尴尬——毕竟，这是一个3岁的孩子），感到自己的权威受到了挑战。当朱莉把这个扭动着身体挣扎、尖叫的孩子抱进教室时，她紧咬着牙关说："当我说该进教室时，你要照我说的做！"

你怎么想？莎玛下一次会乖乖地服从朱莉吗？莎玛行为背后的信息是什么？她可能是在说："我想说了算，我在生活中要有一些权力！"她头上那顶隐形的安全帽上写着："让我帮忙；给我选择。"莎玛获得权力的方式，是通过证明"你不能强迫我！"。

识别"寻求权力"

朱莉感到生气，还感觉自己合法的权威受到了挑战。这是大人们陷入权力之争时会有的典型感受——而且，这些感受提供了识别寻求权力的错误目的的第一条线索。

正如我们前面提到的，权力之争需要两个人。莎玛需要朱莉的反应才能争斗。朱莉通过运用自己的力量优势制服莎玛并把她带进教室，来做出了反应。她强迫莎玛做自己让她做的事。但是，莎玛放弃抗争了吗？

回想一下莎玛以抓住攀爬架来强化自己立场的情形。说明其目的是寻求权力的另一条线索，就是这种行为的强化。莎玛的回应是其寻求权力的错误目的典型特征。

那些按照寻求权力的错误目的行事的孩子，会花大量的精力抗拒合作。莎玛不得不紧紧地抓住攀爬架，让她的老师无法松开。在争执最激烈的时候，这种行为可能会被描述为"倔强"。（然而，当同一个孩子在学习解答复杂的数学题，或在马拉松比赛中跑最后几英里时，同样的特点可能会被积极地看作是"坚韧"。）寻求权力的错误目的背后隐藏的信念是："只有由我来控制时，我才有归属。没有人能强迫我做事情。"

对信息的回应

莎玛的老师该怎样以恰当的方式给她权力呢？下面是几种可能的方法。

让孩子帮忙

如果莎玛和朱莉之间的权力之争成了一种模式,朱莉可以通过寻求莎玛的帮助——让莎玛以有用的方式运用自己的力量——来打破这种循环。朱莉可以说:"莎玛,我需要你的帮助。能请你去告诉那边那个角落里的男孩该进教室了吗?"提供帮助的机会对于一个寻求权力的孩子来说,常常会很有吸引力,这给了她一个以有用的方式运用力量的机会。

要记住,很少有人——包括小孩子——喜欢无能为力或受害者的感觉。我们所有人都需要机会体验自己在控制,以及知道自己的个人力量能以有益的方式运用。错的不是对权力的需要,造成问题的是对权力误用。

> **对幼儿园里寻求权力的孩子的鼓励**
> · 让孩子帮忙。
> · 提供有限制的选择。
> · 采取出乎孩子意料的做法。
> · 寻找双赢的解决方案。

提供有限制的选择

赋予一个孩子力量的最好方式之一,就是给他提供有限制的选择,并且其中所有的选择都应是可接受的。问一个孩子现在是否准备好了进教室,意味着如果他没有准备好,就不必进教室。如果这不是一个可接受的选择,就不要将其包含在你提供的选择、话语或暗示中。

莎玛的老师可以问莎玛是愿意在游戏时间结束时把全班同学领进教室,还是牵着老师的手跟着其他同学一起回教室。这些就是有限制的选择,两种选择都是可接受的。待在教室外面不是选择之一。如果一个孩子说出的选择不是老师提供的,比如待在外面，你只需简单地回答："这不是我们的选择。"

另一种选择，可以是让莎玛选择在进教室之前玩哪种设施，并告诉她再过 2 分钟上课铃就要响了。这需要事先计划好，当权力之争成为与一个孩子之间的一种模式时，这就是一种明智的做法。

给孩子选择，表明的是对孩子的尊重，而不是用来哄骗孩子服从的一种花招（要记住，你的态度对于一个孩子如何看待你的行为有极大的影响）。选择会赋予一个孩子力量，是以可接受的方式来满足孩子对权力和归属感的需要。满足孩子的潜在需要将会解决不良行为的真正原因，而不只是表面的症状。

采取出乎孩子意料的做法

大人和 3~6 岁的孩子们有时会发现，双方的行为已经变得相当容易预想到了。朱莉和莎玛以前或许已经多次上演过这一情形（或与之稍有不同）。朱莉可以采取一种出乎意料的做法，而不是以往常的方式回应莎玛的挑战。当莎玛拒绝进教室时，朱莉可以说："我敢打赌你抓不到我。"然后，从莎玛身边跑开。这对于一个牢牢地抓着攀爬架的孩子来说，是多么吃惊的一件事啊！莎玛可能会放开手去追老师，当她抓住老师时，朱莉可以给她一个大大的拥抱，并和她一起心平气和地走进教室。僵持消失了，两个人都是赢家。

寻找双赢的解决方案

解决权力之争的另一个秘密，正如你从上面的例子中了解到的那样，是寻求双赢的解决方案。正是由于涉及到的双方都决心要成为唯一的赢家，权力之争才会升级。当结果不可避免地意味着一个孩子必定是输家时，你为什么要坚持维护自己的权力呢？

幼儿园中的报复

　　一个星期二的上午，4岁的埃里克正在把恐龙玩具从房间的这一头扔到另一头。他的老师约翰走过来把恐龙玩具都拿走了，告诉埃里克今天不能再玩这些玩具了。埃里克愤怒至极。他记得扎克利昨天往墙角扔积木时，什么事也没有。这不公平！埃里克气得跺着脚走开了。

　　过了一会儿，约翰惊讶地发现埃里克在马桶里塞满了卫生纸，已经把马桶全堵住了。约翰让埃里克来看他造成的麻烦，并且问："你怎么能在幼儿园里做这种事？"埃里克一点儿也没犹豫，"我恨这个地方，"他说，"我很高兴马桶坏了。"约翰告诉这个小男孩，自己要给他的父母写一个便条告诉他们这件事，并且埃里克在课间休息时必须待在教室里。在放学之前，埃里克又设法撕坏了几本书。

　　就在这时，约翰决定明天要请病假。他无法跟这个孩子再待一天了。埃里克的信息是"我受到了伤害，所以我要伤害别人。生活不公平！"约翰毫无疑问感到很沮丧，并且很伤心。他花费了那么多时间和精力要成为一名老师，但有什么用呢？约翰还感到厌恶和难以置信，而且，他为埃里克对幼儿园财产的蔑视感到很困惑。

识别报复

大人们（和孩子们）常常会用愤怒来掩盖自己的伤心。约翰对埃里克的行为的反应是通过斥责和惩罚来让埃里克也伤心。这造成了一种报复循环。

埃里克的回应是以跺着脚走开、去往马桶里塞满卫生纸、宣称自己憎恨幼儿园并撕毁图书来使自己的行为升级。孩子们很擅长报复循环。他们有很多武器来伤害那些看不到行为背后的信息并且不知道该如何摆脱报复循环的大人们。埃里克头上那顶反戴着的帽子上写的是："帮帮我。我很伤心；认可我的感受。"

一个选择了以报复为错误目的的孩子会相信，如果他无法得到归属（这会让人很伤心），那至少他能扳平。不幸的是，对大多数成年人来说，很难爱和喜欢一个正在伤害别人并损坏公物的孩子。通过按照自己没有归属的信念行事，这个孩子是在以能证明他的看法的方式做出自己的行为。

对信息的回应

对待一个像埃里克这样的孩子可能会很难，但是，一旦他的老师认识到埃里克感觉自己受到了不公平的对待，并且很伤心，他就能对埃里克的真正需要做出回应了。埃里克想要感觉到一种归属感，想要成为群体的一份子。怎样才能做到呢？

通过认可和表达来处理伤心的感受

在埃里克的行为能够改变之前,他需要让自己受伤害的感觉得到认可,并且需要帮助他以可接受的方式表达出这些感觉。约翰可以花时间和埃里克待在一起,并且帮助他找到更有效地表达自己感受的方式。

小孩子不会清醒地意识到自己的不良行为是受伤心的感觉所驱使的。然而,当一个大人正确地猜出他们的感受时,孩子们会感觉得到了理解和认可。开始这个学习过程的最好方式就是通过榜样。约翰可以说:"埃里克,当你那样做时,我很伤心。我猜你可能也感到伤心。当你准备好和我谈谈我们伤心的感受时,你能来告诉我吗?"埃里克可能需要一点时间冷静下来,才能准备好谈论自己的感受。如果埃里克还不想说任何事,老师可以讲一个他自己有一次感到真的很伤心的故事。在听过约翰的故事后,埃里克或许会感到更愿意跟约翰谈自己的伤心感受。通过花时间跟埃里克这样一起待一会儿,老师就能够通过向埃里克表明对他的接纳来得到他的信任,即便是在埃里克自己感觉不太喜欢这样时;而当埃里克的感受得到认可和接纳时,他就能开始感觉好起来了(并且行为也会好起来)。

对幼儿园里寻求报复的孩子的鼓励

·通过认可和表达来处理伤心的感受。

·教给孩子感受和行为的区别。

·问孩子积极的暂停是否会有帮助。

·让孩子说出自己的想法。

·安排一个时间(在冲突发生之后)想出解决方案。

·修复损失,做出弥补。

·努力帮助孩子感觉到归属感。

当一个伤心的孩子伤害另一个孩子时

理解到一个孩子的错误目的可能是因为自己伤心而报复，并不意味着伤害他人是可以接受的。对身体攻击行为做出弥补，包括三个步骤：

1. **对伤害行为进行控制**。要将涉及到的两个孩子分开，或将其中一个孩子放到惹事的孩子够不到的地方。通常这意味着把两个孩子分别放在一个冷静的地方，直到他们能足够冷静地做出更好的选择。

2. **处理伤心的感受**。要花时间找出可能造成一个孩子伤心的原因，并允许这种感受显露出来。当你接纳并认可一个孩子的感受时，你就可以通过让他知道有任何感受对他来说都是安全的，来支持他的归属感。这是无条件关爱的一种形式。有时候，无论你怎么做都无法消除一个孩子痛苦的原因。父母相互争吵、家庭成员生病，或者生活中的其他事件通常都是你无法控制的。但是，允许孩子有一个安全的空间表达自己的感受，并感觉到支持和倾听，就能帮助他恢复过来。

3. **做出弥补**。做出弥补，是学会为自己的行为承担责任的一部分——一种我们所有人都需要培养和练习的能力。你可以问那个做出攻击行为的孩子，是否需要一些帮助那个受伤害的孩子感觉好起来的解决办法。你可以和他一起想出一些办法，比如提出提供一次服务（为对方清理书桌、给他读一个故事或给他画一幅画）。孩子也可能选择道歉，但你不能强迫他说"对不起"——这会教给一个孩子说言不由衷的话。如果一个孩子主动真诚地道歉，就会有更好的影响。

教给孩子感受和行为的区别

学会说出自己内心的感受，会让孩子们掌握一种新工具。通过学会停下来、承认并说出自己的感受，埃里克就能慢下来，并在行动之前花时间思考。埃里克需要知道，感到伤心和按照这种伤心的感受行事之间是有区别的。

约翰可以决定告诉埃里克:"你有什么感受都是可以的,但你的行为并不总是可以的。过一会儿,让我们用头脑风暴想出一些当我们感到伤心时能做的不伤害别人或损坏幼儿园财物的事情。"推迟做头脑风暴的时间是明智的,因为埃里克需要一些时间从不愉快的经历中恢复过来。

问孩子积极的暂停是否会有帮助

如果约翰已经在他的班里教过孩子们积极的暂停,他就可以问埃里克花时间去冷静一下直到感觉好起来是否会有帮助。约翰甚至可以问埃里克是想要有人陪他去,还是愿意自己去。如果埃里克想让人陪,而约翰有几分钟时间,他可以说:"你愿意让我陪你,还是愿意一个小伙伴陪你?"那些感觉自己没有归属感的孩子,通常会立即抓住让别人陪他们一起去的机会——他们可以同时既冷静下来,又感觉到自己有了归属。

让孩子说出自己的想法

在埃里克冷静下来并感觉好起来之后,约翰和埃里克可以谈谈为什么埃里克会感到伤心,并找到帮助他感觉再好起来的办法。埃里克可以告诉约翰,他对约翰当时的反应有什么感受。或许,约翰可以提醒他,解决扔积木事件的办法是在早上的班会上决定的。这能解释为什么另一个孩子在前一天得到了不同的对待。或者,约翰可以让埃里克建议一个让他感觉公平的解决方案。通过先处理伤心的感受,约翰和埃里克就能进一步开始解决问题了。

安排一个时间（在冲突发生之后）想出解决方案

可以教给埃里克在难以处理的感受出现时的其他行为方式。在那天上午的晚些时候，约翰让埃里克和他一起做了一次头脑风暴。这种后续行动鼓励了积极的成长，并且还有助于预防未来的问题。约翰先建议埃里克在下次感到伤心时可以来找他，并练习说出自己的感受。约翰和蔼地告诉埃里克，他会始终努力作一个好的倾听者。然后，约翰问埃里克有什么想法。埃里克一直在学习"运用语言"，他说："当有人伤害我的感情时，我可以告诉他们我不喜欢这样。"约翰说："听起来很好，还有吗？"埃里克想不出来了，所以，约翰提示说："把这个问题放到班会议程上怎么样？"埃里克说："我可以放。"

约翰以这句话结束了他们的讨论："你有三个好主意。我相信你在下次感到伤心时会选择一个对你最管用的。"重要的是要记住，这个过程可能需要反复很多次，埃里克才能学会说出自己的感受、接受这些感受并找到以可接受的方式对待其感受的方法。

修复损失，做出弥补

对埃里克的破坏行为该怎么办呢？要记住，让一个孩子感觉很糟，不大可能鼓励这个孩子做得更好。反击和惩罚是成年人对破坏行为的典型反应，但这常常会激起孩子以更多的报复进行回应。相反，当一个孩子毁坏什么东西时，让他承担起更换被损坏的物品，或处理所造成的损失的责任是合理的。

当埃里克用纸将马桶塞满并造成水溢出来时，可以让他帮忙进行清理。当埃里克的感受和行为背后的信念得到处理，并且埃里克和约翰讨论过自己可以怎样帮忙清扫卫生间之后，埃里克将更可能在清理卫生间的事情上合作。要注意，讨论的焦点要集中在卫生间里的脏乱上，而不是埃里克造成的脏乱上。这不是责备的时候，而是一起找出问题解决方案的时候。这需要时间，但这种尊重而关爱的方式更有可能导致埃里克行为的改善。

埃里克没有被"放过"任何事情；最终，他和约翰会就修复他所造成的损失达成一个一致的计划，并且约翰会看到计划的执行。当关注的焦点是解决方案时，结果只可能是行为的一种改变。这样，报复循环就能被打破了。

努力帮助孩子感觉到归属感

我们已经探讨了约翰可以用来帮助埃里克处理其某一天中的行为的办法，但是，要让埃里克永久改变看待自己的方式，约翰就必须找到能让埃里克在班里感觉到归属感的方式。在班会上或大家围坐在一起时，约翰可以发起一次关于当其他人想和我们一起做事时我们会感觉多么好的讨论。然后，约翰可以说他已经选择了埃里克来给大家分发早上的点心。他可以问谁愿意和埃里克一起做这件事。此时，可能会有几只小手举起来，可以从中选择一个帮忙的孩子。通过将焦点集中在谁愿意和埃里克一起做事上，约翰发出了一种与只是简单地问"还有谁想分发点心"不同的讯息。

随后，约翰可以花点时间和埃里克谈谈有那么多孩子举手要和他一起做事。当那么多孩子举手要和他一起分发点心时，埃里克感觉好吗？通过这种方式，约翰是在帮助埃里克成为对班级有贡献的一员，并帮助埃里克将自己看作是一个大家愿意与其一起做事的可爱的人。这种过程对于帮助埃里克形成对自己体验的不同信念，是至关重要的一部分。

幼儿园中的自暴自弃

对戴尔来说,这只是又一次游泳课。戴尔5岁了,但他还在3岁孩子的小组里学游泳。教练汤姆正在让每个孩子都下到水里去吹泡泡。戴尔讨厌自己的脸上沾水,就在紧挨水面的地方小口地吹气。汤姆走过来,建议戴尔可以像吹生日蜡烛那样吹气。戴尔只是紧紧地抱着双臂,下巴抵在胸口上,轻轻地摇着头。过了一两分钟,汤姆放弃了,去教下一个孩子。

过了一会儿,其他孩子都在抓着水池边缘练习踢水。戴尔坐在边上,拒绝下水。汤姆提出抱着戴尔练习踢水,但戴尔拒绝了,并转过身子背对着游泳池。最终,汤姆放弃了,不再理会戴尔。

戴尔成功地"说服"了他的游泳教练别再理会他。戴尔相信,因为他"不够好",他一定是没有希望的。他通过说服别人放弃他来奉行这一信念,完美地表明了自暴自弃(或叫做"放弃")的错误目的。戴尔头上那顶想象中拉下来遮住了整张脸的滑雪帽上写的是:"让我看到如何迈出一小步,并祝贺我的成功。"

识别幼儿园中的自暴自弃

汤姆必须注意到自己游泳课上所有孩子的需要——他不能把

所有时间都花在戴尔身上。当汤姆甚至没办法说服戴尔尝试一下各种活动时,他感到很失望。汤姆不能强迫戴尔下水,或让他练习吐气。他唯一的选择似乎就是不再理会戴尔,放弃他。他还能怎么办?戴尔的回应是更加退缩,他没有吵架或争斗。事实上,他是在让别人轻易忽视他并且不理会他。

如果戴尔能尝试一下,他可能会游得很棒。他从哪里得到了自己无能的信念呢?说来很巧,戴尔的父母是对大多数运动项目都非常擅长的人。他们跑步、滑旱冰、骑自行车。当戴尔想和他们一起运动时,他的父母很难掩饰对他拖他们后腿的不耐烦。他们很爱戴尔;他们只是不知道如何调整自己来适应戴尔的水平。

对信息的回应

戴尔相信,因为他不像自己的父母那样擅长运动,他最好就完全不要尝试。他似乎任何事情都做得不够好。爸爸妈妈是"完美的",而戴尔很显然不完美,显得无能会更安全。

> **对幼儿园中自暴自弃孩子的鼓励**
> ・鼓励孩子迈出一小步。
> ・专注于一个孩子能做的事情。
> ・将事情分成小步骤,并祝贺孩子的成功。

如果戴尔能够让别人相信不能对他期望太多,他们就会让他一个人待着了。除了忽视戴尔,汤姆还能做些什么呢?

鼓励孩子迈出一小步

当戴尔转身背对游泳池时,汤姆该怎样鼓励他呢?汤姆可以说:"戴尔,我知道你需要很大的勇气才能到水里去吹气。我想让你知道，我真的很欣赏这种努力。"这是一个简单的讯息，但却是一个强有力的讯息！汤姆没有认为学游泳很容易；事实上，他承认了这对戴尔来说有多么难。汤姆花了时间注意戴尔愿意迈出的一小步。经过一段时间，这种温和的鼓励就能帮助戴尔承担更多的风险。

专注于一个孩子能做的事情

大人们可以学着专注于一个孩子能做的事情，帮助他先通过别人的眼睛——最终通过自己的眼睛看到自己的能力。太多的时候，老师们的精力都被那些寻求关注的孩子完全占据了，或者忙于与那些挑衅的孩子的权力之争。然而，那些错误目的是自暴自弃或放弃的孩子，才是最承受不起被忽视的孩子。

将事情分成小步骤，并祝贺孩子的成功

那些和小孩子生活在一起以及和他们打交道的大人，可以学着认可并鼓励孩子迈向成功的每一小步，并且对孩子的期望要现实。鲁道夫·德雷克斯说："要努力寻求改善，而不是完美。"鼓励孩子迈出一小步的一个重要部分，就是将事情分解成看上去不会让一个丧失信心的孩子感到害怕的小步骤。戴尔的老师能够发挥作用，帮助他相信自己。对于一个有这种错误目的的孩子来说，最关键的话是"相信我"，以及"鼓励，鼓励，鼓励"。尽管有时候可能会显得很难，但要努力对丧失信心的孩子有信心。他是从你眼中反射的镜像看自己的，你对他的信任的能量是能感染他的。

会带来改变吗？

老师和照料孩子的人有时会因他们每天面对的艰巨任务而感到沮丧。教育和管理几十个活泼好动的小人儿并不是一件容易的事情——尤其是他们在家里形成的对自己和世界的信念如此多样，并且完全不是老师能够控制的。

然而，我们每个人只能尽自己的最大努力。孩子们和照料他们的人每天度过的时间，可能对很多孩子来说都是能感觉到归属感和价值感的最亲密的时光——而且每个小时都是值得为之付出努力的。更好的是，当父母和老师们能够一起努力真正理解孩子们的行为并有效地做出处理时，对孩子们来说，其结果简直就是奇迹！

第 11 章

"你不能参加我的生日派对!"
3~6岁孩子的社会交往能力

"你愿意做我的朋友吗?"每个幼儿园老师都听到过这样的请求。这可能会让人心揪一下——或者是对这种似乎像在寻求过度关注的行为有点烦恼。实际上,一个孩子对友谊和社会交往能力的需要,是与其发展相应的正常的一部分。

3~6岁这几年有很多令人惊异的成长,而这种成长的轨迹可以从孩子友谊的发展中找到。社会交往能力的习得,发生在几个可预测的阶段,而当大人们理解了一个孩子正在发展的能力时,孩子的痛苦就会小很多。在社会交往能力发展的这个阶段——孩子们有时会泪流满面、扔玩具、与小朋友可怕地争夺的一段时期——关爱孩子的大人们可以给予孩子训练、耐心和鼓励。

友谊对小孩子意味着什么?

在孩子2岁或更小的时候,他们不会真的有朋友,尽管他们在幼儿园时身边有很多同学，还有父母熟人的孩子，或者在大人与邻居交往时可以坐下来一起玩耍的邻居家的孩子。在 2~3 岁时，孩子们开始将同龄人作为好奇和探索的目标而与之互动，这可能包括戳、咬、抢玩具或朝对方扔沙子——都不是友谊的有效要素。他们可能会忙于平行游戏——在另一个孩子旁边各自玩耍。

到 3 岁时，友谊开始出现；这通常是由大人安排的，并且可能很短暂，但真正友谊的种子已经播下了，并且有些孩子确实会开始与同龄人建立真正的情感联结。到 4 岁时，孩子们会开始建立更持久的友谊，通常是与两三个喜欢的玩伴。

对 3~6 岁的孩子来说，学习通常似乎会包含着相反的方面——他们会同时学会一种技能及其反面。就友谊而言，这意味着由友谊形成的情感联结的发展还带着其相反的一面——排他。一个 3~6 岁的孩子对友谊的表述，没有比"你可以来参加我的生日派对"更伟大的了。她是在说："我足够喜欢你，愿意和你分享我的世界中最重要的日子：庆祝我的生日！"不幸的是，他们还知道将另一个孩子排除在外能带来一种力量感或报复的机会。

吉娜四岁半了。现在是 6 月份，而她的生日是在 12 月。即便如此，吉娜很难有哪一天不邀请——或拒绝邀请——幼儿园中某个孩子来她的生日派对。当有妈妈带着自己的女儿来问入园的事情时，吉娜会立刻走到那个小女孩面前说："我快 5 岁了，你可以来我的生日派对。"然而，刚过一会儿，当吉娜的朋友伊尔莎不让她穿自己身上的衣服时，吉娜就会撅着嘴，用一种宣判的语气说："你不能来我的生日派对！"伊尔莎对这样一种威胁会吓得发抖，并赶快递给她一条围巾。

生日邀请（或收回邀请的威胁）是一种童年早期的社会交往工具。这代表着一种彼此的友谊和接纳——及其反面，暂时的排斥。因为这个年龄的孩子们不善于识别并说出自己的感受，这种生日派对的威胁以及类似的其他话，主要服务于两个目的。它说的是："我有点生气、伤心和苦恼。"它还可以用来作为操纵别人听自己命令的一种工具："如果你不让我玩秋千，你就不能来我的生日派对。"随着孩子们逐渐成熟并获得社会交往能力和情感能力，他们就能学会以更合作的方式交往。

到5岁时，会形成更牢固的友谊。友谊的这个阶段是与小孩子们体验到的日益强烈的情感相一致的，而且当发育中的这两个强有力的方面重合时，会造成激烈的冲突。到5岁时，孩子们可能会专注于一个与其有特殊关系的玩伴，或者他们可能会有一个特殊的朋友圈子。

吉奥和肯尼思是最好的朋友。每天早晨，两个人在幼儿园都会等待对方的到来。他们会以在地板上滚来滚去地假装格斗的方式来欢迎彼此，或者会迅速跑开去搭积木塔。他们在集体活动时间想挨着对方坐，而他们的老师有时不得不提醒他们，如果他们坐在一起不能安静，就必须分开。吉奥和肯尼思整天在一起；这是一种美好而重要的童年友谊。

一个常见的问题，会出现在三个孩子是朋友，而其中一个被排除在外的时候。当劳伦告诉自己的父母艾琳要和梅一起去游泳时，他们从她的声音中会听到痛苦；被排除在外是很痛苦的。（到第二天，这种伤心的感觉通常就会烟消云散，而友谊会继续。）排斥可以成为一种令人痛苦的交往工具，在学龄前的后几年，大人们需要示范并教给孩子们运用解决问题的技能来解决可能会出现的分歧，并鼓励健康的社会交往。有趣的是，性别似乎也影响着社会交往。有几项研究表明，女孩们更可能会用相互之间的关系和排斥作为攻击的方式，而男孩子们更可能打架、争吵——并很快就会和好。

哈尔、艾伦和雪莉是好朋友。他们在操场上互相追逐，并且形影不离。雪莉明显是三个人中的头儿；她常常是选择玩什么游戏并制订规则的人。聪明的老师知道，如果他想让这三个孩子对一个新的活动感兴趣，只要说服雪莉就行。

特殊的友谊是构成生活中很多人际关系的重要基础，并给孩子们提供了一种试验不同角色的途径。比如，仅仅因为艾伦现在选择跟随雪莉的领导，并不意味着他永远不会成为一名领导者。这只是他正在尝试的一个角色而已。

不经过练习，就不会有社会交往能力，并且，在此过程中会有很多痛苦的抱怨和泪水。如果大人们不是把精力集中在扮演解救者或裁判员上，而是放在养育感觉自己有影响力和能力的健康的孩子上，他们就能帮助孩子们学到在与人相处中得到归属感所需要的社会交往能力。

玩耍：一个社会化的阶段

孩子们的玩耍，实际上是对角色和人际关系进行探索的一个实验室。玩耍是一种将形成孩子们将来与人交往的基础的活动——绝对不是无意义的，或浪费时间。然而，其中会有一些艰难的时刻，并且大多数父母和孩子的照料者都能讲出类似下面这样的故事。

一天下午，4岁的莎伦膝盖上带着擦伤、渗着血回到了家。她最好的朋友杰美把她从秋千上推了下来。妈妈最初的本能反应是给幼儿园老师打电话并投诉。毕竟，他们不是应该看护着孩子们吗？

对莎伦来说，幸运的是，她的妈妈更感兴趣的是帮助她学习人生技能，而不是因为发生了冲突就责备别人。她挨着莎伦坐了下来，问："宝贝，你能告诉我发生了什么事吗？"

"杰美从秋千上下来，我坐了上去，"莎伦说，然后又用一种辩解的语气补充道，"她已经不玩了。"

妈妈忍着没笑出来，突然意识到了事情会怎样发展。"你知道杰美为什么从秋千上下来吗？"

"去拿外套。"莎伦平静地回答。

正像妈妈怀疑的那样，当杰美拿着外套回来时，她发现莎伦正坐在"她的"秋千上，就把莎伦推了下来。妈妈用了一会儿时间认可女儿的感受。"我打赌，当杰美推你时，你肯定很害怕。你可能觉得她再也不是你的朋友了。"

莎伦的嘴唇颤抖着。"嗯。"她说，并且哭了起来。当她慢慢平息下来并且感觉好一点时，莎伦和妈妈一起探究了发生的事情。妈妈问莎伦，在杰美从秋千上下来时，她是否可以做些其他事情，而不是坐到秋千上。莎伦想了想，认为她可以帮杰美占着秋千，直到她回来。

"如果你为杰美占着秋千，会发生什么事情？"妈妈问。

"杰美会再坐上来。"莎伦说。

"杰美还会把你推下来吗？"

莎伦摇了摇头。她能够看到如果她的行为不同，结果就会不同。妈妈承认杰美推莎伦是错误的，并且帮助女儿理解了她原本可以明确地告诉杰美："不要推。"妈妈还帮助莎伦理解了她有能够影响一种情形后果的选择。也就是说，莎伦有着自己的力量和影响力。通过与莎伦详细讨论这件事，而不是匆忙地解救她，莎伦的妈妈帮助她感觉到了自己的能力。

　　重要的是，父母们要避免训练孩子将自己看成受害者，无力改变或影响发生在他们身上的事情。莎伦的妈妈可以仓促地给女儿的幼儿园打电话（并责备他们），而在这个过程中，可能会促使女儿形成一种受害者心态。莎伦可能需要一些帮助，但不是通过同情、责备别人或被解救。她正在学习如何在社会情形中与人打交道，父母和老师们应该帮助她自己探究发生了什么事情、她对此有什么感受、她能从中学到什么，以及她有什么主意来解决这个问题。大人们可以帮助孩子们从这些早期的友谊试验中认识到，他们不是无能为力的，他们在生活中做出的选择会影响他们的经历。

受害者和欺负人的孩子

　　然而，即便是在3~6岁这么小的时候，孩子们就学会了用排斥和身体威胁来获得并保持对别人的控制。这些行为播下了恃强凌弱的最早的种子。孩子们需要父母和老师的帮助，才能知道他们确实有选择和个人力量，这会使他们不那么容易成为恃强凌弱的目标。如果大人们解救孩子，而不是教给他们技能并帮助他们认识到自己所拥有的力量，就可能在无意中鼓励孩子成为受害者。毕竟，欺负人的孩子需要受害者才能成功。

　　玛茜知道，当她向妈妈抱怨别的孩子打她时，她能得到大量的关注。她的妈妈会拥抱她,叫她"我可怜的宝宝",并且会给幼儿园或邻居(如果事情发生在一个朋友家里的话)打电话,愤怒地指责别人没有做到足够的监督来保护玛茜。老师或邻居就会承诺更警惕一些。

有一天,玛茜的老师乔看到了幼儿园的游戏场上发生的完全不同的一幕。当乔在院子的一个角落看着这些孩子时,他看到玛茜绊了一下,摔在了地上。当乔走过去帮助她时,玛茜说:"布鲁斯推我。"乔很震惊。布鲁斯根本就没在附近。玛茜已经决定她喜欢做为一个受害者而得到的怜悯和关注,并且随时准备用撒谎来得到它。

当然,孩子们确实需要大人的保护和监督;在某个时候,玛茜可能被另一个孩子打了。对于一个关心孩子的父母来说,把这个问题告诉其他大人是恰当的。但是,在这个年龄,赋予孩子们解决问题的力量也是同样重要的。

玛茜可以学会说:"住手!别打我。"她可以向一个大人寻求帮助,而且这个大人可以教玛茜说出自己的感受:"你弄疼我了。我生气了!"这个大人可以帮助玛茜说出她的期望:"我想在玩的时候不被打或伤害。"通过专注于健康地解决问题的方法,并教给孩子们理解和表达他们的感受,你就能通过不强化恃强凌弱来防止恃强凌弱。解决问题的其他技能包括说出并表达自己的感受,并学会与他人共情。孩子们还能学会专注于解决方案(而不是谴责)的重要技能。共情和同情在整个童年期和青春期都会持续发展,但你可以在孩子一进入同龄人和朋友的世界时就鼓励其发展这种能力。其中的很多技能是通过家庭会议和班会(见第16章)得到增强的。

3~6岁这几年是与孩子坦率地谈论恃强凌弱问题的好时机。在一次家庭会议或班会上,你可以让孩子们谈谈当一个人被欺负时会有什么感受、他们认为为什么有人会欺负人，以及他们可以怎样解决这个问题。

在一所幼儿园里，孩子们经常会因为乔舒亚推倒他们的积木塔、踩坏他们的沙堡而对他发脾气。有一天，乔舒亚没来，老师决定把这当作一个帮助孩子们练习同情和解决问题的机会。在班会上，她问道："你们认为乔舒亚为什么会做让别人伤心的事情？"

一个善于观察的小女孩说："可能是因为他没有朋友。"（乔舒亚刚来到这所幼儿园，其他小朋友因为他的攻击行为都回避他。）

另一个孩子说："可能是他没有学会用话说。"

老师接着问："你们有多少人愿意帮助乔舒亚？"每个孩子都举起了手。（孩子们喜欢有机会帮助别人。）

老师说："我会和乔舒亚谈谈，问他是否愿意和我们一起用头脑风暴找出这个问题的解决方案。同时，你们能做些什么来帮助乔舒亚呢？"

有几个孩子建议，他们会和他做朋友，并邀请乔舒亚和他们一起玩。他们还决定，他们会用话语告诉他，当他破坏东西时他们有怎样的感受，让他停下来——或者，如果没来得及阻止他，就让他帮助他们重建。

老师决定，在找乔舒亚谈之前，先看看孩子们的计划会有什么效果，她发现问题已经在很大程度上消失了，以至于她都不必再把这件事情提出来了。乔舒亚的攻击性开始变成领导能力；他提出了很多解决班会议程上其他问题的建议。他学会了通过孩子们的友谊来感觉到一种归属感，以及以有益的方式运用自己的力量。

"可是，没有人喜欢我"

正如我们已经提到的那样，孩子们的友谊是社会交往能力的试验室——而并不是所有的试验都会有好结果。擦伤的膝盖和伤心的感受都是难免的。当你能避免扮演超级父母或超级老师，并且帮助孩子们从他们自己的错误中学习时，你就会教给他们感觉到自己的能力和才干。

卡拉5岁。一天，当妈妈准备送她去幼儿园时，她很抗拒。她说她不想去，因为她没有朋友，没有人喜欢她。

卡拉的父母和老师必须搞清楚到底发生了什么事情。如果卡拉确实没有玩伴，她身边的大人可以帮助她了解原因。一个伤害别人或在游戏中拒绝合作的孩子，不会是一个受欢迎的玩伴，但是，即便这样的孩子，也可以教给他们与同龄人打交道的更有效的方式。

那些在社会交往中很成功的孩子们，通常都知道要先观察一个正在进行的游戏，然后通过为自己创造一个角色来融入其中。比如，安吉拉花了一会儿时间观察她的玩伴们玩过家家游戏，然后提出要给其他孩子烤饼干。她顺利地融入到了正在进行的游戏当中。

艾玛在这方面不太擅长。她急匆匆地跑到一群孩子面前说："我能玩吗？"她常常被拒绝，因为其他孩子不想因为要为艾玛创造一个角色而中断游戏。帮助一个孩子培养社会交往能力，将会帮助她在自己的同龄人中找到归属感，这一需要如果得不到满足，可能会导致寻求过度关注、寻求权力、报复和自暴自弃的错误目的行为。

一个像卡拉这样的孩子可能实际上是个很受欢迎的玩伴，只是她自己不这样看。在幼儿园里，班会可能有助于处理这种情形，但是，面临这种困境的父母可能就需要一种不同的方法。比如，卡拉的爸爸可以问她："是什么事情让你相信别的孩子不喜欢你？"或者"你认为做一个人的朋友意味着什么？"他们可以一起探究卡拉对友谊的看法，并在之后审视她的经历。"我注意到，艾德里安今天让你和他一起荡秋千。你认为他为什么这么做呢？"卡拉这时就有了一个机会将自己的看法与实际发生的事情做比较。老师们或许也可以提供一些当天发生的积极经历的信息。

约玩伴

约伙伴一起玩已经成了现代生活的一部分。今天的孩子们可能没有很多兄弟姐妹，或在家的附近没有很多其他孩子，而邀请一个孩子来玩是帮助孩子们建立友谊并练习社会交往能力的一种方式。当孩子们在不同的环境中一起玩耍时，他们会感觉到一种更强的亲切感。卡拉的父母可以邀请她的一个同学和他们一起去动物园，或在周六下午在卡拉的新游戏房里玩耍。由此而增强的亲密感，常常也会转化成在幼儿园里的更多玩耍时间。当一个孩子自己约小伙伴一起玩耍时，就是其社会能力发展的一个里程碑。

6岁的莱拉冲进门来，宣布："我的朋友来玩了！"她兴奋得已经喘不过气来了，她的朋友佐娅也是如此。她们在屋子里跑着，莱拉迫不及待地给她的朋友看每个房间。甚至莱拉的妈妈法兹雅也很兴奋，并有点紧张。佐娅是莱拉在新幼儿园里同班的孩子。法兹雅通常都是从她们的清真寺、莱拉以前的幼儿园，或者因为两家人是朋友而认识莱拉的朋友的；这是莱拉第一次完全靠自己交的一个朋友。莱拉和佐娅的这种约伙伴一起玩给双方的母亲和女儿都带来了一种欢欣鼓舞的感觉，并且是莱拉社会交往能力发展中的一个重要标志事件。

不那么招人喜欢的朋友

孩子们有时会选择给父母造成问题的朋友。有时候，你的孩子会不喜欢另一个孩子或经常与其吵架——或者，你可能不喜欢你的孩子和一个特别的玩伴在一起时的行为举止。如果你的孩子的友谊造成了一些格外粗鲁的行为或攻击行为，给孩子提出明确的期望是有帮助的。

凯莱布就是喜欢跟德里克一起玩，两人的家在一条街上。德里克是个很粗野的小家伙。这两个 4 岁的小男孩免不了会像上足发条一样在房间里不顾一切地乱跑，或在草坪上扭打，不止一次弄坏了玩具，而且凯莱布回来的时候总是磕破皮肤、碰个包并且身上青一块紫一块的。凯莱布的妈妈对这种友谊不太满意，尤其是因为只有在和德里克一起玩时才会出现这种情况。凯莱布的妈妈决定不解救凯莱布，而是要建立这两个男孩在她家里玩时必须遵守的明确规则。

在一个安静的早上，妈妈和凯莱布一起坐了下来，解释了她的感受以及对两个男孩安全的担忧。然后，她明确解释了自己对凯莱布的期望，并且温和地让他向自己复述了一遍，以确保他能理解。

她制订了三个规则：不准骂人，不准取笑别人，不准玩粗鲁的游戏。妈妈和凯莱布一致同意，当他或德里克不遵守这些规则时，德里克就得回家。德里克将在书房里等着，而凯莱布要在自己的房间里等着，直到德里克的妈妈来接他。

这个计划与德里克和他的妈妈也进行了讨论，他们也同意这些规则。这时，两个妈妈就需要计划好在必要时执行规则的方法了。学习过程的本质（也是小孩子的本性），决定了凯莱布和德里克将需要看看这个计划是否真的会执行。他们可能会按照规矩玩一次，甚至两次，但最终他们会试探这些规则。

果然，当凯莱布和德里克一起爬到了厨房的工作台上时，这一天到来了。当妈妈让他下来的时候，凯莱布拒绝了，还随口说了一句"你是个笨蛋"。

妈妈让凯莱布选择是自己走回房间，还是被领过去。然后，妈妈和善但坚定地指着沙发，德里克可以在那里等他的妈妈。不需要任何提醒或警告，因为这两个男孩都知道对他们的期望和后果。德里克的妈妈很快就来了，把他领回了家。这时，两个男孩都知道了他们的妈妈真的会说到做到，他们的行为不得不改变。如果不改变，凯莱布和德里克将会失去到对方家里玩耍的机会。

"嘿，看看我！"：出风头

有些孩子似乎遗传了"孔雀基因"。他们的行为就好像出风头是超过别人的最好方式。

问：我 4 岁的儿子和他的同龄人在一起时，好像把我们教给他的所有东西都忘了。他和他们在一起时那么兴奋，以至于他故意在他们面前做出不良行为来尽力出风头。他对所有大人的话都充耳不闻，只有当我们把嗓门提高到很大时，他才会停止无聊的行为。我们怎样才能阻止这种行为呢？

答：你的儿子正变得对与他的同龄人交往更感兴趣，而不是更关注成年人，这是与其发展相称的行为。理解了这个事实，将会帮助你决定如何对你的孩子的出风头做出回应。

一个好的开端可能是停止用大嗓门。当你想要儿子注意你时，要和善而温和地把他带到一边，蹲下身来，并要看着他的眼睛。要向他解释出现的问题、你希望他怎么做，以及你会怎么做。也就是说，要解释必须停止在房间里大喊大叫。如果他继续这么做，你将不得不带他回家。（如果你实际上还不想离开，或许你可以和他一起去另一个房间，他可以在那里让自己平静下来，然后再回去玩。）这个办法只有在你能尊重地跟他谈并且单独私下谈——这样他才不会由于尴尬而想继续不良行为——并且能坚持到底时，才会管用。

"我的位置在哪儿？"：出生顺序的重要性

家庭通常是孩子们最先试验其社会交往能力的实验室——而兄弟姐妹就是试验品。孩子们在家庭中的位置，是影响他们如何处理相互之间的关系，以及与家庭之外的更广阔世界之间关系的一个因素。

在3~6岁这几年中，孩子们正在做着很多有关他们自己以及将影响到他们以后人生的其他人的决定。他们在问自己："我必须怎样做才能找到在这个家庭中的归属感和价值感——还有，对我的朋友们呢？我是可爱而讨人喜欢，还是不那么可爱？我是足够好，还是我必须不断努力——或者我应该放弃？"3~6岁的孩子会带着对这些问题的答案走进他们周围的世界，并且他们会练习自己在探究社会关系的过程中所学到的东西。（出生顺序的更多内容，见第3章。）

兄弟姐妹间的打架

兄弟姐妹是福分还是祸害？大多数孩子有时候都会感到疑惑。兄弟姐妹是永久的，他们中的绝大多数都会活过自己的父母，而且，孩子们通常是通过与兄弟姐妹的关系来学习关于友谊的第一课的。

看着18个月大的蒂米走到4岁的姐姐面前，口齿不清地说"我爱你，贝丝"是很温馨的。但是，看着蒂米扯贝丝的头发，因为贝丝试图从他的手中挽救她最喜欢的书，就不那么让人感到温馨了。在孩子3~6岁期间，兄弟姐妹打架是他们不成熟的社会交往能力、寻找自己在家庭中位置的错误方式以及对介入孩子之间事情的大人的反应的结果。

社会交往能力的训练，对于兄弟姐妹们来说是非常重要的，尤其是考虑到由于兄弟姐妹们分享（和争夺）一个父母的爱和关注而造成的冲突。（要记住，兄弟姐妹之间的打架与同胞竞争不是一回事。同胞竞争是每个孩子基于自己的出生顺序以及在家里扮演的角色所做出的决定——并且可以成为兄弟姐妹打架的一个潜在原因。）

当孩子争吵时，父母可以采用的三个选择

·**立即走开**。你可以选择离开现场。令人惊奇的是，有那么多孩子在失去观众时就会停止争吵。如果他们跟着你，你不要吃惊。这就是为什么鲁道夫·德雷克斯暗示浴室是家里最重要的房间的原因——有时，它可能是唯一有锁的房间。如果你的孩子们敲门，你可能会想冲个淋浴，或者在读一本好小说时耳朵里塞上面巾纸。（如果你选择这些方法，最好事先告诉你的孩子们，当他们吵架时，你就会这么做。）随后，你可能想在一次家庭会议上讨论吵架并解决问题。

·**忍受**。这是最难的选择，因为这意味着和孩子们待在一个房间里，而又不阻止他们吵架或解决问题。当孩子们在汽车里吵架时，忍受可能意味着要把车停到路边，看一会儿小说，并告诉你的孩子们："你们一停止争吵，我就开车。"最难的部分在于，你要闭上嘴不说话，直到他们说准备好不吵了。

·**要么停止，要么出去**。如果吵得太激烈，并且你担心他们的安全（或你的房子的安全），你可以把两个孩子送到什么地方去冷静一下，或者，如果他们想继续吵，他们可以出去。或者，他们可以"结束较量"，这是任何时候都可以有的一个选择。

父母们学会以平常心看待兄弟姐妹的打架是有帮助的。小孩子们在探究彼此之间的关系时，有时会扭打在一起。父母可以离开房间，以避免扮演解救者的角色。父母在别的地方安静地待一会儿，打架的孩子就没了观众——有时他们就不打了。

如果孩子们太吵闹，并且可能造成的伤害到了不能忽视的地步，可以试试给孩子们一个大大的拥抱。"什么？"你可能会说，"因为打架而奖励他们？"并非如此。如果孩子们是在争夺你的关注，要试试以一种出乎意料的方式给他们关注。在拥抱他们时，要说："我打赌你们两个人现在都想得到我的关注。下一次，试着用话告诉我，而不是相互伤害。"出乎意料的行为会让孩子们

更注意你说的话——而且，被拥抱总是很棒的！

因为涉及的是两个孩子，要同等地对待他们。要让两个孩子都去做一次积极的暂停，以便冷静下来。不要试图做法官或陪审员；谁是凶手是你在读推理小说时应该惦念的问题，在养育3～6岁的孩子时不用惦念。当你的两个孩子准备好融洽相处时，他们可以从自己冷静的地方出来。这样，你就把"谁得到的爱更多"转变成了"相互伤害是不可以的"。

分享

分享并不容易。我们大多数人都认识一些为这个理念而内心挣扎的成年人，而对于3～6岁的孩子来说，分享是其社会交往能力发展过程中的一项持续的挑战。正如我们已经指出的那样，分享还受着社会和文化态度的影响。在西方文化中，我们期望孩子们能轮流、欢迎新出生的弟弟妹妹，或者愿意让出一个最喜欢的玩具。这些技能会被"这是我的"的心态和对个人主义的重视所抵消。在学龄前的后期，对孩子的这种期望通常会更急迫。大一点的学龄前孩子已经开始怀疑自己并不是宇宙的中心——而这种念头并不是完全受他们欢迎的。

很多大人对那些没有掌握分享技能的孩子会没有太多的耐心，而在很多文化中，这种自私是无法想象的。然而，学会分享是一个持续的发展过程，需要技能训练、大量的练习和大人的极大耐心。

问：我3岁的儿子最近在幼儿园总是捣乱，跟其他孩子吵架。他没有打他们，但他不同意分享玩具。他不听老师的话。他今天看上去很好，但第二天就拒绝让任何孩子靠近"他的"玩具。我怎么才能让他理解他的做法是不可接受的行为呢？

答：听起来你有一个很正常的儿子。3岁的孩子正在学习如何分享，而分享是一种很难掌握的技能。我们大多数人在得不到自己想要的东西时都会不开心。

小孩子需要明确而坚定的指导，并且他需要的是教他，而不是说教或惩罚。要记住，他还不知道怎样和其他人协商、妥协和讨论问题。当两个孩子因为一个玩具而争吵时，大人们常常会将玩具从两个孩子那里拿走。然而，父母和孩子的照料者可以做更多的事情，以帮助孩子们学习这项重要的技能。

孩子们需要学会如何用话语来要他们需要的东西。大人可以把两个争吵的孩子带到一边。当两个孩子都平静下来之后，可以让他们尝试练习如何要求玩一个玩具。比如，一个孩子可以说："我可以玩这些积木吗？"对玩伴的这种要求的一种可能的回应是："我还没玩好呢。"然后，你可以教给他们一些协商的技巧："过5分钟你就可以玩儿了"或者"你愿意和我一起玩吗"。这种训练对于学会分享是极其重要的。

争吵

你看到过一窝小狗扭打、轻咬和打架吗？你可能会对这些小狗笑笑，并把它们的攻击行为看作是正常的，甚至可爱的。然而，当孩子们争吵和打架时，父母们就没有那么欣喜了。然而，试探界限和意见分歧对于小孩子来说就和小狗一样，都是正常的。

> **调解争端的更多可能**
>
> ·让孩子们将问题放到家庭会议或班会议程上。
>
> ·在经过一段冷静期后，用启发式问题（通常以"什么"、"为什么"、"怎样"开头）帮助孩子探究发生了什么事情、他们有什么感受、他们从这种经历中学到了什么，以及他们现在可以怎样解决这个问题。
>
> ·教孩子用话说。这意味着大人们要做教练——而不是说教者或裁判。

当3岁半至6岁的孩子争吵时，问他们去感觉好起来的地方或将他们的问题放到家庭会议的议程上是否会有帮助，是很有效的，这不是作为惩罚，而是作为冷静和平静下来的一个机会。稍后，你可以让他们探究并说出他们的感受，并且让他们找出下一次再遇到这种情形的处理方法。大人们自己发脾气、责备孩子、惩罚和说教，或者自己加入到争吵中，都是没有帮助的。

像注意教给孩子其他能力那样关注教给孩子社会交往能力，就能让孩子们学会一起和平地玩耍——至少在大多数时间。当孩子们经历过不断的示范和训练后，他们就能学会与自己周围的人友好地相处。

当康纳斯先生在幼儿园里看到两个5岁的孩子扭打在一起时，他发现了一种处理打架问题的创造性方法。他抓起一个玩具话筒，冲到两个男孩面前，说："打扰一下，我是《六点新闻》的记者。你们两个愿意用30秒时间给我们的听众说说自己对这次打架原因的看法吗？"他把话筒递给了一个男孩，并让他看着想象中的镜头。

这个男孩领会了游戏的精神，开始讲他的故事。半分钟结束后，康纳斯先生拿过话筒，递给了第二个男孩。当他的30秒结束后，康纳斯先生转过身来，对着想象中的镜头说："好了，各位，请明天继续收看这两个男孩怎样解决他们的问题。"

然后，康纳斯先生转向两个男孩，说："你们俩愿意再回来告诉我们的观众怎样解决了这个问题吗？"这两个孩子满面笑容，都同意一起去找出一个解决方案——到那时再向想象中的镜头报告。康纳斯先生将一次争吵转变成了学习社会交往能力的一次机会。

识别并说出感受

对于3~6岁的孩子来说，学习社会交往能力的很大一部分涉及到了解感受。知道孩子们打人常常是因为他们在将自己沮丧或愤怒的感觉付诸行动，是有帮助的。毕竟，有那么多的人会阻碍一个孩子突如其来的念头和强烈的欲望。让孩子们知道感受和行为的不同，以及如何识别和处理感受是很重要的。（关于感受和沟通的更多内容见第7章。）

3岁的杰克总是横行霸道。他打过幼儿园中的其他孩子，打翻过他们的积木塔，还在游戏场上踢石头。一天下午，当一个女孩在他前面跑时，杰克生气了。他推倒了她，导致她的膝盖擦伤了。

杰克的老师特瑞女士温和地将大发脾气的杰克从其他孩子身边领走，带到了图书角。当杰克平静下来后，特瑞老师给他拿了一本封面上是一个伤心男孩的图画书。

"他为什么这个样子？"杰克问特瑞老师。

"哦，"老师坐下来看着书说，"在我看来，他显得很伤心。你认为他为什么会伤心？"

这个问题播下了第一颗共情的小种子，让杰克从另一个人的角度来体验这个世界。杰克开始解释说,画中的男孩伤心是因为他最喜欢的保姆走了,他再也看不到她了——将他自己的感受归因到了画中的男孩身上,因为他对这个世界的体验是他唯一的参照点。理解了这一点,特瑞老师问杰克是否想要一个拥抱,而他感激地爬到了她的腿上。"那个小男孩一定感到很孤独、很伤心。"她说。杰克开始在老师的怀里哭了起来。

当杰克的哭泣变成抽噎时,特瑞老师问他是否能想出一个办法,帮助被他推倒的那个女孩感觉好起来。"我打赌她也很伤心,"杰克说,"也许我可以和她玩一个特别的游戏并帮助她收拾午餐的餐具。"

特瑞老师给杰克的父母写了一个便条,解释了发生的事情,并提到了杰克对失去自己的保姆的悲伤。杰克帮忙在便条底下画了个标志作为自己的签名。

杰克有了一次安全地探究自己感受的机会。他还知道了他要为自己对其他孩子的行为承担责任。识别并接受感受能够帮助孩子们学会有效的社会交往能力。

打人和攻击行为

打架或扯头发的大一点的学龄前孩子,应当被坚定地拉开。父母或老师可以说:"我不能允许你们伤害别人。"并且可以帮助打架的孩子们探究在感到愤怒或沮丧时的其他行为方式。重要的是要理解,行为通常包含着一个孩子是什么感受的密码信息;有些行为是不恰当或有害的,但感受本身并没有错。理解一个孩子对自己的信念,将会为父母和老师们应该如何回应提供线索。

需要不止一次这种情形,才能教会孩子们在玩耍时相互合作。耐心的重复、示范和指导将帮助孩子们更快地了解融洽相处的乐趣；但这不会把他们变成天使！要记住，在社会交往能力上犯的错误，总是能转变为学习的机会。

当孩子们伤害大人时

有时候，一个孩子的攻击行为和愤怒并不只会针对其他孩子。有些3~6岁的孩子学会了在不能随心所欲时就打、踢、咬，或者扯自己父母或照料人的头发。而即便是小拳头和小脚丫也能造成伤害。父母们常常不知道对一个咄咄逼人的孩子该怎么办，并且可能会在无意中强化他们试图改变的那种行为。

> **当孩子对大人不尊重时**
> - 决定你要做什么。
> - 和善而坚定地抓住孩子。
> - 说出你的感受。
> - 运用积极的暂停。
> - 问启发式问题。
> - 提供有限制的选择。
> - 将问题放到家庭会议或班会议程上。

问：我是一个三岁半男孩的母亲。我的儿子在得不到他想要的东西时，就会骂我并打我。我认为他是在幼儿园里学的这种行为。我们一直在尽力用最人性的管教方法；我们不打他、不冲他喊叫，或以任何方式羞辱他。我们总是尽力跟他讲道理。我对这种情况不知道该怎么办了。请告诉我处理这种行为的最好的办法。

答：你的孩子不太可能是在幼儿园学会的这种行为。幼儿园只是让他接触到了更多的孩子和大人，他必须与他们分享，有时候不得不延迟自己的需要得到满足的时间，并且要努力确立自己的权利范围。在家里，他可能只是更加为所欲为了，因为这里满足他的愿望的可能性更大一点。

有几件事情是父母们可以尝试用来帮助孩子改变其攻击行为的。下面是一些建议，你可以从中选择最适合你和自己孩子的。

决定你要做什么

要让你的儿子知道，他每次打你或骂你的时候，你会离开房间，直到他准备好尊重地对待你。在你告诉过他一次之后，要坚持到底，什么也不要说，立即离开。

和善而坚定地抓住孩子

如果你担心你的孩子会损坏家具、打碎物品或伤到他自己，你可以试试坐下来，坚定地抓着他，让他不能打或踢——不要说教或大喊大叫——直到这一刻过去。轻轻地摇晃他，或许能帮助他更快地平静下来。

说出你的感受

要告诉他："这真的很疼（或者这让我伤心）。在你准备好之后，道歉会帮助我感觉好起来。"不要要求或强迫孩子道歉。这个建议的主要目的，是给你一个说出你的感受并要求你想要的事情的样板。人们不会总是能给我们想要的东西，但是，我们通过以非强求的方式说出我们的感受和希望，会表明对我们自己的尊重。

运用积极的暂停

正如你在第 1 章了解到的那样，和你的孩子一起建立一个积极的暂停区域并为其命名——一个可以有泰迪熊、书或一个软垫的地方——可能是一个好主意。当你的孩子打人或伤害别人时，要问他："去你冷静下来的地方待一会儿能帮助你感觉好起来吗？"让你的孩子知道人们在感觉更好时才能做得更好，以及每个人有时候都需要时间平静并冷静下来，是很重要的。如果你的孩子不想去，你可以通过这样说来为他做出榜样："我现在很生气。我想我要去个安静的地方待一会儿，直到我感觉好起来。"

问启发式问题

启发式问题能帮助一个孩子探究其行为的后果。"当你打人或骂人时，发生了什么事情？这让你有什么感受？这让别人有什么感受？你怎么做才能帮助他们感觉好起来？你能通过其他什么办法来得到你想要的？"要确保以和善而坚定的态度问这些问题，并要有真诚的愿望听孩子说的话。不要把交谈变成说教。

提供有限制的选择

你可以通过提供有限制的选择，平静地让你的孩子知道他可以做什么。你可以说："打人和伤害别人是不可以的。你可以停止打人，并且和我待在这里；或者你可以回你自己的房间，去感觉你的感受。你来决定。"要确保你提供的所有选择都是尊重的，并且是你可以接受的。

将问题放到家庭会议或班会议程上

当打人和骂人的问题列在家庭会议或班会的议程上时,就可以在定期召开的一次家庭会议或班会上在每个人都很平静时进行讨论。大家可以一起找出解决方案。(家庭会议和班会的更多内容见第 16 章。)

阻止暴力行为

问:你怎样对待一个觉得暴力是解决问题的唯一方法的孩子?

答:这个问题提出了更多的问题:这个孩子的生活中发生了什么事情?这个孩子从哪里学会了暴力?是看了太多电视?玩了太多视频游戏?受到了太多惩罚?一个孩子的环境和他遇到的角色榜样能为这个孩子的暴力行为提供很多线索。

正如一位智者说过的那样,如果你想要理解果实,就要去看果树。孩子们确实是从他们的经历中学习的,改变其愤怒、攻击行为的最好方式,是通过和善而坚定地教给他们尊重、非暴力解决问题的方式,并看到大人们按照他们宣扬的方式去做。

教室里的捣乱行为

在集体环境中提供学习社会交往能力的机会,是尤其重要的。老师们每天都会面对行为的连锁反应。比如,在集体活动时间,每个孩子都坐着,而一个孩子开始发出嘘声。很快,孩子们就都会发出嗡嗡声。

你要静静地坐着，直到整个班级都安静下来。要做出你想要的行为的榜样。有些老师会决定随着孩子们一起发出噪音，这通常会让每个人都大笑起来——而这可能是帮助孩子们安静下来的最容易的办法。当捣乱行为一再造成问题时，要向孩子们寻求帮助。

要用一次班会向孩子们解释，当大家聚到一起后持续发出噪音时，会给你造成一个问题。要讨论发生的情况，让孩子们说说他们注意到了什么，并在之后提出一个可能的解决方案。孩子们可能会决定用一个手势、拍手或关灯作为表明教室里的吵闹应该停止的一种方式。

班会可以用来探讨很多可能出现的问题。要问"如果……你会怎么办"，或者描述一种情形并问孩子们哪里出了错。讲故事、看书是让孩子们了解社会交往能力的另外一些方式。要帮助孩子们辨认你在教给他们什么技能，并要花时间讨论出现的情况以及原因。

社会责任感

阿尔弗雷德·阿德勒将"社会利益"（我称之为"社会责任感"）描述为对他人的真切关心，以及为社会做出贡献的真诚愿望。当孩子们进入到他们的家庭生活和幼儿园生活时，他们非常想感觉到自己有归属。获得这种归属感的最有效的方法之一，就是为家庭或群体中的其他人的幸福做出有意义的贡献。当大人们能够帮助3~6岁的孩子关心并参与他们的社区活动时，每个人都会从中受益。在家里或幼儿园中，鼓励社会责任感的一种极好方式，就是分担家务或参与家人一起做的事情。

对于小孩子们来说，玩耍和做事实际上没有区别，所以，大人们可以把日常生活中的事务当作教给他们社会责任感的机会。

莎琳在准备汉堡肉饼时，3岁的肖恩在一旁高兴地打开奶酪片的包装并将其放在面包上。在晚餐时间，想象一下当家人说由于肖恩的努力，他们的奶酪汉堡有多么好吃时，肖恩会感到多么高兴。

在外婆来访的时候，5岁的贝琦每天晚上都提醒外婆滴眼药水。当外婆回家后，贝琦每天晚上都想给外婆打电话，以便能继续提醒外婆。

这两个例子表明的是社会责任感在起作用；这是能给他人带来好处的有意义的参与。还有很多简单的事情是3~6岁的孩子可以做的，这不仅能教给孩子们技能和合作，还能给他们机会练习与他人融洽相处。可以让你的孩子帮助你做229页表中列出的一件事情。这张表列出的是让你能开始这样做的一些主意。

人际关系：连接的纽带

无论你是否喜欢，人际关系构成了我们生活的基本结构。我们生活在家庭中，我们和同龄人一起去学校，最终我们还会和其他人一起工作、生活、相爱和玩耍。帮助你的孩子与人融洽相处，就是在让他为体验生活所能给予的最好的东西做准备：与朋友和家人的情感联结和满足。分歧和冲突是不可避免的，但是，孩子也可以学会以尊严和相互尊重的方式处理这些问题。现在花时间教给孩子社会技能，并鼓励其发展社会技能，会为你的孩子长大和成熟后的更幸福的生活铺平道路。

适合孩子年龄的任务

年龄	照顾自己	准备食物	做家务
3岁	自己脱衣服 洗手 脱鞋	布置餐桌（餐巾和器皿，刀具除外） 自己吃饭（用手和勺子） 穿外套（在帮助下） 从小盒子里倒牛奶 端水果 往土豆片上抹油以备烘烤 剥香蕉 搅拌东西（煎饼等） 洗莴苣或其他东西 将煮熟的鸡蛋切成薄片（用特制的切片工具）	收拾玩具 把自己需要洗的脏衣服放进篮子里 在花园里挖土 采摘浆果和花园里的其他东西
4岁	选择要穿的衣服 自己穿衣服、脱衣服（在帮助下） 穿鞋	榨果汁 磨碎奶酪 往面包上涂黄油 洗蘑菇 把香蕉、腌菜等切成片（用黄油刀） 揉面团 量出兑果汁需要的水 在纸杯蛋糕上撒糖霜	整理床单 插花 码放旧报纸 踩平废饮料罐以便回收 布置餐桌 将要清洗的衣服进行分类
5岁	帮助准备午餐盒 梳头 洗头 系鞋带（在帮助下）	切质地较软的水果或蔬菜（在大人的监督下，用锋利的刀） 擀面团 将蛋糕的原料搅拌在一起 把花生酱和果酱均匀涂抹在薄脆饼干或面包上 帮忙制订菜单 用捣碎器做土豆泥	叠好洗过的衣服 照料宠物 收衣服（在帮助下） 擦玻璃 帮助到商店买东西 擦皮鞋 洗车（在帮助下）

第 *12* 章

终结就寝时的争斗
3~6岁的孩子和就寝

幼儿园的午睡时间,所有的孩子都睡着了——除了安尼塔。老师已经给她读了一个故事,并按摩了后背,但尽管老师做了很大努力,安尼塔还是没睡。

塔莎则完全不同。塔莎的妈妈担心她在午休时睡得时间太长,这会让她在晚上很难上床睡觉。老师承诺让塔莎晚睡一会,或者提前叫醒她,但尽管她做了很大努力,塔莎通常都是第一个睡着,最后一个醒来。

最重要的是,你无法强迫一个孩子睡觉,并且无法控制他何时醒来。有时候,父母们感觉太缺少自己的时间,以至于他们努力给孩子确立的就寝时间或午睡时间与孩子的需要不匹配。

在3~6岁这几年,大多数孩子都会放弃有规律的长时间午睡——如果他们以前有过的话!父母们常常会怀念他们能够做一些事情或让自己休息一会儿的那安静的下午的几个小时。父母们因此很想强迫孩子午睡——但不幸的是，强迫孩子睡觉（无论是晚上还是午睡时间）是大人做不到的。

大多数父母都经历过孩子在过了就寝时间很久之后仍然大睁着眼睛开心地玩耍，在父母不方便的时候一骨碌从床上爬起来，或者在爸爸妈妈有紧急活动要参加的时候赖在床上不起的沮丧感。父母们能帮助孩子形成一种对每个人都有帮助的睡眠习惯吗？

惯例：日常的魔法

3～6岁孩子的健康成长需要惯例。惯例和一致性（对大人来说有时会很单调）对小孩子的大脑发育以及鼓励其合作和学习有很好的作用。当孩子们的生活清晰明确并且可预测时，他们会茁壮成长，而且他们喜欢轻松的重复所带来的那种安全感。

当孩子和家庭经历创伤性事件时，惯例还是第一道防线和一种独特的安全网。在变化和混乱状况中重新建立一种熟悉的惯例，能帮助孩子们感觉到安全和受保护。无论一个孩子的生活是因为国家灾难、政治动乱，还是因为家庭危机（父母离婚、家人去世或搬到一个新家）而彻底改变，越早恢复惯例，孩子就能越快地成功应对危机并开始恢复正常。

据克里斯汀·安德森·摩尔博士等人在《儿童发展趋势研究摘要》2002年第8期上发表的"家庭的力量：常被忽视，但确实存在"的文章所述，那些生活在每天的生活可预测的家庭中的孩子，在学校里会做得更好，并且自我控制能力更强。这种自我控制具有迅速恢复的特点，最常见的是指适应能力（Resiliency）。每个人都会经历压力和困难时刻，但适应能力使我们能够超越那些艰难时刻——不只能生存，还能茁壮成长。遵循日常惯例甚至可能降低吸大麻、酗酒和使用烟草的风险，并会减少青春期后期被学校停课的次数。

在早晨、就餐时间和就寝时间有一个熟悉的惯例，能够消除孩子们常常感觉到的试探界限的需要。明确的预期和可预测的活动，能够让一个小孩子（及其父母和老师）平稳度过其一天生活中的艰难时刻。

随着孩子们长大并开始上学，运用惯例可以消除围绕着家务活和家庭作业的很多烦恼，特别是当孩子年龄大到能够帮助建立惯例的时候。发布命令常常会招致孩子的抵制。如果有一个人总是告诉你该做什么、怎么做以及何时做，你会有什么感受？如果你和你的孩子一起建立了惯例，惯例就可以"说了算"。你只需问："我们的惯例表上的下一项是什么？"孩子们会很喜欢告诉你（而不是被告诉）。

帮助你的孩子保持一种强烈的自我意识并形成一种贡献和合作意愿的最好方法，是尽可能多让他们参与适合其年龄的做决定的过程。让孩子们参与制订惯例，是帮助他们保持自我意识和合作意愿的一种很好的方式。

虽然惯例会因家庭的不同而不同，因幼儿园的不同而不同，但惯例是消除可怕的睡觉、吃饭和如厕三种争斗的有效方法。在本章和后面几章，你会发现对制订任何类型的惯例都有帮助的基本准则。

惯例表

和你的孩子一起用头脑风暴列出一个就寝时该做的事情的清

单，然后让他帮忙制作一个惯例表。尽量让清单上的任务保持在3~4项（不要超过6项）。要记住，惯例表不是为了给孩子奖励或小贴片，而只是一张帮助你的孩子记住接下来该干什么的地图。如果你拍下孩子做这些事情时的照片，并贴到惯例表上，孩子会非常喜欢。有些孩子更喜欢画出自己做这些事情的图画，或者用简单的符号来代表每件事情。从杂志上剪下的图片也可以。要帮助你的孩子用他的名字、小亮片或其他装饰将惯例表做得更加个性化。然后，可以把惯例表放在一个容易看到并遵照执行的地方。要记住这句有魔力的话：“你的睡前惯例表上的下一项是什么？”以便孩子能告诉你，而不是由你告诉她。

就寝惯例可能包括的事项

有一个可预测的、熟悉的惯例，能够消除就寝时的争斗。但是，你怎样才能找到在你的家里适用的就寝惯例呢？下面这些主意可能会帮助你为你的孩子制订一个能帮助他（和你）享受甜蜜梦乡的睡前惯例。

游戏时间

家庭游戏时间是开始你们晚间惯例的一种好方式。有的家庭喜欢玩棋类游戏，而有的家庭则喜欢充满活力的捉人游戏或枕头大战。一开始最好安排一些更有活力的游戏。其想法是要逐渐过渡到安静、平和的游戏。

选择的时间

提前计划能消除很多权力之争。比如，允许你的孩子在进入浴缸前从两套睡衣中选一套。她可以将睡衣摊开在自己的床上，以便一洗完澡就能穿上。

选好第二天要穿的衣服也很重要。顺利的早晨通常始于前一天的晚上。早晨的权力之争和大发脾气往往出现在你的孩子决定不了穿什么、想穿她找不到的衣服或者穿了你认为不合季节的衣服（比如在隆冬时节穿短裤）时。我们认为，让孩子们有一些选择自己要穿什么衣服的自主权是很重要的，但是，孩子们常常会在父母们时间很紧张的时候选择试探父母的界限。在头一天晚上选好要穿的衣服，至少会消除早晨的一种潜在的权力之争。（这听起来可能是显而易见的，但另一种简单的解决办法是在夏天收起冬天的衣服，在冬天收起夏天的衣服。这样，选择不合季节衣服的可能性就小了。）

洗澡时间

在浴缸里泡个澡会让人很舒服——而且，这还可以成为一段亲密和玩耍的时间。有很多很好的洗澡玩具可以购买（尽管你家厨房里的量杯和勺子也能成为很好的玩具），温暖的水的声音和感觉能帮助大多数孩子放松下来。晚上的洗澡时间应该安排在运用体力的游戏之后，并作为惯例中"安静下来"部分的开始。

刷牙

你知道刷牙可以很好玩吗？有些家庭会相互给对方的牙刷挤

好牙膏，大家一起开心地刷牙，这不仅能教给孩子良好的口腔卫生习惯，而且还有一些良好的清洁的乐趣。不要在刷牙的问题上造成权力之争，而要将其作为形成家庭传统并建立情感联结的一个机会。

讲故事时间

讲故事或读故事是大家都熟悉的就寝时间的一部分，是有道理的。小孩子喜欢听故事；事实上，有些孩子从来不会对一遍又一遍地听同一个故事感到厌倦——并且会对那些试图跳过一个段落的偷懒的父母表达不满！而且，故事时间确实能帮助孩子们学习：一个孩子最早的"阅读"经历可能包括向你复述一本书，甚至在该翻页的时候翻页。儿童诗歌和简单的韵律诗也非常好，并且能帮助你的孩子学习语言。

等到你的孩子再长大一些（或者，如果他经常难以入睡），你可能想让他在静静地躺在床上时看看书。一种变通的做法是播放一盘故事磁带，并让你的孩子跟着磁带看相应的书。或者，你可以录下自己读或讲的孩子最喜欢的一个故事；然后，如果你的孩子不止在一个家庭住，或者如果你必须离开一段时间，即便你不在他身边，他也能听到你那让他感到安慰的声音了。

要当心操纵：有些孩子会恳求"再讲一个"，然后"再讲一个，求你了"。防止出现这种情况的方法是，在建立你们的就寝惯例时达成讲一个或两个故事的约定。然后，当孩子开始恳求时，你可以问："我们的惯例表是怎么说的？"另一种可能的方法是，在你离开房间或转向惯例表上的下一件事情时，给你的孩子一个拥抱，并说："想法不错。"（要带着温暖的笑容）。简单地映射孩子的请求（"我能看出来你真的想再听一个故事"），紧接着给孩子一个安慰（"让我们把这本书放在你的床头，这样我们就能记住明天晚上的第一件事情就是给你读这本书了"),表明的是和善而不允许操纵。孩子们知道你什么时候说话算数,他们也知道你什么时候说话不算数。和善与坚定并行会让他们知道你说到做到。

特别的活动

由于孩子们在入睡前常常会感到很舒适并愿意说话,就寝时间可以成为你们每天最好的时刻——如果你想的话。你们可能想一起祈祷,或者唱一首特别的歌。一位父亲会抱着他的小儿子在房间里转一圈,对每个填充动物和图画说晚安。一盘舒缓的摇篮曲或轻柔的音乐,能制造出一种轻松的氛围。

有些父母喜欢让自己的孩子说说当天最开心和最伤心的时刻,然后让孩子问他们同样的问题。(因为孩子们对时间的理解有一点模糊,你可能会听到发生在当天下午、上个星期甚至是上个月的事情!)你会吃惊地发现你和你的孩子相互了解了那么多。这种时刻的作用远远超出了帮助一个孩子入睡,充满了相互之间的爱、信任和亲密。

要拥抱,不要打

迈阿密大学触摸研究所最近的一项研究发现,一天之中没有过拥抱、拍肩或者甚至一次握手,有可能会损害健康——而有些研究人员相信美国的孩子们处于触摸被剥夺的危险中。

该研究所的研究表明,触摸可以减轻疼痛和压力,缓解抑郁的症状,除其他好处之外,还能帮助早产婴儿增加体重。缺乏人的触摸似乎会增加做出攻击行为的风险。触摸应该始终是受欢迎的,并且是恰当的,但是,按摩后背、拥抱和其他爱的触摸可以成为你的孩子的日常惯例中一个有价值的部分。

拥抱和亲吻

有些家庭中每天都会拥抱、亲吻，并说"我爱你"。在另一些家庭中，这些事情很少发生。不要吃惊，研究人员已经发现，每天都拥抱能促进情感健康，如果你不经常拥抱和亲吻，你可以考虑尝试一下。就寝时间是拥抱、亲吻和爱的温柔安慰的完美时间。

每天晚上，茜茜的姑姑伊莱恩都喜欢坐在3岁的茜茜的床边说："如果我们把世界上所有3岁的女孩都排成一队，猜猜我会选谁？我会说：'我想要这个！'"这时，伊莱恩姑姑会指向茜茜，她正开心地咯咯笑着，并会扑到姑姑的怀里要一个拥抱。

一个孩子在这样一个时刻脸上焕发出的光彩，会照亮整个房间。

惯例的实行

就寝惯例并不能保证你的孩子永远没有入睡困难。如果一个孩子说他"睡不着"，要告诉他没关系。他只需要静静地躺在床上看书，或想一些让人安静的事情。要记住，入睡是你的孩子的事情。你只能给他提供机会。你最难做到的，可能是在你们完成了一个充满爱心的就寝惯例后，不答应（要和善而坚定）孩子再喝点水和再多讲个故事的要求。

就寝惯例使你和你的孩子一起享受一天中的一个特殊时

刻——而不是预演第三次世界大战——成为了可能。可以一起做的事情有很多。要选一些对你们有吸引力的主意——或者运用你自己的创造力找出一个对你和你的孩子都合适的惯例。无论你们决定怎么做，惯例的实行通常就足以使其成为你们每天生活中熟悉而可预期的一部分了——而且是帮助并促使你的孩子入睡的一种和平的方式。惯例的一个特点是它能通过前后一致和令人舒适的重复来指导我们养成健康的（并且是令人满意的）习惯。

幼儿园午睡时间的惯例

在幼儿园，老师们可以按照一个类似的过程来建立午睡时间的惯例。要包括轻柔的音乐、柔和的灯光或轻轻地按摩后背。要通过让孩子们帮助布置午休时的物品、脱鞋并把鞋摆放好，以及在躺下之前和之后使用便盆来让他们参与。心平气和的老师能让孩子们享受一种平静的氛围。

舒适的重要性

尽管我们强调让孩子们参与的重要性，但大人们自己能做很多事情来帮助孩子们舒服地睡觉。你可以确保孩子们穿的睡衣合适并且很舒服，睡的床或婴儿床很安全，盖的不冷不热。你还要记住考虑孩子的性情。睡觉的地方足够暖和或凉爽吗？你的孩子需要绝对安静还是需要你哼催眠曲？需要夜灯还是完全黑暗？像大人一样，孩子们对明暗、声音和安静都有不同的需要。这里没有对错之分，找到对你的孩子最管用的方式需要耐心和几次试错。

如果你的孩子在不止一个家庭睡觉，特殊的气味和质地可以使就寝时的压力小很多。随着你的孩子从一个家里带到另一个家里的一个枕头或小被子，或者放在幼儿园的一个特别的搂抱玩具可能会很有帮助。我们都知道，当没有其他东西可用或孩子最喜欢的物品忘记带时，把他们的上衣卷起来枕在头下，从熟悉的感觉和气味中得到安慰，他们就能蜷缩着睡觉。

富含钙质的晚间零食，比如牛奶或酸奶，可能会帮助你的孩子足够放松地入睡。有些人相信糖分会让孩子兴奋。尽管研究尚无定论，但避免在晚上或午睡前吃含糖食物可能是有帮助的。（一定要看标签；你可能会对一些所谓的健康食物的糖分含量感到吃惊。）要用试错法来找出对你的孩子最管用的方式。

试探时间

你曾多少次听到可怜的喊声"妈妈，我渴"？和你的孩子就他要喝多少水达成一致（并且要把规定的数量写到你们的惯例表上）可能是有帮助的。无论你们一致同意的是多少杯水，都要以和善而坚定的行动坚持到底。有几种方法可以做到这一点。你可以说："我听到了，我相信你能坚持到明天早上。"你也可以用一个简单的"嗯"来回答。（当孩子们得不到回应时，他们通常就会停止试探。）

如果试探升级，并且你的孩子从床上下来了，和善而坚定地行动，并且什么也不说，通常是最有效的。这个过程大致是这样的：你的孩子起来了；你以一种和善的态度拉着她的手，什么也不说，把她领回到床上；亲她一下，然后离开。如果她再一次起来，你就再次以一种和善的态度拉着她的手，什么也不说，把她领回到床上；亲她一下，然后离开。有时候，如果她拒绝跟你一起走，你可能需要抱起她，送回到床上。在这样做时，也要以一种平静的、就事论事的方式，要坚定，但要带着爱的感觉。如果你能在需要时重复这个过程（通常在第一个晚上需要重复很多次），你的孩子就会明白她可以相信你说到做到——并且，她可以相信即便在她试探你时，你也会以尊严和尊重的方式对待她。要使出你的全部耐心——并且不要灰心。当你始终如一时，这种试探通常不会超过3个晚上——最多5个晚上（尽管会让人觉得是5个很漫长的夜晚）。

一位妈妈说，在尝试这个新计划的第一天晚上，她的女儿被带回到床上24次。第二天晚上是12次。第三天晚上，只用了两次，女儿就知道妈妈的决心不用说了。到第四天晚上，她的女儿就愉快地按照就寝惯例做了——而且不折不扣。

控制你自己的行为

或许，在这里应该提醒你，你唯一能控制的行为就是你自己的行为。神奇之处在于，孩子们通常会改变自己的行为，以回应你的行为的改变。

问：我们3岁的女儿晚上上床睡觉一直很困难。我们有一个就寝惯例——我们给她和她妹妹一起洗澡，给她读一个故事，给她喝一杯水并且做祷告。一到我们该离开的时候，她就开始发作。我们告诉她，如果她一直喊叫或大哭，我们将不得不关上她的门，因为她会吵醒她的妹妹。她不在乎这个，还会说我们蠢，冲我们吐舌头等等。当我们关上她的门时，她就会完全发疯——使劲拍门、敲墙，弄乱百叶窗，把装玩具的盒子底朝上倒在地板上，或者站在窗边大喊："快来救我——我需要我的爸爸妈妈！"

我们会等3分钟（因为每一岁要暂停一分钟），然后打开门，问她是否发完脾气并准备好回到床上乖乖地睡觉了。她会说"不"，并且又会经历一次发疯的3分钟。我们会再给她一次机会，然后告诉她，我们将不得不在晚上其余的时间里关上她的门。前几天晚上，我们不得不在她的门前站到了凌晨一点半，她发了4个小时的疯。我们让她早上睡懒觉，还让她睡午觉，但我们却睡不成。我们已经筋疲力尽了。帮帮我们！

答：听上去除了你的女儿，没有人得到充分的休息。四件事情可以帮助你拉上这出夜间大戏的幕布：帮助她感到困意，尊重她的需要——以及你们的需要，停止争斗并努力寻求合作，和善而坚定地坚持到底。

帮助她感到困倦

你的女儿似乎能为就寝时间集结起她的全部体力和情感。她就是一点也不困，特别是在早上睡懒觉和睡过午觉之后。她在白天可能没有足够的体力活动来让她在晚上感到疲惫。可以试试将一些需要体力的游戏列入到就寝惯例中。可以考虑去公园玩，安排一些打闹的游戏，或者甚至报名参加晚上的游泳课。一旦她累了，你就好办了。你或许还可以考虑不让她睡午觉，以便她晚上能早点睡觉。尽管你无法控制她什么时候睡或不睡，但通过取消午睡前的惯例，你至少能让她睡午觉不再那么方便。

尊重她的需要——和你的需要

你的女儿感到被她的小妹妹赶下了王位。婴儿和学步期的孩子会占据大人很多的时间和精力。给年龄大一些的孩子还能留下什么呢？你3岁的女儿已经找到了一种得到父母关注的有效方式。你可以在一天中的其他时间用正面的关注来代替这种负面的关注。

要挤出一些时间享受和她单独相处的时刻。一定要向她指出，这是只属于你们两个人的时间，你很高兴有时间和她单独待在一起，并且你很喜欢有一个能一起做一些特别的事情的大孩子。这种时间可以简单到一起去商店或图书馆，或者绕着街区散步。当她感觉到自己的参与、被注意和特别的需要以这种方式得到满足时，她就没有什么理由通过就寝时的战争来寻求关注了。

你也有自己的需要。当你表明你尊重你自己时，你的孩子才更可能尊重你。要给你自己放松、休息的时间，并且要关注晚上和家人在一起的时间。在傍晚时冲个澡、喝杯茶，或者做一会儿运动可能会让你的精力大不一样。要记住，满足你自己的需要就意味着你能更好地对其他家庭成员的需要做出回应。

停止争斗并寻求合作

你的女儿从哪里学会的她那令人吃惊的固执呢？两个愿意在她的门前站几个小时的父母与在门的另一侧咆哮的女孩一定有某种基因联系。是时候开始建立合作了，而你在这种权力之争中唯一能控制的人就是你自己。也就是说，你可能无法控制你女儿的睡觉习惯，但是，你可以决定自己要怎么做。下面是一些建议：

- 寻求她的帮助。(你可能会惊讶地发现这有多么管用。)
- 向孩子解释，你不喜欢在该睡觉时关着她的门。问她有什么主意能让你不再这么做。
- 一起制订一个就寝惯例。
- 决定你要做什么，而不是你要努力让她做什么。(你可能会决定把她带回到床上，给她一个吻，然后离开。)要让她知道你的计划。一些可能的办法是，你回到自己的床上，读一本书，并且关上你自己房间的门，而不是守在她的门外。
- 寻找对你们双方都管用的解决方案。

和善而坚定地坚持到底

知道你并不是在孩子就寝时唯一有麻烦的人，可能会让你感到轻松一些。如果你尝试了上面的所有建议，而你的孩子仍然会从床上起来，你只需把她放回到床上。如果你记住下面几点，这种方法就会有效：

- 一句话也不要说。行动胜过言语——而且，行动更难于争辩。
- 要确保你的行动和善而坚定。这意味着你甚至要消除非语言的说教（即你愤怒的身体语言）。
- 要前后一致。如果你把孩子放回到床上五次，并且在之后向孩子让步，你教给她的就是她只需要比你更执着。
- 要确保你在当天的其他时间和你的孩子一起共度特别时光。(见第9章有关特别时光的详细介绍。)

午睡怎么办？

小孩子们可能会抗拒睡觉，不是因为他们不需要睡觉，而是因为他们在探索自己令人兴奋的世界时不想错过任何东西。并非所有的孩子都需要同样多的睡眠时间。对一些孩子来说，安静时间可能比睡午觉更管用。有些孩子在 2 岁或 2 岁半的时候就过了睡午觉阶段了。另外一些孩子一直到 5 岁之前都需要睡午觉（或者，像本书的一位作者那样永远需要睡午觉）。

无论是午睡时间还是安静时间，都要遵循下面几个原则：

·不要告诉你的孩子他累了。要承认你累了，并且需要一些安静时间。

·要让你的孩子参与计划他的午睡时间或安静时间。要允许你的孩子选择一个特殊的午睡时间的填充玩具、一张不同的床，或者一条与他晚上睡觉用的不一样的毯子。

·教给你的孩子使用简单的 CD 机、盒式录音机或其他播放设备。让他从午睡音乐中选一首曲子，并自己打开播放设备。不要用耳机，但要允许音乐在旁边轻柔地播放。

·给他一个有限制的选择："你想要在 1:00 还是 1:15 分开始午睡（或安静时间）？"

·要避免用看电视来帮助孩子入睡。《儿科杂志》刊登的一项研究显示，孩子们在电视机前坐的时间越长，得到良好睡眠的可能性就越小。

我们认识的一位母亲让她的孩子选择了一个只能在午睡时间

使用的睡袋。在家庭会议上，她3岁的女儿选择了她想睡午觉的房间。为了避免操纵，她只能在两个指定的房间中选择：她的卧室或游戏室。她还同意，无论选择哪个房间，她在一个星期的时间里都要用这个房间。然后，她和妈妈设定了一小时的闹钟（这样她就不会错过太多东西，并且在晚上该睡觉时会困）。妈妈还保证，如果闹铃没有叫醒她，妈妈会叫醒她。

换个床睡午觉对于午睡会管用，但晚上的就寝惯例需要始终睡在同一张床上。这就提出了孩子该睡在谁的床上的问题。

谁的床？

有很多人赞同"家庭床"。通常，对于那些选择这种方式的家庭来说，这是一个快乐的时刻。然而，很多父母让孩子睡在他们的床上不是出于选择，而是出于无奈——而且他们在恳求得到帮助来解决这个问题。他们可能曾经很喜欢和自己的孩子依偎在一起，但现在他们想要回自己的隐私。

父母们需要决定他们真正想要什么，并要准备好用和善而坚定的行动坚持到底。事实是，像所有其他习惯一样，打破这个习惯对每个人来说可能都很痛苦。孩子们能很好地读懂你没说出口的讯息。如果一个孩子感觉到你对他该睡到哪儿摇摆不定，他就能认识到你的不确定。当你确信自己对他应该睡在他自己的床上的决定时，他也会感觉到。

玛丽莎和她的丈夫想要回他们的床。乔纳森直到3岁还和他们睡在一起。在过去的6个月里，乔纳森有了自己的床，但他拒绝睡在自己的床上，除非爸爸或妈妈躺在他身边直到他睡着。他们通常在他睡着之前就睡着了，他们晚上的其他时间就失去了。当他们醒来想回到自己的床上时，乔纳森常常会醒来并哭闹，直到他们把他带到他们的床上。

这个问题比初看上去要复杂一些。因为乔纳森已经和父母同床睡了很长一段时间了，他现在想继续这样并不令人吃惊。对乔纳森来说，夜里和父母在一起可能有很多含义。他得到了关注、安全感和很多搂抱。另一方面，独自睡在自己的床上会感到孤单，有时还会有点害怕。乔纳森的感受是合乎常理的，或者可能为他继续寻求过度关注提供了一个借口——这是他的父母在无意中强化的一个习惯。他可能正在错过学习自我安慰——一种重要的人生技能——的机会。现在，真正的问题是他的父母想怎么办——以及为了改变儿子的习惯，他们愿意怎么做。

乔纳森的父母必须决定他们想要什么，正如所有的父母必须做出的决定一样。选择"家庭床"会有一些长期的后果。最大的问题是，当你确定你想要你的孩子离开你的床时，会出现什么情况？如果你是一个决定再婚的单亲父母，会出现什么情况？你的孩子（或新的伴侣）会愿意和别人一起睡在你的床上吗？

如果你已经决定是时候让你的孩子睡在他自己的床上了，就要按照上面介绍的那样坚持到底。请记住需要做很多次深呼吸，因为这个计划需要耐心。

学会去自己的床上睡觉，不会给你的孩子造成持续一生的心灵创伤；对父母的创伤通常会比对孩子们的更大！你的心态是关键。如果你自信教给你的孩子知道他能够自己入睡是在做正确的事情，他就会感觉到你的自信的能量。另一方面，如果你感觉到内疚、生气或犹豫不决，这种能量也会传递给孩子，并且会招致操纵、无助或权力之争。

娇纵，还是培养能力？

和善与坚定并行是有效养育的关键。向一个孩子不断的要求让步，并不是爱的行为。当大人没能建立起明确的界限时，孩子们不会有安全感。让一个孩子学会独自入睡是一件受用终生的礼物。

本章的建议能帮助父母们将就寝时间当作教给他们的孩子重要的人生技能，而不是操纵和权力之争的一个机会。孩子们能够学会思考的技能、解决问题的技能、自我控制，以及信任——当父母说什么事情时，他们说话算数，并且会以尊严和尊重的方式坚持到底。他们还能学会信任他们自己，并且相信"我能行。"就寝时间真的可以成为天堂而不是地狱。祝你好梦！

第 13 章

"我不喜欢吃这个!"
3~6岁的孩子和饮食

想象一下,你和一些朋友而不是你的家人坐在一起吃晚餐。假设你邀请了乔伊丝、她的丈夫詹姆斯,还有你的邻居萨姆来家里吃饭。在你传递你最喜欢的意大利面和一碗西兰花时,发生了这样的对话:

你:"我很高兴你们能来我家里吃晚餐。我来给大家传意大利面。"

詹姆斯:"我只要一点,谢谢。我今天晚上不太饿。"

你:"哦,胡说!像你这么一个大男人,需要吃很多。给——我要给你多盛点。萨姆,吃点西兰花。"

萨姆:"不,谢谢。我不太喜欢吃西兰花。"

你:"萨姆,西兰花对你有好处。你必须吃一点,否则就不让你吃甜点了。现在,乔伊丝,我希望看到你把盘子里的东西都吃光;待会儿还有好吃的蔬菜。"

你认为詹姆斯、乔伊丝和萨姆会有什么感受？这会是一次成功的晚餐聚会吗？这听起来有点像你自己家中晚餐桌上的对话吗？

太多的时候，餐桌变成了父母们和小孩子的一个战场。父母们担忧自己的孩子吃了什么——或拒绝吃什么。他们吃饱了吗？他们摄入了足够的维生素 C 吗？吃了太多糖分吗？钙和蛋白质足够吗？

在监督下吃饭是不愉快的，孩子们对此不会比大人更喜欢。听听你自己在就餐时说的话，并问问自己："我对一个成年的客人会这样说吗？"得到尊重对待的孩子，才能学会以同样的方式对待别人。仅仅因为他们是孩子，并不意味着他们就没有资格对食物有自己的主张。然而，记住他们的主张常常会随着他们的成长和成熟而改变，可能会有帮助。

在 1950 年代、1960 年代和 1970 年代，很多大学的儿童早期项目都进行过研究，观察当把各种各样的食物都摆在午餐桌上时，学步期的孩子会吃什么。这些孩子们可以吃他们想吃的任何食物。有时候，孩子们会先吃甜点；有时候，他们会先吃西兰花。这项研究的主要发现是，孩子们不会乱吃。而且，结果总是相似的——当允许孩子们遵循他们的"本能"时，他们选择的饮食在一段时间内是均衡的。我们很想知道，如果供他们选择的食物变成汉堡包、炸薯条和汽水等快餐，这些研究在今天会是什么结果。为了让孩子们做出有营养的选择，就需要给予他们有益于健康的食物。如果一个孩子已经习惯了过甜的水果饮料和零食中所用的化学增强果味，一个真正的桔子较为微弱的味道可能就不那么有吸引力了。糖分真的会扰乱身体对好食物的自然渴望。

在本章后面的内容中，我们将讨论父母们有时候怎样引起了权力之争，以及他们怎样才能在食物的问题上创造出一种合作的氛围。首先，指出小孩子们今天面临的一些严重问题是非常重要的。

健康问题和你的孩子

现在的研究表明，很多孩子的骨骼都比若干年前的孩子的更脆弱，使他们更容易骨折。理论上，喝太多的加糖饮料以及牛奶摄入不足，是造成这一问题的原因。在孩子们中，过度肥胖的比例也增加了，主要是由于他们的饮食（比如快餐和零食）中有太多的脂肪和盐，以及运动不足。很多孩子花大量时间坐在电视机或电脑前，或者玩视频游戏。下面是美国医学研究所一份名为"防止儿童肥胖：平衡中的健康"的研究报告[1]中的一些统计数据。

· 自1970年代以来，2~5岁的学龄前孩子和12~19岁的青春期孩子的肥胖症患病率已经增长了一倍多，而6~11岁孩子的则增加了两倍多。现在，大约900万6岁以上的孩子肥胖。

· 儿童肥胖症会对身体和情感健康带来很大的风险。据估计，在2000年，在美国出生的30%的男孩和40%的女孩，在其生命中的某个时候会有被诊断出2型糖尿病的风险。

· 孩子们还有因为社会对肥胖的歧视而出现严重的社会心理负担的风险。

· 在过去的20年中，与肥胖相关的儿童和青少年的年度医疗费用增长2倍多，从1979~1981年的3500万美元增长到了1997~1999年的12700万美元。

---

[1] 发布于2004年9月30日，网址为：http://www.iom.edu/?id=22623。

> **感激与态度**
>
> 关于食物、吃和小孩子，有一个重要的事实：你提供食物，而吃或不吃——视具体情况而定——是孩子的事。重要的是要注意到，很多文化中长大的孩子没有饮食问题，尤其是在那些食物稀缺的文化中。但更重要的是，在这种文化中，食物是永远受到珍惜的。哄着一个人吃东西是没有必要的——一个人不吃的东西，另一个人会吃。食物从来不会浪费。比如，从新加坡或亚洲其他地区到美国来参加儿童早期项目见习的学生，在看到食物被扔掉时总是很震惊。在其他文化中，营养和味道比不上不浪费宝贵食物的压力，我们有时会忘记我们所享受的丰腴，但表明对食物的感激与感谢——并鼓励我们的孩子也这么做——始终是明智的。

· 预防肥胖要以能量平衡——摄入的卡路里与消耗的卡路里——为中心，所以，采取抑制儿童肥胖的行动必须了解那些影响饮食和体力活动的因素。

研究证实，社会压力能影响一个人对食物的选择，所以，你作为父母通过自己的饮食习惯而做出的榜样，与你提供给你的孩子的食物是同样重要的。

挑食

给孩子提供一个营养食物的广泛选择是很重要的，但要记住，特别的食谱只会强化过分挑食。而且，你可以增加你的孩子吃你准备的食物的几率：确保餐桌上至少有一种你的孩子熟悉并喜欢的食物，然后再提供你希望孩子吃的其他食物。要记住，一个孩子越经常接触一种食物，这种食物就能越快地成为他熟悉的食物。还要记住，你无法强迫你的孩子吃他或她不想吃的食物；那只会招致一场权力之争，到那时每个人都会输。

玛莎相信，她的儿子需要一碗热呼呼的燕麦粥才能很好地开始每一天。当3岁的儿子莱克斯在一天早上拒绝吃燕麦粥时，妈妈决定最好教给他知道吃正确的食物有多么重要。玛莎拿出了一些保鲜膜，将那碗燕麦粥封好。当莱克斯进来吃午饭时，玛莎把燕麦粥用微波炉热了热。半小时之后，燕麦粥就变得像石头一样又冷又硬了。莱克斯看了一眼那碗燕麦粥，但拒绝吃，所以，玛莎毅然决然地又给它盖上了保鲜膜。你能想象到晚餐时那碗又用微波炉热了一次的燕麦粥看上去是多么倒人胃口吗？莱克斯宁愿饿肚子，也不愿吃一口。你认为莱克斯对燕麦粥有了什么了解？他的妈妈对莱克斯有了什么了解？

要鼓励孩子健康的饮食习惯并使全家人一起就餐的时间变得令人愉快，父母们需要记住几件事情。

时间

小孩子没有理由按照任何人的时间表感觉饿不饿，而只能按照他们自己的时间表。婴儿只要需要就得吃，学步期的孩子在饿的时候就会要食物，而3~6岁的孩子往往在两顿饭之间不吃点东西就坚持不下去。这些是正常的差异；要尽量灵活一些。关键在于要确保你的孩子能够选择的是健康食物。如果你的孩子在吃饭时没吃饱，给他们的零食就应该含有他们所需要的营养。比如，一把胡萝卜条，或者甚至是一个烤土豆，要比炸薯条和一杯汽水好得多。

一个在幼儿园里没有吃完午餐的孩子，可以在回家的路上从午餐盒里拿点零食吃。孩子们什么时候吃，并不像吃什么那么重要。营养丰富的午餐食物在下午5点吃与在中午吃一样好。

简单

你做的法式酱大虾可能在教堂聚会时得到了极力称赞，但你的3~6岁的孩子对此却不大可能同样印象深刻。孩子们常常会怀疑不熟悉的食物或不常见的搭配。加了生菜和番茄的奶酪三明治可能会被拒绝，而一块奶酪、一些番茄片和几块薄脆饼干却可能被开心地吃光。如果你的小家伙对意大利面配蔬菜沙拉不正眼看，你可以试试把两样食物单独给他吃。你当然不需要提供一个单独的菜单，你也不应该这么做，但是，知道你的孩子的天然喜好将会帮助你找到鼓励合作和试验的方法。

选择

允许孩子养成自己的饮食习惯，需要相互的信任。孩子们会吃他们的身体需要的食物，如果你提供各种健康而诱人的食物，他们就更可能选择有营养的食物。然而，要记住，即便大人们也时不时需要放纵一次，成千上万的孩子都会偶尔吃快餐、披萨和热狗，而不会给身体造成永久性的损害。这里的关键，像通常一样，是平衡。日常给孩子提供有营养的食物，将有助于你对复活节的软心糖豆、巧克力圣诞老人、万圣节的拉肚子这些似乎是童年不可避免的一部分的事情感觉更好一些。然而，如果你的家里始终都有软心糖豆、炸薯片、饼干、纸杯蛋糕和软饮料，你就是在诱发糟糕的饮食习惯和食物战争。

要避免变成食物警察。那些坚持只吃特殊食物的家庭，通常会因为在食物上造成的警觉气氛而使自己遭到挫败。如果你想让你的孩子避免吃含糖食物，当他偶尔吃一块饼干时，你就不要发狂。你的过度反应更可能引起与食物相关的问题——不只是当时，还有以后。

食物的分量和饥饿感

最近的一项研究表明，当给孩子超大份的食物时，他们会更大口地吃，累积起来会吃下更多的食物。如果由孩子们选择吃多少，或每次给他们的食物量小一些，他们吃下去的食物量往往更恰当。3~6岁的孩子能够自己盛食物（经过训练）。训练的一个重要部分，是要教给他们每次取的食物量小一些。（他们在想要的时候，随时可以再去取。）当孩子取错了食物或取了太多食物时，强迫她吃光她的盘子里的所有东西是无益的。通过启发式问题，帮助她探究取太多食物会发生什么情况以及她可以怎样解决这个问题才是有益的。

当你坚持一个孩子应该吃光她盘子里的所有食物或者只能在特定时间吃东西时，你是在教给她忽视自己身体的暗示。这就是为什么零食时间在3~6岁这几年起着如此重要作用的原因。小肚子需要经常加燃料，所以，零食的选择是很重要的。

饥饿，对于是否需要吃是比时钟更好的指南——而且是一个能让我们所有人从对它的关注中受益的指南。只关注你的孩子什么时候吃以及吃多少，会让她忽视自己身体发出的讯息。更好的做法是确保食物都是有营养的，无论什么时候吃。

选择你的战场

对你来说，4 岁的女儿吃利马豆可能是绝对必要的。或者，你可能感觉看着你的孩子总是吃意大利香肠、葡萄干和薄脆饼干很舒服。但要意识到，如果你坚持，你的孩子可能会感觉不得不抵制——在别人都离开餐桌后，盯着一盘凉利马豆是否能说服一个孩子爱上蔬菜是值得怀疑的。

有些父母对于强迫自己的孩子坐在餐桌旁直到他们吃完晚饭感到很得意——并声称这很管用。如果你跟孩子们聊一聊，你就会得到一个不同的故事。他们要么会想出怎样把大部分食物喂给小狗的办法，要么会把食物藏在他们的餐巾纸里（当孩子主动提出收拾餐桌时，父母们难道没有怀疑吗），或者他们会像大人一样出现饮食问题。在关于食物的争斗中，总有人会成为暂时或长期的输家。

就餐时间的惯例

是的，惯例对吃饭也管用。就餐时间在忙碌的家庭里常常会变成没有一个人会真正喜欢的忙乱、仓促和充满压力的时刻。父母们在工作了一天之后疲惫地回到家里；孩子们常常又饿又烦躁。同情心不会让晚餐自动摆上桌。让人轻松的惯例能让就餐时间顺利得多。其基本构成很简单，下面是一些能帮助你为你的家庭建立惯例的建议。

花时间放松一下

如果晚餐时间在你们家通常很匆忙，可以试试换种方式作为开始。

托德总是把4岁的女儿凯蒂的午餐盒装得很满。在下班后从幼儿园接女儿回家的路上，凯蒂会打开自己的午餐盒，享用午餐剩下的食物。当他们到家时，凯蒂就不会饿得受不了啦，而她的爸爸也不会觉得必须立刻准备晚餐。相反，他们通常会在爸爸着手准备晚餐之前，找出时间依偎在一起讲个故事。

在一天结束时，花点时间放松下来几乎总是值得的。你可能想花几分钟时间和你的孩子一起蜷缩在沙发上，恢复与孩子的情感联结并各自说说你们一天中的某些时刻。一个热水澡或淋浴能让你整个晚上都振作起来，或者你可能想花时间和孩子一起去散会儿步或做个小游戏。几片水果或一袋薄脆饼干或许就能让全家人有足够时间喘口气，而不再感到那么饿。"可我没有时间，"你可能会说，"我有太多的事情要做！"无论你的生活可能有多么忙碌，花时间放松一下并回归家人的世界，都能消除通常会消耗你更多时间的烦扰以及争取过度关注的尝试。

和孩子一起准备食物

没有什么事情能比让挑食的人帮忙计划并准备食物更能赢得他们了。而大多数父母都没有认识到，他们拥有的很好的小帮手就在他们身边。拿出一块大围裙，拉一个小凳子到水槽边，让你的孩子将当晚做沙拉要用的生菜叶洗净、撕开。即便一个2岁的

帮助挑食的孩子

· 要避免变成散点厨师。要教给4岁以上的孩子如何自己涂花生酱或做火鸡三明治。

· 提供选择。当孩子们抱怨一种食物时，要说："你可以吃餐桌上的东西，或者你自己做三明治。你的选择是什么？"

· 请孩子提出解决办法。如果一个孩子抱怨准备好的食物，就问他："你对此需要怎么办？"这会让孩子运用自己的思考能力和解决问题的能力。这会让他们以积极的方式（而不是权力之争）运用自己的力量并感觉到自己有能力。

· 在家庭会议上让孩子们帮助制订菜谱。当孩子们能够参与时，他们会更合作。要让他们参与列购物清单。

· 分担任务。要让孩子们帮助采买。很多商店现在都有学龄前孩子可以推的小购物车。让孩子们找出购物清单上的一些物品，并放到你的购物车里。当他们想要一些购物清单上没有的东西时，要和善而坚定地说："这不在我们的购物清单上。"

· 让孩子帮忙做饭。在家庭会议上，让他们决定哪天晚上想帮忙做饭。再说一次，他们更有可能吃他们帮助准备的食物，而且，如果他们参与了制订计划的过程，在没有轮到他们帮忙的时候也会更愿意合作。

· 回应而不解救。在你喂孩子吃饭时，要避免让火星（寻求过度关注）变成篝火。要运用积极的倾听（"我猜你不喜欢吃那个"），并避免争论。而且，要让你的孩子来处理问题。（"你不是必须要吃它。我相信你能坚持到下顿饭。"）

· 要消除你自己对营养的焦虑。要给你的孩子含多种维生素的食物。然后，就放轻松。她在饿的时候就会吃。

孩子都能用刷子刷洗蔬菜，而到3岁时，你的孩子就能往餐桌上摆放餐具和餐巾了。（更多的主意见第229页的表）

帕克先生，一位幼儿园的老师，让一群孩子帮助准备用甘蓝菜和菠萝做的一种水果奶昔。现在，大多数成年人都不会喜欢这种独特口味的混合，然而，每个帮忙洗和撕甘蓝菜并参与准备过程的孩子，不仅品尝了，而且都说很好吃，并且会回来再要一些。后来，帕克先生盛了满满一盘，并把它拿给另一个教室的孩子们分享。猜猜怎么样？他们中竟没有一个孩子愿意再多尝一点。很难找到比这更有说服力的证据说明让孩子参与准备食物的价值了。

给你的孩子提供做出贡献的一种途径，会鼓励他们自主意识的成长，教给他们人生技能，让他们把自己看作是对家庭或社区有贡献的一员，并让他们形成归属感。

创造一些能把你们联系在一起的时刻

白杨幼儿园的午餐是一个特殊的时间——孩子们手拉着手围坐在餐桌前，让一个孩子说一件他觉得要感激的事情，然后，他们依次捏一下右边人的手，这样，"捏手"就会沿着圈子传递一周，然后孩子们才开始吃饭。埃兹拉来自一个传统的犹太家庭，在他的家里，他每次吃饭前都背诵特别的希伯来语祷告词。在珍妮的家中，每个人会站在餐桌旁自己的位置上，在所有人都到齐后，大家一起唱赞美诗。在玛亚的家里，在每次开始吃饭前，全家人要静静地冥想几分钟。

在我们忙碌的家庭中，吃饭通常都很匆忙——每个人都有什么地方要去，如果我们不留心，家人之间的沟通和亲密就会被遗失。餐前仪式——无论是否涉及宗教——可以成为维护家庭观念并教给你的孩子重视它，以及与你的孩子一起创造温暖和爱的时刻的绝好方式。哥伦比亚大学的国家毒品和药品滥用研究中心，已经将家庭的晚餐时间与诸如降低酗酒和滥用药物的风险、降低自杀率、改善学业成绩等各种各样的问题联系了起来。这都是为家人聚餐留出时间——并且让就餐时间令人愉快——的极有说服力的理由。围坐在餐桌前的这些时间，为家人之间的情感联结和亲密感提供了十分宝贵的机会——这些时刻造成的记忆对我们心灵的滋养就像奶奶亲手烤的面包曾经对我们身体的滋养一样多。食物是用来吃的（不是用来强制喂的），它永远也不应该成为家庭争执的助燃剂。

设立就餐结束的准则

应该期望孩子们安静地坐着，直到每个人都吃完饭吗？或者，应该允许他们离开餐桌去静静地玩耍吗？没有"正确"的答案，但是，事先决定这件事情，而不是隔着变凉了的土豆泥争论不休可能是明智的。

即便小孩子也可以参与饭后清理的一些事情。如果你的孩子自己能走得很稳了，他或许可以收拾自己的盘子，倒掉盘子里吃剩下的食物残渣，或者把他的餐具放到洗碗机里。很多幼儿园都摆着用来放吃剩下的食物的小盆子，并提供不同的容器让孩子分类收起他们的盘子、餐具和杯子。有些幼儿园更进一步，允许孩子们轮流把残羹剩饭倒进一个装着蠕虫的容器里或幼儿园的堆肥箱中，因而使孩子们在领会食物和环境之间的关系时增加了一层了解。

过敏症、吃药和特殊食谱

很多战争是由"迫使"孩子们吃药,或"迫使"他们避免那些会造成严重问题的食物而引起的。孩子们为避免被控制所愿意遭受的痛苦简直令人吃惊。我们一遍又一遍地强调,让孩子参与解决问题的过程,以便他们能发展思考能力和解决问题的能力,以便他们感到自己被赋予了力量和有能力,有多么重要。下面就是一些建议。

• 要避免说教。相反,要通过问"什么"、"为什么"以及"如何"的问题,来让孩子们自己探究。"你不吃药(或者你吃了这种食物),会出现什么情况?""你对此有什么感受?""你对解决这个问题有什么主意?"(如果孩子们感觉到哪怕一丝说教的迹象,而不是对他们想法以及学习和解决问题能力的真正好奇,这种方法就不会有效。)

• 让孩子参与制订一个吃药的惯例。一起决定一个每天对你们双方都最好的时间。一起制订一个提醒表和提醒的方法(比如每天在同一时间都会响的闹钟)。

• 带你的孩子去图书馆探究食物过敏症——以及身体到底发生了什么情况。(要确保你的目的是教育,而不是吓唬孩子。)

• 决定你要做什么。这可能意味着你愿意承担起在每天该吃药的时候和善地提醒你的孩子的责任,或者你会置身事外,因为你相信你的孩子能处理这个问题,或能够从错误中学习。(如果这个问题会威胁到孩子的生命,那就选择前者,并且在提醒的时候不要说教或表现出过度关心。)

• 要认识到你不可能总是在身边监督孩子的饮食或吃药。要以适合孩子年龄的方式(并且是和善而坚定的监督),让你的孩子承担起药物的计量、混合和记住吃药的责任。要记住,信心和能力来源于实践。

超重的孩子

越来越多的孩子正变得超重，这对他们的长期健康会有严重影响。这个问题的种子是在很久之前就埋下的。当然也有遗传原因。当超重是由遗传造成时，帮助孩子接受他们自己的样子是非常重要的——并要和他们一起（如果他们想要帮忙的话）致力于如何应对他们生活中的挑战。

当超重的孩子还感到自卑时，超重可能会造成一种恶性循环。自卑可能会导致为填补空虚而吃得过多。孩子们在感觉更好时才会做得更好。要通过告诉孩子你对他们处理超重的挑战——如果他们想的话——有信心，来给予孩子大量无条件的爱和鼓励。要给孩子支持，而不是控制。前面介绍的用来避免因服药和食物过敏而引起权力之争的建议，对超重的孩子们也很有效。

当然，做出榜样是非常重要的。不要期望你的孩子做你还没有做到的事情。要解决好你自己的体重问题（你和孩子甚至可以在这个问题上一起努力）。你们可以一起准备健康的食物，并避免把垃圾食品列入购物清单。

锻炼

这里要再说一次：关上电视机。我们已经讨论过看电视太多对大脑发育来说不健康的原因，你当然知道这对身体的其他部分来说也是不健康的。

孩子们需要你的指导。你的孩子看电视，你享受平和与安静就容易多了，但是，如果你们一起出去玩球，对你们两个人来说都会更健康。可以考虑教给孩子一些过去在电视占据生活之前的人们喜欢的活动。要让你的家适合运动。要指定一些允许奔跑和扔软球的地方，比如一条长长的走廊或只有极少（和不易损坏）家具的游戏室。要尽量让你住的公寓楼留出一个做身体活动游戏（在大人的监督下）的地方。

出去散步既好玩又可行，尤其是如果你家里的狗或大肚子猪也需要锻炼的话。每周抽出一晚上时间全家人一起去游泳。通过租借儿童或家庭锻炼的录像带并跟着录像带一起做运动，将技术变成你们的解决方案的一部分。可以播放音乐并在房间里跳舞，或者用铃铛、手鼓和其他能发出声音的东西自己演奏音乐。要好玩，每个人都会从中得到益处。

如果你的孩子的幼儿园取消了课间休息（很多幼儿园都会这样），你要倡导抵制这种做法。要将你了解的儿童肥胖的统计数据以及经常锻炼对一个孩子的大脑和身体有多么重要告诉大家。

电视、广告和肥胖

美国医学研究所最近公布了对有关儿童和食品营销的 120 项研究所做的一个综述。他们发现，儿童商业电视节目中无处不在的广告，都是在大肆宣传富含脂肪、盐或糖分而没什么营养价值的东西。这类广告严重影响着 12 岁以下的孩子纠缠着父母要买的东西。该研究所发现，4 岁以下的孩子无法区分广告和娱乐节目，并且不知道广告是为了推销产品。

这份报告还注意到，美国的公司在 2004 年用于向孩子宣传食品、饮料和餐饮的费用估计为 100 亿美元。这些研究导致美国心理学会在 2004 年得出结论认为，对 8 岁以下的孩子进行广告宣传是在利用他们，应该受到限制——以法律的方式，如果必要的话。

祝你好胃口!

要记住,允许孩子们参与,鼓励相互信任和尊重以及抱有现实的期望,会消除很多有关饮食的争斗,并且能让一起就餐成为全家人都期待的一件事。无论你家餐桌上的食物多么诱人,你的孩子必须自己选择吃它们。要记住:你无法强迫他们吃!

第 14 章

3~6岁的孩子和如厕

"等一下！"你可能在想，"3~6岁的孩子肯定已经掌握了如厕技能。难道孩子不是应该在3岁前就训练好吗？"哦，不一定。上厕所的习惯和卫生对于过了3岁——或者甚至4岁——的孩子和他们的父母来说，仍然是担心的问题。很少有别的话题能像如厕训练那样引起如此强烈的情感。

放松！

你的孩子还在用尿布，而越来越多邻居家的孩子已经能够使用马桶了。你该怎么办？无论你的孩子什么样你都应该爱他吗？你应该避免权力之争吗？你应该让你的孩子一起参与解决问题的过程，以便搞清楚怎样对他才管用——以及在他出现差错时该怎样收拾干净吗？或者，你应该感到尴尬并要和别人竞争，试图强迫他做他"应该"做的事情吗？

如果你对最后这个问题的回答是"是的"，你很可能已经陷入了一种权力之争中。再看看168页~172页的权力之争，对你可能会有帮助。如厕，可能会成为孩子在向你证明"你无法强迫我"时最顽固的一个方面。

问：我有一个需要进行如厕训练的儿子。他两三个月前已经满2岁了。他不喜欢用便盆。当他要小便时，他不告诉我，但他会告诉我要换尿布。我感到非常沮丧。请帮帮我，我需要一些建议！

答：我们能听出来你的绝望。随着孩子越来越大，不停地给他换尿布是很难的。在如厕的问题上，孩子们有自己的时间表。你的儿子使用便盆晚的问题被你自己的沮丧感放大了。他最终会成功的，但这需要的耐心可能超出了你的想象。

尽管可能很难，但要尽量别把这个问题看得太重。你的儿子能读懂你的非语言信息，并且知道他的如厕习惯对你来说极其重要——这会成为一场权力之争的诱因。同时，当需要给他换尿布时，要向他示范他可以帮忙的方法。他可以帮着给自己擦洗，帮着把大便倒进马桶里，并在之后自己洗手。同时，要欣赏他以及他在生活中其他方面的成功。要表达你对他有一天将学会成功地使用便盆的信心。他也需要鼓励。

你会吃惊地发现，当你从情感上对如厕训练问题超脱一些时，时间过得会有多快。你的超脱会消除权力之争，并且实际上可能会加快训练过程。当允许孩子根据他们自己的时间表进行如厕训练时——并且当没有什么事情需要反叛时，他们会更可能对如厕训练感兴趣。超脱和放松的一个重要部分，是要知道有些事情可能会造成暂时的倒退。

倒退："哎哟！"

当一个孩子经历新的事情时——一所新幼儿园、一个新家或一个新的弟弟妹妹——如厕训练遭遇倒退是很常见的。一个新环境或一项特别让人兴奋的活动，可能会造成一个孩子不注意自己身体的信号；生活中的其他重要事件，比如家人去世、离婚、生病或旅行，都能干扰孩子排便。所有这些事情都意味着一个孩子生活中的重要调整，为应对这些变化，如厕问题就会退到次要位置。

你作为父母或照料人的态度，会对你的孩子如何对待尿或拉在裤子里的意外造成极大的不同。想象一下，当一个孩子不仅失去了对自己身体的控制，还要面对父母的愤怒和失望时，他会感到多么困惑和沮丧。

> **何时是正确的时间**
>
> 费城儿童医院最近的一项研究发现，当父母们选择正确的时间开始如厕训练时，孩子们就更容易学会如厕技能。当孩子们在 27 个月大之前开始如厕训练时，整个过程需要一年或更长的时间；当孩子们在 27~36 个月大之间开始如厕训练时，训练需要 5~10 个月时间。根据这项研究，快速完成如厕训练的最佳时间，是在一个孩子快满 3 岁的时候。当一个孩子在 33~36 个月大之间开始如厕训练时，大约需要 5 个月时间。

塔拉 4 岁时被要求在姑姑的婚礼上做花童。她穿着一件特意为她定制并带薄纱花边的可爱的白色长礼服，还带了一条小珍珠项链。当她在婚礼仪式上撒花瓣时，人们冲着她又微笑又点头，而塔拉因为得到的关注和兴奋脸都红了。

喜宴布置得很漂亮，塔拉对周围的喜庆气氛感到异常兴奋。当她意识到自己整个下午都忽略了什么事情时，她正在一张桌子下面爬并听大人们交谈。她还没来得及站起来，就出事了：她拉臭臭了，弄脏了她可爱的白裙子。

当塔拉的妈妈找到她时，她被吓坏了。"我无法想象塔拉中了什么邪，"她对围过来的姑姑婶婶们和奶奶们说，"她早就不这样了。"她转过身对哭着的女儿冷冷地说："你应该为自己感到羞耻。"塔拉换上了旧的游戏服，在这一天剩下的时间里一直躲着所有的人。

当孩子们尿或拉在裤子里时，他们最不需要的就是一个责难他们的人。塔拉的妈妈本来应该悄悄地把她带到一边，帮助她换好衣服，并向女儿解释兴奋有时候会让我们忘记自己该做的事情。

当你的孩子学习使用厕所时，手边有一件用来更换的衣服可能是明智的。保持耐心并给你的孩子无条件的爱和接纳，也是价值无量的帮助。一旦你考虑了自己孩子的个人情况、给他提供了合适的衣服和可以利用的设施，并且花了时间训练他掌握所需要的技能，你就是时候放松下来、祝贺他的成功并同情他的失望了。

便秘

控制排便，是那些想加快如厕训练的父母可能会造成的另一个使事情更复杂化的问题。有些孩子将会不排便，有时候甚至会达到对身体造成危害的程度。

昆汀的奶奶对如厕训练有很多话要说，大部分都是说给他的妈妈听的。"我的孩子们在2岁时就都训练好了。"她生气地看着给3岁的昆汀换尿布，不满地说道。

所以，昆汀的妈妈开始对他进行全面的如厕训练。昆汀每天都要被放在马桶上好几次，他的妈妈会跪在旁边催促他。昆汀变得越来越讨厌卫生间，他的妈妈也是如此。她用尽鼓励、威胁和斥责；他以拒绝造成妈妈想要的结果作为回应——而且是在任何地点、任何时间。没用多久，昆汀甚至丧失了对自己的身体信号做出反应的能力，并且不再能知道自己何时需要大便。

有一天，在例行体检时，他的儿科医生告诉昆汀和他的妈妈：他得了严重的肠梗阻，大便堵塞在了他的肠道里。医生给他开了矿物油和灌肠剂，需要每天使用，以缓解这个问题，妈妈和儿子都哭了很多次，直到这个问题——原本就不该存在的——得到解决。

强迫孩子使用厕所从来不会有帮助。如果你的孩子抵制，先要寻找天然或环境的原因。你的孩子吃了足够的纤维素以造成柔软、规律的大便吗？如果没有，就要让孩子多喝含纤维素的果汁，比如桃汁或杏梅汁。将一勺西梅汁拌在其他食物里也会有帮助。每天吃几个猕猴桃，你的孩子的排便很快就会得到改善。孩子们可能会拒绝诸如葡萄干小麦片或其他高纤维的谷物，除非烤成松饼。要少给孩子一些奶制品和苹果汁，它们往往会造成便秘。但是，一定要当心：不要在试图让孩子吃这些食物时造成新的权力之争。给孩子这些食物，就是给他们准备好这些食物——不要强迫他们吃。

还有一种可能是你的孩子正经受着过大的压力。生活中的重大变化会影响到所有的家庭成员。一位对自己的父亲患上的绝症十分担心的母亲，没有想到自己面对这个危机的挣扎会和她的儿子出现的如厕问题有关系。尽管他早已完成了如厕训练，但他此时开始每天拉在裤子里。当这次家庭危机过去后，他的问题也消失了。

强加在一个孩子身上的期望会造成什么结果呢？

麦基一家的所有决定都听他们4岁女儿的。"我们该去哪儿吃晚餐？"他们问。"爸爸妈妈今天晚上该出去吗？""你今天早上想上幼儿园吗？"这样的问题还有很多很多。这个孩子患上了严重的便秘，因为她对强加在她肩上的这些决定感到不知所措了。她的父母担心设立限制会对她约束太多。他们在另一个方向上走得太远，以至于她感到了巨大的压力。

通过给孩子报名参加一连串的学习班，来逼迫他掌握太多的技能，可能会造成压力。同样，期望你的孩子完美也会带来焦虑。尽管有些孩子可能很早就会表现对学习新技能的兴趣，但强迫他们这样做会让他们的情感遭受重创。孩子们显示出这种压力的后果的一个方面，就是如厕问题。

最后，控制排便可能会造成大便躁结问题。避免权力之争、以积极的方式赋予你的孩子力量并鼓励合作，在解决排便问题上就像解决家庭生活其他方面的问题一样有效。

其他挑战

那些有其他问题——比如，注意力缺乏症——的孩子们，常常有很大比例会伴有排便控制问题。其他身体或生理状况也会影响如厕。下面是一些可能会有帮助的小建议。

如果一个排便困难的孩子坐在马桶上时吹泡泡，他可能就会放松下来并松弛自己的肌肉。收紧肌肉和吹泡泡同时进行是很难的！吹口琴也能带来同样的好处。

有些孩子需要一个渐进的过程才能掌握如厕技能。当你注意到你的孩子想大便时，要陪他一起去卫生间（但不要脱下他的尿布）。这会造成一种在大便时与马桶之间的积极、舒适的联想。

如果你的孩子对马桶本身显示出焦虑，或者对冲水的声音感到恐惧，或者害怕自己掉进去，就要找机会跟孩子温和地谈谈他的恐惧。要等他离开卫生间之后再冲马桶，并要帮助他看到他的身体比马桶口大（或者给他提供一个坐便椅，如果这让他感觉更安全的话）。通过关注你的孩子的感受，你就能够促进并改善孩子如厕训练的成功，而不造成权力之争，或让他感觉到羞辱和沮丧。对有些孩子来说，如厕会比其他孩子更困难。仅仅知道你的孩子并不是唯一遇到这种困难的孩子，可能就有助于你处理这种麻烦的行为。

耐心的重要性

有时候，时光的流逝就是孩子们学会如厕所需要的全部。我们曾收到过一对已经无计可施的夫妇的来信。他们已经对自己3岁半的儿子尝试了所有的方法，但都不管用；他每天仍然会尿湿裤子好几次。6个月后，我们收到了这对夫妇的回信，他们很欣慰自己的儿子已经完全学会了如厕。"时间的奇迹真令人吃惊。"他们在信中写道。要耐心；你的孩子能学会。

事实是，当一个孩子准备好的时候，他就会用马桶。你可以为孩子加油、乞求和威胁，但仍要继续用尿布。每个孩子都有他或她自己独一无二的时间表——以及绝对的控制权。

怎样为孩子的成功创造条件

有六个重要的因素，能帮助父母们为这一重要的发展里程碑创造条件：生理的准备，让孩子更容易醒来，理解你的孩子的视角，逻辑与权力之争，邀请合作，超脱、放松并享受。

生理的准备

很多孩子在 3 岁前就完成了如厕训练。这会给那些自己的 3~6 岁孩子还没有实现社会化过程中这重要一步的父母们造成挫折感。这种延迟可能是由于孩子与其父母之间的权力之争，或者可能是因为这个孩子在生理上还没有为感知并回应自己身体发出的信号做好准备。他还必须有一个足够大的膀胱，允许他在排尿之前等待越来越长的时间，尤其是要控制一整夜。事实是，有些孩子膀胱控制能力的发育就是不像其他孩子那么早。

布丽奇特很熟悉自己三个孩子的膀胱控制能力。这种了解能让她知道，当孩子们在长途旅行中要求停车上厕所时，需要多么迅速地停车。对于 7 岁的肯尼的要求，布丽奇特会提醒丈夫："我们还可以继续开大约 20 分钟。"当 3 岁的洛丽要求上厕所时，布丽奇特会说："好，我们有大约 10 分钟的时间来找一个停车的好地方。"然而，当 5 岁的雅各布说"我要上厕所"时，布丽奇特会说："马上停车。如果我们找不到灌木丛，雅各布就不得不在路边解决了。"

让孩子更容易醒来

如厕训练的另一个重要因素，是让孩子更容易醒来。很多在3~6岁甚至过了这个年龄还尿床的孩子，都是那种夜里很难醒来的孩子。即便使用一开始尿床就能报警的床单，有时也无法唤醒这些孩子。当父母们在夜里试图叫睡得很沉的孩子起来，以便带他们上厕所时，他们会软得像块布一样站不住，也坐不住。他们就是醒不来。睡得轻一些的孩子，在夜里被叫醒上厕所时可能会发牢骚并抱怨，但男孩子还能站起来，尽管看上去半睡半醒，而女孩子能坐在马桶上而不掉下来。有些孩子却清醒不到能这样做的程度。

所有的孩子都应该始终得到尊严和尊重的对待，但是，对那些身体能力还不足以做期望他们能做的事情的孩子们运用惩罚，会格外令人沮丧。理解孩子的发展状况，可以激发更多的耐心。

> **结束如厕大战的主要因素和心态**
> - 生理的准备。
> - 让孩子更容易醒来。
> - 理解你的孩子的视角。
> - 逻辑与权力之争。
> - 邀请合作。
> - 超脱、放松并享受。

理解你的孩子的视角

想象你是一个很小的孩子。你知道爸爸妈妈渴望着你学会使用马桶，成为一个"大男孩"并且穿"大男孩的裤子"。突然，你感觉到了你开始认识到的那种意味着你要小便的刺痛感。所以，你向卫生间走去，在你跑过客厅时，你意识到可能没有太多时间了。你知道你必须脱下裤子，但是你的背带裤上的扣子太紧，而你的手又太小。然后，你看了一眼马桶，在你看来它很高。你想，或许需要别人给一点帮助。但是，等你向妈妈、爸爸或老师求救时，已经太晚了。

难怪孩子们通常会认定戴着尿布更容易。理解这件事情有时会造成的巨大压力，能够帮助父母们为自己孩子的成功创造条件。要记住，如厕训练对于那些为尿布而着急的大人们来说是极其重要的——但对一个孩子来说很少会那么重要。正如吃饭和睡觉一样，给孩子容易脱的衣服以及和蔼的训练来创造一种有助于如厕的环境，是父母的职责；而决定何时（以及在哪里）大小便则是孩子的事情。

逻辑与权力之争

父母们在试图解决问题时往往会依赖于逻辑，但是，像如厕训练这样的问题有时是基于非逻辑的权力之争的。父母们越是坚定地让孩子到卫生间大小便，很多孩子就越会坚定地在其他地方大小便——通常是在他们的裤子里。

要记住，你的孩子仍然在发展自主意识，并且可能有一种"我能做"的心态。当父母们试图控制一个孩子的身体功能时，他们通常会遭到抵制。可能这个孩子会决定（在下意识中）："我宁愿穿着湿漉漉的裤子到处走，也不愿意放弃我自己的力量感。"

也就是说，当父母们坚持要赢得权力之争时，孩子的唯一选择只能是成为输家……而孩子们会不懈地战斗，以避免成为输家。所以，权力之争就会继续。由于父母们是"成熟"的人，理应由他们来结束权力之争并找到让孩子合作的方法。

问：我已经无计可施了。我有一个4岁的儿子，他在跟一个表哥一起玩过一次之后，知道了从桥上往下撒尿的乐趣。现在，他到处撒尿：往地毯上、往垃圾筒里、从阳台上等等。这似乎是一种反叛行为，因为常常发生在我告诉他去做一些他不想做的事情（比如穿上衣服）之后。我们尝试过了暂停（这只会让他突然发脾气），以及剥夺他的一些权利（看电视、玩电脑或吃甜点）。我不得不承认，上次抓住他这样做的时候，我在沮丧之中打了他的屁股。我尝试过跟他谈这个问题，但根本不管用。我完全不知道该怎么办了，帮帮我！

答：对你来说，这是多么好的一个做出改变的机会啊，可以将这些权利之争转变为有益的力量。4岁的孩子已经能够以对家庭做出贡献的方式来运用他们的个人力量。当父母们运用控制的方式并惩罚时，孩子们反而会求助于破坏性的力量。

我们的水晶球显示，当你说"我尝试过跟他谈"时，你真正的意思是，"我们坐了下来，我一直说，一直说，一直说，并且一直说教，一直说教，一直说教。"也许我们的水晶球错了，但是"谈"常常意味着"告诉"——并且一遍又一遍。我们给你的第一个建议是停止"告诉"，并开始问启发式问题。你可以问："发生了什么事？你对此有什么感受？这对你或别人造成了一个怎样的问题？你有什么主意来解决这个问题？"至关重要的是，要以平静而友好的语气来问这些问题，并且要对孩子的观点抱有真正的好奇心（而不是试图说服他接受你的观点）。从你发现一处尿迹，到你跟儿子谈，你可能不得不等一会儿才能让自己听上去不那么生气。引导孩子讨论（而不是对其说教），将帮助你的孩子培养思考能力、对自己的选择造成的后果的认知能力，以及解决问题的能力。"告诉"只会让你的孩子辩解，或者甚至更反叛。

另一种可能的办法，是通过教给他将他的力量用于解决他生活中各方面的问题，而不只是涉及如厕习惯的事情，来让他参与。这可以采用很多形式：

- 问他在一个给定的情形中，他需要做些什么。如果是早上该穿衣服的时间，就问他吃完早餐后需要做什么。
- 和孩子一起制订惯例表。你可能会对这种办法能多么好地让孩子合作而不是反叛感到吃惊。
- 停止运用任何形式的惩罚，包括惩罚性的暂停。如果是孩子选择的暂停，他会感受到积极的力量。如果你强迫他去暂停，他就会感到需要反叛。
- 开始定期召开家庭会议，以便你的孩子能够学会尊重和解决问题的技能。如果你的儿子有很多机会以有用的方式运用他的力量，他就不大可能反叛了。
- 教给他打扫他所造成的任何脏乱。要用一种和善而坚定的语气说："你要把这里打扫干净。你想要我帮忙，还是想自己做？"如果他抗拒，你就说："一个拥抱会让你感觉好起来吗？我知道你感觉好起来的时候就会想处理这个问题。"（在这样做时，始终要确保事后帮助孩子用肥皂把手洗干净。）

我们建议的所有这些方法都会带来一种长期的积极结果。要问问自己："我是想让我的孩子为他的行为付出代价，还是想帮助他学会在未来做得更好？"

邀请合作

毫不奇怪，如厕训练的关键是：训练。父母们可以做很多事情来让它变得更容易。第一就是你的心态。了解你的孩子的性情和能力将帮助你保持合理的期望。如果你很轻松，你的孩子可能也会如此。

要取得成功所带来的压力只会让你们双方都感到沮丧。如果孩子尿或拉在裤子里——这是必然的——要有耐心。如果你的孩子尿了裤子，就给他换一条。如果他已经足够大，就给他买一些拉拉裤，以便他能够自己换（这往往能鼓励一个孩子更好地意识到自己的身体发出的信号）。然而，要确保你永远不在如厕问题上羞辱孩子或使其丢脸。干爽的裤子不值得以伤害自尊为代价。

按照成功如厕所要掌握的技能，分步骤训练你的孩子可能会有帮助。给孩子穿便于脱下（和穿上）的衣服是一个好主意；松紧带的裤子就非常好。如果天气暖和，只穿一个小裤衩（或者什么也不穿）可以简化整个过程。

定时上厕所，可能会鼓励孩子们养成有规律地上厕所的习惯。在外出时（即便是一会儿），让小孩子先上厕所是明智的做法。（大多数父母很快就会知道附近商店的公用洗手间的位置。）

> 要确保训练你的孩子把自己的手彻底洗干净。家里要有一个小凳子，以便他能够得着水池，把肥皂和一块擦手毛巾放在孩子容易够到的位置。一个幼儿园教给孩子们在洗手时唱下面这首歌，用的是"快找一个好朋友（Skip to M'Lou）"的调子。重复两遍，大约需要 20 秒左右，这正是杀死大肠杆菌的时间。
>
> 洗呀，洗呀，洗小手，
> 大家一起来洗手。
> 搓呀，搓呀，搓小手，
> 脏手变得白又净。

艾伦小姐决定带她幼儿园班里的孩子们去做一次采摘蓝莓的郊游。他们无忧无虑地从幼儿园出发，走进了附近的一块地里。然而，麻烦很快就出现了；艾伦忘记了提醒孩子们在出门前先上厕所，现在唯一的选择就是一个户外厕所。艾伦将自己的大部分郊游时间都用在了抱着一个又一个孩子上厕所，她以后再也没有忘记在出门前提醒孩子们上厕所。

现在，适用于两岁半、3岁，甚至是4岁和5岁孩子的拉拉裤和超强尿不湿都可以买到。不幸的是，超强吸附力的尿不湿实际上可能会妨碍如厕训练，因为孩子们会很舒服，永远感觉不到湿。考虑选用吸水能力差一些，或专为如厕训练设计的尿不湿，可能是明智的做法。

超脱、放松并享受

当准备情况和训练过程都经过充分考虑后，就该放松下来，并相信如厕训练在适当时候就会成功。或许，最好的建议只能是：放松。对你的孩子来说，自己上厕所是一件非常重要的事情。当他准备好时，他就会这样做——或许不是片刻就能做到的。

确保将爱的讯息传递给孩子

有很多种把爱的讯息传递给孩子的方式。最重要的是给孩子信任。睡觉、吃饭和上厕所可能会成为父母和孩子针锋相对的战场，或者，也可以成为相互尊重、体贴和鼓励的机会。健康的睡眠、饮食和上厕所的习惯是会让你的孩子受益的礼物。你可能无法强迫他们做到，但你可以做很多事情来为成功创造条件。

第 15 章

选择幼儿园

吉姆有两个孩子，大的 4 岁，小的 18 个月。他刚刚离婚，独自抚养两个孩子，不能放弃作为其养家唯一来源的工作。

贝瑟尼是一项已经进行到中期的为期 10 年研究项目的负责人。如果她的研究能取得预期结果，将能提供一种对被认为是绝症的癌症的治疗方法。贝瑟尼刚过 34 岁；她和丈夫都认为他们不能再推迟要孩子了。贝瑟尼知道，继续她的研究并同时养育一个孩子将意味着要用儿童看护或雇一个保姆。

拉尼 3 岁的女儿米特拉很孤单，想要玩伴，但他们家附近没有别的孩子。拉尼不想让女儿整天看电视。隔壁街区开了一家幼儿园，但拉尼不确定这对米特拉来说是不是最好的选择，并且担心把米特拉送到幼儿园而自己待在家里会让自己看上去像个不尽责的妈妈。

凯科是一位非常投入的母亲，她在第一个孩子6个月大之前从没离开过一步。这一天，她因为要离开两个小时，把孩子留给了临时保姆照看，并在中间打了三次电话以确保一切顺利。在这两个小时里，她的儿子一直睡得很好，但她对离开儿子仍然感到不放心。

琳达和米格尔有2个孩子，都不到5岁。作为一名消防员，米格尔的工作时间每两个月会变动一次，这使得不可能预先知道他什么时候能在家照看孩子。钱很紧，但米格尔的工作又不允许琳达外出工作以贴补家用。

儿童看护：一种当代社会的需要

如果你是一个3~6岁孩子的父母，你毫无疑问已经听到了关于儿童看护话题的激烈争论。有些人断言，孩子们在童年早期这几年应该一直和父母待在家里；而另一些人则断言（声音同样响亮），孩子们从儿童看护或幼儿园始终能得到益处。

我们相信，孩子的父母才是决定是该出去工作还是待在家里，是否要把孩子放到看护机构，以及是否该给孩子报名参加学前教育的最合适的人。对于很多家庭来说，儿童看护是生活的一个现实；无论父母们是否愿意，和自己的孩子一直待在家里在经济上是不可能的。将一个小孩子交给别人照料，对父母们来说可能是一种折磨。大多数父母至少偶尔都会有内疚和怀疑："如果我不陪孩子待在家里，我是一个不尽责的父母吗？""我没办法选择——我不得不工作——但这会给我的孩子留下一生的创伤吗？"

知道一些声誉卓著的大学所作的研究已经证实（尽管很多政治团体不喜欢这些结果）孩子们在高质量的儿童看护中会做得很好[1]，可能会有帮助。一项对儿童早期教育研究的综述认为，参加这种教育实际上会增强孩子对学校的积极心态，养成能持续到成年阶段的更好的、健康的行为方式，甚至还能提高这些孩子的父母的养育技能。这些研究以及另外一些研究都发现，就结果而言，家庭因素（主要是母亲的体贴和对孩子的回应）显得比儿童看护机构对孩子具有更强烈的影响（低质量的儿童看护机构除外）。

现在的儿童看护机构通常都取代了前几代人成长时大家庭里的姑姑、叔叔、爷爷奶奶和堂兄弟姐妹们。现在，当贝琳达扯了邻居家孩子的头发，或者杰夫半夜醒来发烧时，父母们没有了自己的兄弟姐妹可以交流经验。父母们在抚养孩子时需要其他成年人作为自己的后援。现在的儿童看护机构就能成为这样一种资源。这是一个结识其他父母、说出自己的担忧并相互学习的场所。

了解到这些，可能有助于你对自己要寻找高质量儿童看护的决定感到更自信，无论你需要儿童看护是因为一次晚间外出、一个特别的活动，还是全职工作。重要的是要注意，孩子们会吸收你的心态的能量，并对其做出反应。如果你感到害怕，你的孩子也会害怕。如果你感到内疚，你的孩子可能就会感觉到这是一次用来操纵你的机会。具有讽刺意味的是，无论是上班的父母还是全职待在家里的父母，似乎都会感到某种程度的内疚，并后悔自己做出的选择——无论是哪一种选择。内疚很少会对任何人有任何好处。关键在于，要根据你自己的具体情况做出最好的决

---

[1] 儿童早期看护发展研究中心，"婴儿看护的特征：看护的积极影响因素，"《儿童早期研究季刊》，1996年第11期，267~306。——作者注

定——然后，就放轻松。你会发现这很容易做到，如果你知道如何找到高质量的儿童看护的话。

什么才是让你的孩子为学习做好准备的最好方法？

越来越多的父母们寻找教孩子学业——比如读、写、算——的儿童看护机构。这让大多数儿童早期研究专家感到担忧，而你需要知道这是为什么。

凯思琳·赫希赛克博士[①]开展了一个研究项目，对位于费城郊区中产阶级社区的 120 个 4 岁的孩子进入学前班和一年级后的情况进行了追踪研究。该研究证实，那些以学业为主的幼儿园的孩子们，确实比那些以玩耍为主的幼儿园的孩子们认识更多的数字和字母。然而，到 5 岁时，那些来自以玩耍为主的幼儿园的孩子们就赶了上来，而那些以学业为主的幼儿园的孩子们对学习就不那么积极了。

父母们逼迫自己的孩子尽早学习学业知识的意图是好的。他们想让自己的孩子拥有各种优势，并感受到成功。但是，这种逼迫造成的可能更多是危害，而不是好处。当孩子被迫要在学业上有卓越表现时，他们可能就错过了与其发展阶段更适应并且更有效的学习方式。

现在，花点时间进入到你的 3~6 岁孩子的内心世界。如果你被迫学习一些东西，并且知道这会让你的父母感到骄傲，你会有

[①] 美国天普大学婴幼儿研究实验室负责人，与人合著《爱因斯坦从来不用生词卡：孩子们如何才能真正地学习，他们为什么需要多玩并且少背一些东西》，Rodale，2003 年。——作者注

什么感受？如果这些学习任务很难（即便你能学会），你会有什么感受？你会有能力不足的感觉吗？你会觉得父母的爱是有条件的吗？另一方面，如果你的父母允许你在一种到处都是很吸引你的器材的环境中探索和试验，让你对自己的每一项成就都感觉自己很有能力，你会有什么感受？如果你是在学习更有创造性，并掌握社会技能和解决问题的技能，而不是死记硬背一些事实和数字，你会有什么感受？

这意味着在 3 岁之前应该完全取消学业学习吗？不。关键是要遵循孩子们的兴趣。（玛利亚·蒙台梭利在 50 年前就明白这一点了。）有些 3 岁的孩子想阅读，并且对学习感到很兴奋，而不是迫于压力。有些孩子喜欢学唱字母歌（尽管他们根本不知道字母的含义）。要知道你的孩子正在学什么，以及他对此有什么感受。你的孩子可能无法用话语告诉你他感觉到了压力，但是，如果你注意，你就会知道。

儿童看护的选择

或许，最重要的问题是："什么是高质量的儿童看护，我如何才能找到？"在选择儿童看护时不要图便宜是极其重要的。尽管必须考虑费用，但在你做决定时，这不应该是最重要的因素。你的孩子生活中的很多极其重要的时间，都要在你选择的儿童看护机构中度过。

简单地说，就是要尽可能找到最好的儿童看护。如果找不到高质量的儿童看护，就给你找到的机构中的人员提供资料，比如这本书，将其变成高质量的。高质量的儿童看护机构会感谢你送给他们像本书这样的礼物。如果你所在的地方没有儿童早期知识的培训机构，你可以办一个。

不要匆忙做选择：一定要考察几家不同的儿童看护机构。要把你看到的记录下来。孩子们快乐吗？他们在里面的一举一动自信吗？老师们是蹲下来看着孩子们的眼睛说话吗？展示的艺术品是挂在适合孩子们看的高度，还是适合大人看的高度？建筑干净吗？有明显的安全隐患吗？老师们看起来是很快乐，还是很疲惫？（当然，要记住，即便最好的老师也会有艰难的日子。）所提供的设施允许孩子们自由地玩、装扮、学习并且能让孩子们活动身体吗？还是期望孩子们少说话、安静地坐着并且"当好孩子"？

有时候，父母们看着高质量看护机构的特征和必备条件的清单，会感到不知所措。你可能想搞清楚自己怎样才能知道考虑中的机构是否符合这些标准。这里有一个相对简单的解决办法：问。儿童看护机构的选择是一个重要的决定，而你作为父母的自信会影响到你的孩子对他的新环境是否感到舒适以及如何做出反应。要毫不犹豫地问你为做出一个明智的决定所需要的全部信息。如果一个看护中心或照料者似乎不愿意回答你的问题，或者不愿意让你观察他们是怎么做的，去看另一家可能是明智的选择。最重要的判断标准之一，是要找一个随时欢迎父母们来观察的看护中心或家庭。这样的看护中心没有任何东西需要隐瞒，并且会把你当作看护你的孩子过程中一个值得尊重的伙伴。如果你在造访你的孩子的幼儿园或看护家庭时，感觉自己像一个入侵者，就要另找一个你感觉自己受欢迎的地方。高质量的儿童看护是必须的。儿童看护机构应该是能让孩子安全、愉快并且有益于成长的地方。

如何选择高质量的儿童看护

用下列指标来辨别高质量的儿童看护:

1. 看护中心或托管家庭具备:
- 执照,并在有效期内
- 较低的员工流失率
- 当地部门、州和(或)国家的认证
- 充满爱心、以孩子为中心的环境

2. 员工是:
- 受过良好的儿童早期发展和看护培训
- 团队合作
- 通过接受培训来保持最先进的理念
- 对收入满意

3. 管教的方法是:
- 正面的而不是惩罚的
- 和善与坚定并行
- 目的是帮助孩子学习重要的人生技能

4. 一致性体现:
- 在课程中
- 在处理问题的方式上
- 看护中心的日常管理中

5. 安全性由以下几项表明:
- 活动设施
- 健康规定
- 应急准备

6. 课程、设施和活动是:
- 多种多样的,并且是适龄的
- 良好地维护、计划和监督
- 孩子专用,并且是所有孩子都能玩的

儿童看护中心或家庭

大多数州或市都要求看护中心和家庭要满足各种各样颁发许可执照的要求。看到贴出来的执照，就说明这些要求都得到满足了。一定要核对一下日期，以确保执照在有效期内（尽管很多州的审批会积压，以至于执照的有效期会出现空挡）。

人员流动率较低的看护中心，说明员工得到了很好的对待，得到了合理的报酬，喜欢他们的工作，并且感觉得到了中心管理层的支持。当员工得不到体面的工资时，他们就会去别的地方，通常会离开儿童看护行业。

要看看具体的资质。最知名的是NAEYC（美国儿童教育协会）的认证，需要多方面达到要求才能得到。看护机构要花几个月时间进行自我评估，并对不足方面进行改正；然后要由独立鉴定员进行考察，通常会是好几次。这种鉴定的有效期只有2年，然后必须再次申请。那些通过了这种鉴定的看护机构真的是努力赢得的。

员工

专业训练和实践经验，使得照料孩子的人更可能真正了解小孩子的需要，提供能满足这些需要的活动，并且对孩子的期望会与其发展相适应。专业训练加上较低的员工流动率会造就经验丰富的照料者，这是让相关各方都赢的一种情形。

要看一下员工所受培训的类型。有具体的培训要求吗？蒙台梭利（Montessori）、华德福（Waldorf）、高瞻课程（High/Scope）、学龄前儿童创造力课程（Creative Curriculum）以及很多其他项目都有专为老师开设的培训课程。美国很多州的社区学院、本科和硕士学位项目都有儿童早期研究课程。

审视一下看护机构管理的一致性也是有帮助的。对员工和家长们的期望明确吗？活动组织得好吗？财务是以务实而尊重的方式处理的吗？

医生、证券市场分析师、幼儿老师——所有行业的从业人员都必须了解本领域的最新信息。你正考虑让自己孩子去的看护机构的员工参加研讨班吗？有内部培训或者鼓励员工参加额外的教育课程吗？员工会通过参加讲座、研讨班和像正面管教这样的专题培训来了解最新信息吗？当老师们听其他人分享常见难题的解决办法时，他们会了解最新的研究成果，受到一些基本概念的启发和提醒，或者会感觉受到了鼓励。

要看看是否和谐。当一个看护机构不和谐时，孩子们会感觉到。要记住，小孩子们能"读"他们周围的大人的能量，并且对他们感觉到的事情做出回应。那些鼓励合作（在孩子和老师中）的看护机构，会让人看到团队的价值。要看看有没有定期召开的员工会议、内部的沟通工具以及同事之间的友好氛围。

管教

有成文的管教原则吗？问题是以什么方式处理的？看护机构给员工们推荐过管教方面的书籍或资料吗？问问老师们对一个打人、咬人或抢玩具的孩子会怎么做。看看老师们是否接受过如何处理出现的问题的培训。这家看护机构容忍打孩子的屁股吗？看护机构对待孩子的态度是积极的还是惩罚性的？是让孩子们看到应该怎么做，还是训斥孩子们不要做什么事？

要注意老师们如何与孩子们互动。他们是以一种尊重的方式跟孩子说话吗？老师在跟孩子们说话时，会蹲下身来看着孩子们的眼睛，还是隔着整个房间喊出他们的指令？一对一的交流表明的是更恰当和有效的看护。

行为界限很明确，还是当孩子们跑过来猛地撞上一个老师时，她还会忍痛咯咯地笑？老师们会坚持到底吗？他们说到做到吗？当一个孩子高高地挥舞一根棍子时，老师朝他大喊一声"放下那根棍子"，然后就继续与一位同事聊天吗？或者，这位老师会走过去，在给这个孩子一会儿时间放下棍子后，平静地把棍子拿走？

孩子们对自己的能力了解到的是什么？老师们是给每个孩子穿外套、袜子和鞋子，还是帮助孩子们自己穿？鼓励孩子们饭前洗手吗？要找那些教给孩子们技能，并且孩子们不只是被喂饭、穿衣和带在身边的客体的看护机构。

你在拜访时感觉到的是哪种氛围？快乐、平和的孩子们是一个好的标志。（请注意，这并不一定意味孩子们很安静！）孩子们的活力应该表明孩子们参与了并喜欢他们所做的事情。

一致性

课程的一致性，意味着有些活动是定期举行的。展示并介绍[1]、每天的故事时间和唱歌就是一些例子。像在家里一样，孩子们在看护机构中也喜欢惯例。一致性还意味着有学习目标，并且能得到执行。可以对比一个有明确意义的活动和一个给孩子们一些装鸡蛋的旧纸箱玩儿，每天上午都让孩子们围坐在装积木的箱子前自己玩积木，或让他们没完没了地看视频或电视节目的看护机构。如果有目标明确的课程安排，同样是这些活动可能就很好。一定要确保看护你的孩子的人重视动手的学习、健康的活动

---

[1] Show and tell，孩子们从家里带喜欢的东西展示给老师和同学，介绍这个东西的样子、来历、用途、好处等等，甚至可以带自己的宠物。——译者注

以及孩子的成长——而不只是安静和服从。

老师与老师之间、班级与班级之间处理问题的方式是一致的吗？一位老师拒绝让孩子们帮助准备零食，而另一个老师将零食时间变成了一次用酸奶画"手指画"的自由活动吗？

具有一致的课程安排的看护机构，能鼓励孩子们培养出信任、自主和一种健康的主动意识。这些品质在家里是很重要的，在你的孩子度过那么多时间的看护机构中也是很重要的。

安全性

安全性包括看护机构的实际环境、卫生规定和应急准备。裸露的电线、随意进出的洗衣房，或损坏的游戏器材，对于孩子们来说都不是安全的。

要看一看日常的应急准备。紧急情况是怎么处理的？有定期的防火和其他紧急情况的演习吗？老师们受过心脏复苏术、艾滋病和急救训练吗？药品是如何储存和管理的？怎么对待过敏症？（由于食用坚果引起的严重过敏越来越多，很多看护中心现在都实行"无坚果"策略。）对于生病和需要在家隔离的情况是怎么规定的？要问问孩子受伤会如何处理。

如果你生活在一个地震、洪水或飓风多发的地区，看护机构为预防这些紧急情况做了什么准备？准备了食物、水和衣服吗？是否列出了外地的报警电话，以防止本地报警电话打不通？指定了什么样的疏散路线和地点？

你要确保看护机构的员工在各种情形下知道如何照料你的孩子。你对上面介绍的这些细节感到越满意，你就能越放心地把孩子放在这个看护机构。

课程、设施和活动

　　这里课程设置的指导原则是什么？有张贴出来的主题、每天的活动计划或学习目标吗？正如我们已经说过的那样，很多学习都是在玩耍中进行的。在了解澳大利亚时，摆一些袋鼠玩具和原住民的艺术品；用非洲织物、蜡染布和儿童短上衣来促进对不同文化的欣赏；或者提供各种各样海绵、画笔和画布让孩子们画画，会增强他们玩耍和探索的类型和特点。

　　为婴儿设计的房间，应该在靠近地板的地方有对孩子来说安全而不易破碎的镜子，以及孩子在学走路时可以拽着自己站起来的扶手和结实的小家具。球或可以滚动的玩具将能帮助你的孩子练习手眼协调，并鼓励他运动和爬行。

　　应该有户外场地和诸如攀爬架之类能促进大肌肉发育的设施。要确保这些活动区域有人维护，并且是安全、干净的。要确保每天都有固定的户外活动时间，并且随时都有老师监护。在外出时，大人和孩子的比例必须合适。

　　孩子们用的任何设施都应该适合他们使用，比如较低的洗手池、易于取放的架子，以及符合孩子视线高度的陈列品。各种设备都应该尽可能是儿童专用的。小水壶、饮水杯和儿童专用桌椅对于小孩子都是很有益的。如果买不到儿童专用的物品，把大人用的物品进行改装也会有帮助。一个例子是在水槽或马桶边放一个稳固的踏脚凳，以便孩子更容易够得着。

　　要看看拼图的拼块是否齐全，积木和绘画用品是否多种多样并不断更新，以及音乐、唱歌或韵律活动的情况。如果你看到的只是一摞摞纸和铅笔，并且孩子们在桌子前坐很长时间，那就要当心了。一个能让孩子用到全部感官并鼓励运用体力的游戏和运动的看护机构，才有可能让孩子达到各方面学习的最恰当的平衡。

适应你的选择

一旦你做出了决定，你可能还会对将你的孩子放在看护机构感到忧伤和焦虑。做到下面几点可能会有帮助。第一步，是认识到这对你和你的孩子来说是一个必要的选择。当一位父母能够接受家庭生活对儿童看护的需要（或看到其价值）时，其他的担忧就开始能理出头绪了。

下一步，是处理可能每天都需要解决的随之而来的很多问题："我每天早上如何对待把孩子留在那里？当我们整天都不和孩子在一起时，我们的家庭惯例应该做出怎样的改变？我的孩子的朋友们怎么办？我的孩子会安全吗？我的孩子会被老师喜爱并感觉到爱吗？"一旦你感觉确信自己选择的是高质量的看护机构，很多此类问题就烟消云散了。

分离

在父母们把孩子留在看护机构时，他们常常不仅感到忧伤，而且会感到内疚。很多孩子早上在看护机构或在晚上父母要和朋友们外出时都会哭。父母对此如何反应，与一个孩子在看护机构感到满足的能力是密切相关的。那些尽管忧伤，但相信自己不在身边时孩子会得到很好看护并且会很安全的父母，会将这种信心传递给孩子。

分离的另一个面是情感联结。当你和你的孩子不在一起时，你的孩子和谁建立情感联结呢？要花时间帮助你的孩子和他的新照料人建立情感联结。无论他还是你都需要知道，当你不在身边时，他可以信任那个人会给他安慰和支持。

可以让你的孩子从家里带一个午睡时盖的小毯子或搂抱玩具，给孩子提供一些能感觉到与你和他更熟悉的环境的情感联结的具体途径。要和他班里的其他孩子约定一些一起玩耍的活动，以拓宽并加强他感受到的与其新朋友的情感联结。他越能感觉到情感联结，就越能更好地处理与你不在一起的时间。

去看护机构的日子

你们的日常惯例将会受到你的孩子去看护机构的时间、交通和各种细节的影响并被改变。有些家庭不得不将准备食物的时间包括进去，如果他们想给孩子带全部或部分食物的话。给孩子穿好衣服、出门、处理午睡问题、离开幼儿园回家的惯例、了解你的孩子正在萌芽并不断变化的友情，都是可能突然出现在全家人面前的常见问题。

即便是最有效并且运行最正常的生活方式，也可能会因孩子持续一周的耳部感染发作而脱轨。要记住，每个人都时不时会有糟糕的一天，而你的一天是否顺利取决于很多因素。这包括父母、孩子和照料者的心情和状态；交通；甚至可能包括一个人头天晚上是否记住了把牛奶放回到冰箱里。有这么多出现灾难的可能，你要养成一个每天庆祝那些进展顺利的事情的习惯。

尽管在冲出家门的过程中可能很难记住，但是，即便 2 岁的尼克坚持要穿一只紫色的袜子和一只橘色的袜子，并且 5 岁的丹尼斯把蜂蜜罐掉到了厨房的地板上，你也要花点时间为尼克完全靠自己穿好了衣服以及丹尼斯主动帮忙准备了早餐而感到高兴。不完美总是有的，所以，要把你的精力用在关注每天的成功上——无论有时看上去可能多么微不足道。

早晨的烦恼

惯例对早晨出门是至关重要的。我们前面已经讨论过童年早期的孩子们对时间和"过程与结果"普遍存在不同的认知（见第3章）。这些特点有时会妨碍早晨一些事情的顺利进行。要记住，小孩子喜欢惯例和可预测性。建立让你的小家伙去看护机构的明确惯例，将使你们拥有一个平静，而不是忙乱的早晨。

贾斯珀家有4口人。爸爸每天早上8:30上班，妈妈早上9:00上班，而他们的4岁的双胞胎女儿——艾达和艾美——必须要被送到幼儿园。因为他们只有一辆车，所以每天早上全家人都是一起出行，父母一起把两个女孩送到幼儿园。他们发现几件事情对他们来说很管用。

每天晚上，姐妹俩会帮忙挑出她们第二天要穿的衣服。起初，艾美不太乐意，因为她讨厌在寒冷的早上脱下暖和的睡袍，但后来，艾美和妈妈达成一致，她可以穿着第二天早上要穿的衬衣睡觉。头天晚上，爸爸或妈妈会装好第二天要带的午餐，有时候会得到两姐妹的"帮助"。准备午餐的人还要帮助两姐妹确保所有的外套和鞋子都收拾好，并摆放在靠近门口的地方，以免因为找不到而在最后一刻手忙脚乱。头天晚上的事先计划和准备，省去了第二天早晨要做的很多决定（以及陷入权力之争的机会）；惯例的建立使得事情进行得很顺利。

姐妹俩知道她们在吃早餐前必须先穿好衣服。妈妈或爸爸可以帮忙扣上难扣的扣子或系上鞋带，但两个女孩每天早上通常都能自己穿好衣服。在双胞胎2岁时，爸爸和妈妈就开始训练并鼓励两个女儿自己穿衣服了。艾美喜欢倒牛奶，爸爸妈妈就在冰箱里放了一个她能用的小奶罐。水槽边有一块海绵，两个女孩已经学会了在牛奶偶尔被洒出来时怎样用海绵擦。每天早上，艾达和艾美都会被分派一些事情，以帮助准备早餐：摆放餐巾，将盐和胡椒粉放到餐桌上，搅拌果汁等等。艾达和艾美对自己每天给家里做的事情感觉很好。当两个孩子帮着一个大人收拾早餐后的物品时，另一个大人则把车开出来并把大家要带的东西装到车上。然后，他们就轻松地笑着出门了。

这听起来像一个童话故事吗？是，又不是。建立起考虑周到的惯例并实现这种早晨的和谐是可能的。这不会在一夜之间发生。起初，爸爸和妈妈还为谁每天早上应该做什么而争吵过。当他们最终把事情想明白之后，他们清楚地理解了对方的期望，并且不再花大量的精力争吵。

然后，艾美和艾达进行了几次试探，看看父母是否当真要她们在吃早餐前必须穿好衣服。这意味着，艾美和艾达有那么一两个早上在离开家之前没有时间吃早餐。（她们的父母知道她们能坚持一两个小时，直到上午的零食时间。）这还意味着，至少有一次，两个女孩或其中的一个穿着睡衣去了幼儿园，妈妈或爸爸拿着装她衣服的一个袋子。艾美和艾达的父母不是在虐待自己的女儿；他们是在给女儿机会，让她们通过从自己的选择所造成的后果中学习，来变得能以尊重的方式承担责任。这还意味着，艾达和艾美很快就相信了父母说话是算数的，并且两个女孩都平静地参与到了早晨的惯例中。

通常，其结果会是一个没有烦恼的早晨。要注意"通常"这个词。并不是每一天都能顺利地开始。有时候,妈妈或爸爸会睡过头,所有的事情开始做得都晚,或在早晨发一些牢骚。另一些时候,什么样的惯例也不能让艾美穿好衣服。他们学会了庆祝改善,而不是寻求完美。

没有哪种早晨的惯例能始终完美地起作用。有了训练、考虑周到的计划和尊重——包括相互之间的尊重和对一致同意的规则的尊重——早晨就会顺利得多,至少是在大多数时候!

到达幼儿园

无论在你们到达之前发生过什么,你和你的孩子总是会到达幼儿园。有些事情能帮助你和你的孩子对未来的这一整天感觉更好一些。要到的早一点,以便顺利地过渡。要花一会儿时间和你的孩子一起在幼儿园转一圈。看看老师这一天有什么计划。如果你发现当天是一个代课老师,就要让你的孩子做好准备;要与代课老师见个面,并要确保把你的孩子介绍给他要相处一天的新人。

要注意环境发生的任何变化。如果有了一件新玩具或新画架,要和你的孩子一起查看一下。有时候,你可能在离开之前有时间给你的孩子读一个故事,或一起完成一幅拼图。如果时间不允许,就问他在你离开后会玩什么。这会让你们感觉到更多的情感联结,你和你的孩子就能想象到他在你离开后会做些什么。

到该离开时,你要快点走(拖泥带水地告别会让你、你的孩子和老师消耗很多情感),但千万不要不告而别。要告诉你的孩子你要离开了。随着这句话而来的可能是孩子的眼泪,但是,如果你是尊重并且真诚的,你的孩子将会知道他能信任你。如果你的孩子黏着你，要温和地把他交到老师的怀里，以便在你离开时有人抱着他并安慰他。让孩子们有一个专门的地方，可以站在那里或者由老师抱着在父母离开时挥手告别，是很有帮助的。

即便父母们以尊重和充满爱心的方式离开，孩子们仍然可能会哭。要记住，你的孩子能够明白他可以信任他生活中的成年人——并且他可以信任他自己。这是由你每天回来接他（以及她经受住了这些分离）而得到一再证实的。最终，眼泪会消失，而父母们和孩子早晨离别的惯例会很顺利、很快乐。（如果你感觉有必要，可以在上午的某个时刻给幼儿园打个电话，以便让自己放心孩子早就不哭了，并且一切都顺利。你换来的内心平静是值得打这个电话的。）

傍晚接孩子回家

当你到幼儿园来接孩子回家时，要留出友好地问候并渐渐地进入孩子的世界的时间。你们都将开始自己一天中的一个新阶段。

当玛德琳在幼儿园快关门时来接3岁的女儿布丽儿回家时，她看见女儿穿着演出服正在玩。玛德琳拥抱了布丽儿，并且郑重其事地评价了她选择的橙色假发和带有花朵图案的手提包。然后，玛德琳告诉布丽儿可以再玩5分钟。

在这5分钟里，玛德琳去取了上午的老师留下的记录布丽儿一天情况的便条。她还签字报了名，为下周的聚餐带一个砂锅菜。当她回到化妆游戏区时，布丽儿还在戴着那顶橙色假发。玛德琳说布丽儿一定非常喜欢这顶假发，或许她明天还能再戴。然后，她告诉布丽儿该走了。布丽儿有点不高兴，但穿上了外套并拉住了妈妈的手。她们一起找到了布丽儿的鞋子。玛德琳为接走布丽儿签了字，妈妈和女儿一起离开了幼儿园。

看到自己的女儿在幼儿园这么开心，以至于都不想离开了，玛德琳感到很欣慰。通过花时间与女儿重新建立情感联结，并且给布丽儿时间来结束自己的游戏，玛德琳为女儿平静地离开幼儿园打下了基础。布丽儿可能无论如何都会有点不高兴——毕竟，她正玩得开心呢——但是，她的烦恼要比一个被从玩耍中拖走的孩子少得多。

幼儿园老师的做法也促成了孩子们顺利离开，他们提前半小时让孩子们找出回家所需要的物品——外套、午餐盒、手工作业以及通知父母们下周将要举办聚餐会的便条。尽管有了这些准备，有些孩子在父母来接他们时可能仍然不会像布丽儿那么合作。

孩子们在离开幼儿园时之所以会心烦，是有一个很充分的理由的。幼儿园一个很重要的方面就是小孩子们一整天都必须应付一个高度社会化的环境。这意味着，你的孩子会积累起一定的不安和压力。当一个孩子在父母到来的时候情绪崩溃时，这可能是他在以自己的方式说你是他能信任爱他并接纳他的人，无论他向你显示出自己的哪一面。社会的期望在父母到来的温暖中可以放松了。

一个孩子一天中的一个主要转换，发生在他要离开儿童看护场所的时候，而小孩子能够领会到使他们顺利度过这种转换的温和的支持。花一些时间在你的孩子和他的需要上，最终会让你们两人都受益。

家庭的支持

无论一个家庭是什么样的结构、条件或居住位置，都时常需要一些支持。小孩子的父母们需要其他父母来诉说自己的担忧、分享自己的想法和孩子的事情。孩子们在生活中既需要其他孩子，又需要大人，以便了解生活在他们世界中的各种各样的人。

养育学习班、诸如本书这样的养育书籍以及其他一些资源，为今天的父母们提供了很宝贵的工具。很多社区都有父母们可以聚集在一起分享理念，并让孩子们一起玩耍的群体。此外，互联网打开了一个广阔的信息世界，包括一些可以交谈、寻求建议，甚至有机会向各个领域公认的专家问问题的论坛。孩子的照料者也可以获取各种资源。养育孩子关乎整个社会。发生在孩子们身上的事情，对所有的人——孩子和大人都一样——都有重大影响。

保姆和临时保姆

问：我有一个很棒的临时保姆，她对我 2 岁的女儿和 4 岁的儿子非常好。我对她唯一的担忧是她不管教她自己 3 岁半的女儿；因而，她的女儿成了一个暴君，而我 2 岁女儿的行为开始像她女儿那样了。这个女孩会尖叫、打她的妈妈，并对她的妈妈说"不行"或"闭嘴"。我的女儿在家里也开始这样了，每次至少要花一个小时才能让她遵守我们的规矩。我不想让我的孩子也变成一个暴君。这个临时保姆其他方面都很好。我该怎么办？

答: 你的临时保姆的女儿并不是在真空中出现这种行为的。尽管你对这个保姆对待你的孩子的方式感到很满意,但我们怀疑她不能有效地设立限制。她女儿的行为就是一个重要的线索。她女儿总是这样吗?这还可能是因为她女儿嫉妒你的孩子分享了自己妈妈的关注,因而将精力用在了做出不良行为上,以便让她的妈妈围着她转。要跟临时保姆谈谈你的担忧;问问她对自己女儿的行为有什么感受,并且看看你们两个是否能想出一个双赢的解决方案。如果这样解决不了问题,你可能就要面对是否要改变自己孩子的看护安排的决定。

选择一个临时保姆或保姆需要仔细考虑。要查看证明文件、与候选人面谈(不要孩子在场),并且随后要安排一次使你、候选人和你的孩子能熟悉起来的会面。要以务实的方式处理这件事情,要给临时保姆提供处理紧急情况和医疗方面的信息,并且对于最后没有雇用的临时保姆要按照约定支付占用其时间的报酬。

雇用一个临时保姆或保姆的一个好处,是孩子不用离开家就能得到照料。孩子们是在一个熟悉并始终如一的环境中睡觉、吃饭和玩耍。如果父母的工作时间经常变化,或者工作中需要出差,这种方式常常会有更大的灵活性。另一方面,一个和保姆待在家里的孩子,会失去发展社会技能的机会,除非她经常和附近的小朋友或亲戚家的孩子玩儿,或去参加幼儿园的非全日制项目。大多数父母都担心会有孩子受到虐待或保姆不负责任的危险。保姆和临时保姆是单独和孩子在一起的。唯一的预防办法就是要谨慎,仔细筛选并且要对资质进行全面查验。

无论你最终选择了谁在你不在家时照看你的孩子,一定要确保你跟他或她的谈话让你足够放心——并且要确保他或她与你有同样的养育孩子的理念。一起参加一个养育学习班可能会有帮助。如果你的孩子已经能轻松地与你沟通了，要时常问问孩子的看法，以确保一切顺利。而且，始终要倾听你的内心；你的直觉会帮助你知道何时需要做出改变。

祖父母和其他亲戚

很多孩子在父母去工作的时候是和爷爷奶奶或其他亲戚在一起。事实上，很多祖父母现在是在实际上抚养他们的孙子孙女，因为孩子的父母没有办法抚养。由亲戚照看，会给孩子们提供建立牢固的家庭关系纽带的机会，而我们中的很多人都对与我们的大家庭一起度过的时光有美好的记忆。两代人之间也会有问题、分歧和冲突。

问：如果孩子的奶奶总是让孩子为所欲为，并且把他惯得不像样子，我怎么才能让4岁的儿子有礼貌呢？我在附近的办公室做兼职时，孩子会和奶奶在一起。我感觉自己总是不得不当坏人，因为她从来不爱管教他。我甚至害怕他爱她胜过爱我。我需要帮助。

答：与爷爷奶奶在养育上的分歧，常常更多地涉及到父母和祖父母之间的关系，而不是小孩子和爷爷奶奶之间的事情。这种冲突可能来自于你需要与你自己的父母发展为成年人与成年人之间的关系，他们有时候会继续把你看作是昨天还抱在腿上逗弄的胖乎乎的小可爱——或者看作是从小时候到现在什么都没学会的问题少年。

爱不是一种比赛。听上去有点像你和孩子的奶奶把你的孩子当成了证明自己比对方强的一种方式。孩子们爱自己的父母，也爱自己的爷爷奶奶。孩子们爱双方，而又不减弱对每一方的爱完全是可能的。

孩子们能够知道在不同的环境中哪种行为是可接受的。如果奶奶允许小亨特用果汁软糖装饰厨房里的桌子，亨特仍然会记住果汁软糖在自己家里是干什么用的。当然，他可能会说服你接受这种改变，哼唧着说"奶奶就让我这么做"。你只要笑一笑，并提醒他家里的规矩不一样。

不幸的是，当养育理念、期望以及规矩发生冲突时，仅凭耐心可能是不够的。如果父母为和公公婆婆或其他家人达成健康的人际关系做出了真诚的努力，而分歧无法得到解决，可能就有必要做出另外一种看护安排了。

"如果我有疑虑怎么办？"

当父母对一个照料孩子的人确实感到不安时，无论是不是亲戚，都必须说出来。怀疑孩子受到了虐待、被置于有害的环境、管教理念的极大分歧，或者对孩子发育滞后的担心，都值得立即关注。如果你相信你的孩子处在风险中，要毫不犹豫：让孩子脱离这种环境，并去找一个你能信任并感觉很放心的照料者。

如果你的担忧不会威胁到你的孩子的安全或健康，就要努力找出解决办法。要以一种尊重的方式表达你的担忧，并说出你的想法、希望和要求。要倾听你的孩子的照料人的想法，不要评判。要一起找出解决方案。正如对任何看护场所一样，当大人们一起努力时，孩子们就会受益。

你的孩子在3~6岁这重要的几年中，十有八九至少会有部分时间是在父母之外的人——保姆、亲戚或幼儿园老师——的照料下度过。你现在在孩子看护的安排上投入的时间和精力，会以平和的心态、快乐和学习的方式数倍地回报给你们。环境和跟小孩子们打交道的老师会帮助塑造孩子的未来——而这也是我们共同的未来！

第 16 章

3~6 岁孩子的家庭会议和班会

这是 ABC 幼儿园的班会时间。当小家伙们围坐成一圈后，斯科特老师翻阅了一下班会议程，说："好像我们有一个有人在操场上相互朝对方扔碎木片的问题。有谁对这个问题要说点什么吗，或者有谁能提出一个我们怎样解决这个问题的建议吗？"

5 岁的吉拉德举起了手，"扔木片的人可以去冷静一下！"4 岁的纳塔丽挥舞着手，当叫到她的名字时，她建议："我们可以让那儿不再有碎木片，而种上草坪。"

老师看向 3 岁的克里斯蒂娜，她的小手耐心地高高的举着，便叫了她。"猜猜怎么着？"克里斯蒂娜欢快地笑着说。

"怎么了，克里斯蒂娜？"斯科特老师问。

"我今天的麦片粥里有香蕉。"

"嗯，那味道一定很好。"斯科特先生微笑着说，并且感谢了她发言，然后又问了一些对碎木片问题的建议。尽管克里斯蒂娜显然没有想碎木片的问题，但她仍然是群体中有价值的一员。

当孩子们大到能够积极地参与集体活动或围成圆圈时间的活动时（通常是在 3 岁半左右），他们就已经为开班会做好准备了。班会是帮助孩子们学习合作、做贡献和解决问题技能的一种极好的方式。这个班的孩子们一致同意他们不再扔碎木片了——这是一个由老师提出了无数次都不管用，但当由一个孩子提出来并被全班一致同意后就见效了的建议。

什么是班会？

班会远不止是集体解决问题的会议。在班会上，孩子们定期聚在一起相互帮助、相互鼓励、学习沟通技能、专注于解决方案，并培养判断力和智慧。然而，无论一个孩子几岁，班会最重要的作用都是造成一种归属感。因为，对归属感的需要是所有错误目的行为（见第 8、9、10 章）的核心所在，处理这种需要将对群体中孩子们的行为产生最深远的影响是很容易理解的。

班会提供了很多学习并增强技能的机会。它有助于孩子们习得社会技能并促进语言能力。班会既培养群体的一种责任感，又能培养每个孩子的责任感，并能通过让孩子们对自己的能力和重要性抱有积极的心态来赋予其力量——这种心态不仅有助于塑造他们的行为，还能建立起他们的自尊。

在本章中，我们将看一下你可以用来为 3～6 岁的孩子们开始召开班会的方法。关于班会的更多内容，请见《教室里的正面管教》[1]。

---

[1] 简·尼尔森、琳·洛特著，北京联合出版公司，2014 年。——译者注

多小是太小？

"我能看到班会对小学生的价值，"你可能会说，"但 3~6 岁的孩子是不是有点小？"答案其实是"不"——3 岁半以上的孩子就可以在富有成效并令人鼓舞的班会上一起有效合作了。即便是幼儿园中小于这个年龄的孩子，也能渐渐形成由班会的过程培养出的积极心态。年龄较小的孩子可以从年龄较大的孩子做出的榜样中学习，年龄较大的孩子们可以学会考虑并照顾年龄较小的孩子的需要。像克里斯蒂娜这样的 3 岁孩子对班会的贡献当然与大孩子们的不同。然而，让这些小家伙参与是有真正价值的，最大的好处是他们能建立起对集体的归属感。

即便你的班里都是两三岁的孩子，你们仍然能够一起愉快地召开班会。在没有大孩子时，老师就成了榜样；他可能需要提出大多数建议并帮助孩子们学习做出选择。即便是学步期的孩子也可以参加班会，尽管对他们来说班会的主要目的可能只是一起计划一次外出或有趣的活动，而不是解决问题。将孩子们的社会能力和语言能力考虑在内，将有助于你了解自己可以期望达到什么样的目标。

到孩子们 4 岁时，他们通过现场的投入和参与就能学会班会的各种要素了。比如，可以通过帮助一个人，教给孩子们帮助别人的概念。在第 10 章中，我们曾讲过孩子们帮助一个欺负人的孩子学着转移自己的不良行为的例子。4 岁以上的孩子们很快就会对解决问题的理念充满热情——而且在教给他们技能并得到练习机会时，很善于解决问题。

幼儿园班会成功的要素

3~6岁孩子的班会有4个主要目标。将这些要素列在一张色彩鲜艳的图表上，可以为每次班会提供一个统一的议程，并且有助于将孩子们的注意力集中在当时讨论的事项上。一旦你们建立起惯例，孩子们就能轮流主持班会了。他们喜欢宣布班会正式开始，叫起名字出现在议程上的人（有时要由老师提示一下），征求解决问题的建议，并宣布结束会议。

致谢和感激

致谢的内容明显会受到致谢的孩子年龄的影响。四五岁的孩子可能会这样说："我想要感谢简和我做朋友"或者"我感谢埃迪，因为他跟我一起玩化妆游戏。"你甚至偶尔会听到："她把我从秋千上推了下来！"（哦，他们还没有完全学会致谢！）

3岁的孩子不是总能理解"致谢"的概念。他们更可能会说"我爱我妈妈"，"我家里有个泰迪熊"或者"我晚餐要吃披萨"。这些小家伙通常说的是自己脑子里正想着的事情，但老师可以笑一笑，并感谢他们的发言。这种做出贡献的感觉，不会因为他们的"致谢"有点离题而减少。

学龄前儿童召开班会的四大要素
・致谢和感激。
・相互帮助。
・解决问题。
・计划未来的活动。

老师可以问一些有助于引导孩子们学习如何致谢的问题。比如，"你喜欢我们幼儿园的哪些东西？"，或者"今天有谁帮助你感觉很好吗？"，老

师还可以给出致谢的例子:"我想要感谢你们昨天做的美味的蛋糕。而且,我非常高兴,在我们和好面糊后,所有的桌子都清洗并打扫干净了。""麦迪逊,我想感谢你让我们帮助你解决不喜欢你的午餐的问题。我很感激我听到的那些主意,因为我也能用到它们。"

"我爱你,但是……" 你以前听到过这样的话:致谢只是为了批评做准备。"你干得很好,但是……""谢谢你捡起你的玩具,但是……"孩子们也会这么做。"我感激麦吉和我一起玩,而且没有推倒我。"这种致谢就像从后边扫过来把我们击倒的短吻鳄的尾巴一样。孩子们甚至可能会变得"畏惧致谢"。他们已经知道,只要一个大人说你做的什么事情很好时,就意味着肯定会接着说一些不好的事情。在出现这种情况时,无论我们的鼓励和感激有过多么大的力量,都会消失。

做出如何告诉别人你感谢他们所做的事情的榜样,对我们所有人来说都可能是一种很棒的做法。不要在你的微笑、感谢和感激中掺杂别的东西;要另找一个安静的时刻再说出那些有益的提示。孩子们会从你的榜样中学习。

相互帮助

班会的下一项是相互帮助。班会中的这段时间,是孩子们就自己遇到的问题寻求帮助的一个机会。

这是山港幼儿园星期二的上午。三岁和四岁孩子的班刚刚开始和他们的老师西尔克先生一起开班会。老师问,今天是否有人需要大家的帮助。

> **本周之童**
>
> 在一所幼儿园，致谢的一种形式被称为"本周之童"。在每周的围成圆圈时间，都会有一个特别的"本周之童"，而且班里的每个孩子在一年中至少会被选中一次。
>
> 老师会带来一大张纸和不同颜色的彩色铅笔。在纸的最上端，她会写上这个孩子的名字。然后，每个孩子轮流说他们喜欢这个孩子的哪一点或要向他或她致谢的事情，而老师会把他们的话写在这张大纸上："我喜欢她，因为她是我的朋友。""她和我玩。""她的眼睛很亮。"（哇！）"她跳的时候像老虎一样。"
>
> 如果孩子们似乎有点卡壳，不知道说什么，老师们可以通过问问题来提供一些指导："谁想说莫琳可以来他或她的生日派对？""有谁还记得自己这个星期跟莫琳玩过化妆游戏？"老师还可以补充一些对这个孩子表达感激的话，并示范向别人致谢的技巧。如果还有孩子很难想出要说什么（或者只是有点害羞），老师可以问："谁愿意作为莫琳的朋友，把自己的名字写在这张纸上？"
>
> 当所有愿意发言的孩子都说完后，老师会把这张纸卷起来，并用一根颜色鲜艳的丝带绑好。然后，选一个孩子将它送给莫琳，并用一首歌——可能是"因为他（或她）是一个很好的人"的改编——来

马蒂亚斯举起了手，说道："我早上醒不来。"很多其他孩子都说这对他们来说也很难。西尔克先生问是否有人能给马蒂亚斯提一个建议。孩子们提了各种各样有帮助的主意："早点上床睡觉。""无论如何也要起来。""穿着睡衣来幼儿园。"西尔克先生转向马蒂亚斯："你认为这些主意对你有帮助吗，或者，大家应该再多想一些主意？"马蒂亚斯想了一会儿，然后说他"无论如何也要起来"。

> 结束圆圈活动。这是开始一个孩子的一天的好方式，不是吗？成为"本周之童"对每个孩子都是一种特别的待遇——但要记住以创造一种归属感为核心。很容易跨过鼓励的界限，而将其变成表扬，这会教给孩子们依赖于别人的评价。
>
> 一位在美国实习的老师在看过"本周之童"的演示之后，将这一概念带回到了自己在亚洲的课堂，并将其改名为"本周之星"。在她的文化中，除了筹款之外，孩子们的家人不参与学校的活动，但是，当她提出"本周之星"的想法时，他们都表现出兴趣和好奇。
>
> 有个星期，一个文化水平很低并且被老师们很看不起的孩子的父亲，参加了儿子的"本周之星"活动。他和儿子一起制作了一个他们家房子的精致的缩微模型，完全是用牙签和塑料吸管做成的。这是一件真正的艺术品。看着这个男人显而易见的骄傲和对自己儿子的爱，老师们都被他的才能和为自己儿子所付出的大量时间和劳动折服了。他们对这个家庭的态度转变了：参加"本周之星"的圆圈活动唤醒了他们的同情心。在老师和所有孩子的家庭之间开始形成一种全新的尊重感。事实上，这件漂亮的作品一直被陈列到学期结束。有时候，简单的想法就可以带来非同寻常的改变。班会（以及家庭会议）通过让孩子和大人同样尊重每个群体成员的贡献，来形成这种情感联结。

接着，朱利安举起了手，说他需要帮助，因为"我妈妈没有足够的钱"。在表达了对朱利安的同情之后，其他孩子说他们也有这个问题。朱利安的朋友们迫不及待地要帮助他。有些孩子提出要带来一些钱。布兰登建议朱利安可以干些活赚钱。克里斯托说："我的妈妈会帮忙。"大卫则建议："你的妈妈可以找一份挣钱更多的工作。"

朱利安的妈妈不大可能因为这次讨论就会有更多的钱。但是，朱利安真的在担心钱的问题，并且他的担心得到了尊重的对待。他还知道了他的同学们关心他的需要，并且有些同学有相同的担心。相互帮助可以成为班会中很有力量的一部分。

也可以邀请孩子们的父母往议程上写议题，并且来参加班会。亲眼看到自己的孩子喜欢这种经历，可能会鼓励他们在家里开类似的会议。

解决问题

你可能会很惊讶，但小孩子们在解决问题时会相当有创造性。一天下午，在山景幼儿园里父母们接孩子时签名的地方，旁边出现了这样一个通知："我们本周四下午将举办一场小型的烤饼干义卖活动。我们正在学着为更换被撕坏的一本图书馆的书承担责任。我们会在幼儿园里烤饼干，并以每个25美分的价格出售。

孩子们还愿意在家里通过做一件特别的事情挣25美分。卖饼干的想法是在班会上讨论一本被损坏的书的时候提出来的。我们还讨论并演示了如何拿书以及如何从书的边角翻书。"

在接下来的一周里，孩子们在上课时间准备了几炉饼干，在这个过程中学习了新技能（并且很开心）。在星期四，举行了义卖，并且非常成功，以至于在扣除饼干原料的成本后，孩子们募集到的钱不仅足够更换被损坏的书，而且还够再买另一本新书。他们在随后的班会上又讨论了想要为班里买一本什么样的新书。

想象一下，如果老师斥责孩子们，并且取消他们去图书角的特权会怎么样。学习和练习这些重要的人生技能的机会就失去了。

班会还可以提供学习社会技能的宝贵机会。

一天上午，在开班会时，4岁的坎蒂丝说另一个孩子骂她的朋友迪兰。老师问迪兰是否愿意让大家讨论这个问题。（孩子们学会为自己的需要负责是很重要的。）在迪兰说了这件事情之后，老师问是否还有别人被骂过。"这让你们有什么感受？"她问道。这引起了一场热烈的讨论，孩子们一致认为挨骂会让人伤心。然后，他们想出了一连串可能的解决方案。

"或许，骂人的孩子可以控制一下自己。""走开。""就说，'别这样说话！'""去找一个老师帮助。""告诉他们你不喜欢这样。""让他们冷静一下。""说，'住嘴！'""大家都走开，到别的地方再讨论这个问题。"

"放到班会议程上！"

议程，是写在班会议程本上或贴在墙上的一系列议题，需要每个人都能拿到或够到，孩子们和大人可以在上面列出他们希望在下次班会上能讨论的问题。除了列出需要讨论的事项之外，议程还能起到让人冷静的作用。

当乔怒气冲冲地跑过来告诉老师"帕克刚刚弄死了一只甲壳虫"时，老师可以分担他的不安，并提示说"应该如何对待昆虫"会是他们班会的一个很好的议题。她问乔是否愿意把这个问题写到班会议程上。他马上就同意了，老师拼出了"昆虫"这个词，乔把它写到了议程上；然后，乔在旁边写下了自己的名字。如果乔年龄很小，老师可以替他写名字和议题。或者，她可以鼓励乔画一个昆虫的画，并且临摹出自己的名字或者做一个自己的标记。让乔以某种方式参与是对他的尊重，并且能造成一种责任感以及自己对发生的事情能有影响的感觉。

到该解决问题时，老师要查看议程，并让乔向其他孩子解释昆虫的问题。因为乔在自己生气时感觉得到了倾听并将他的问题放到了议程上，他现在可以心平气和地讨论问题了。乔的老师会注意让孩子们把注意力集中在"如何对待昆虫"上——而不是谁杀死了昆虫或者应该怎样惩罚他。

这些建议可能听上去有点类似，但都得到了尊重并被写了下来。迪兰和他的同学现在可以讨论一下每种选择的可能结果（在老师的一些帮助下），并决定他们以后用来回应骂人的一些方法。要记住，学龄前的孩子仍处在改善他们的社会技能的过程中；像"用更难听的话骂他"或"把他打跑"之类的建议，会给孩子们提供了解更恰当的回应方式的机会。

计划未来的活动

当小孩子们被问到有什么可以大家一起参加的好玩活动时，并不是所有建议都是可行的："我们可以一起去迪斯尼乐园。""我建议我们一起去海边。"（根本不管外面正在下雪。）"我们可以坐飞机去旅行。我爸爸会带上我们的。"一旦孩子们开始提出不可能的建议，这种建议往往就会越来越多，所以，老师通过提出一些可行而好玩的活动和外出来引导孩子们是很有帮助的。

这样的主意有很多。去警察局、消防站、动物园和公园都是可行的实地考察活动，这取决于你们的课程安排。要记住，一次实地考察活动可以成为让孩子们事先解决问题的一次极好的机会。要问他们上次实地考察时出了什么问题，或者他们认为什么样的集体活动规则比较好？如果孩子们想不出来，老师可以提一些建议，比如讨论过马路、推挤人、到处乱跑的情况，或者在消防队长说话时不安静而尊重地听。然后，孩子们可以用头脑风暴想出解决方案。当孩子们参与制订规则时，他们会更愿意遵守。

还可以计划一些更便于开展的活动。在教室里用冰激凌或爆米花招待全班同学，既有趣又很容易做到。如果涉及到花费，孩子们可以一起制订计划筹集所需的资金。他们可以通过在家里做一些特别的事情，或在幼儿园里集体承担一些任务来挣钱。一群很有开创精神的小家伙决定在幼儿园放学时向又累又饿的父母们卖烤土豆。当父母们来到幼儿园时，他们闻到了诱人的香味，不用说，这次资金的筹集非常成功。

孩子们可以集体设定一个目标，比如，在把所有的架子和玩具清洗干净后，举办一次披萨派对。老师可以提供水桶和海绵，孩子们可以加入进来。有一所幼儿园设立了一个不定期的地板擦洗日，在这一天，家具会被全部清走，为孩子们准备好海绵和拖把。孩子们喜欢这种将玩水、训练、社会责任感融合在一起的活动。要记住，让孩子们参与计划一项活动，无论是做手工艺品、烹饪，还是玩耍，都会使这项活动更成功。当让孩子们感觉到自己的能力、创造性和参与感时，他们几乎总是会热情地回应。

有效班会的特别提示

记住下面几点，将会确保你的班会成功。

要把握班会的时间

3~6岁孩子的班会可能需要你灵活一些。根据孩子们的心情、能力和注意力的持续时间，你可能需要让班会开得短一些，或者每次只专注于班会的一种要素。培养孩子们的归属感并给予他们鼓励，并不需要把你的班会开得时间很长。很多幼儿园发现一周开一次班会就足够了。另外一些幼儿园则喜欢每天开一次短班会，以便孩子们能够经常练习给予并接受致谢、共情地倾听，以及专注于解决方案。试错将帮助你找出最好的平衡。

运用特别的信号

小孩子们喜欢特别的信号，比如，每天唱同样的歌来表示打扫时间到了。铃声可能意味着每个人都应该安静下来听老师的通知。设计一个特别的信号用来开始和结束班会也很管用。在一个班里，孩子们会在地板上坐成一圈，抱着双臂。作为班会的开始，他们慢慢地张开双臂，就像打开一本书一样，并说："班会开始了！"在班会结束时，他们把这个过程反过来，并且说："班会结束了！"

成功举行班会的几个小建议
- 要把握班会的时间。
- 运用特别的信号。
- 投票表决（在适合的时候）。
- 做记录。
- 运用"发言棒"。

投票表决（在适合的时候）

在幼儿园里，当选择涉及到所有的孩子时，可以进行投票，比如，是否要举办一次爆米花派对、披萨派对或自制冰激凌。在这个年龄，孩子们能够知道人们的想法和想要的东西会各不相同，并且他们可以学着相互迁就。（让孩子们投票为别人选择解决方案是不合适的。应该允许问题的当事人选择他认为对自己最有帮助的解决方案。）

做记录

将班会上发生的事情记录下来是有帮助的，尤其是在你班上的孩子们需要记住他们决定的事情时。由于大多数学龄前的孩子还不会写字，就需要由一个大人来做会议记录。在每次班会开始时，你可以回顾一下上次班会的记录，看看你们的计划和决定进展如何。要评估一下那些经过尝试而不管用的解决方案。看看那些没有被采用的建议，并且要提出一些新的主意。如果一个问题依然存在，鼓励一个孩子把这个问题放回到班会议程上并再次讨论是很重要的。

运用"发言棒"

可以让孩子们沿着围成的圆圈传递一根经过装饰的木棍、一根魔杖或是一个小玩具。拿着这个东西的人才允许说话。（我们建议你不要使用填充动物玩具，因为3~6岁的孩子们喜欢在填充动物玩具传到自己手上的时候在上面蹭鼻子——这是传播感冒病菌的一种好方式。）一个有形的标志能够帮助小孩子们学会尊重地倾听和轮流发言，并且能够鼓励害羞的孩子在手里拿着物品时为集体讨论贡献自己的想法。

3~6岁孩子的家庭会议

如果你还有年龄更大的孩子，你可能已经发现了开家庭会议的很多好处。如果你的孩子就是3~6岁，这可能还是一个全新的概念；你可能甚至会质疑跟小孩子开家庭会议的价值。你可能怀疑："学龄前的孩子能从中学会什么？他能安静地坐着吗？一个小孩子怎么可能解决问题？"

不用花什么力气就能将在本章一开始提供的班会资料用于家庭会议，而因此得到的好处是很值得你花费的时间和精力的。家庭会议能让孩子们知道他们是家里有价值的、能干的一员，而你可能会对你的孩子的机智和创造性大吃一惊。3~6岁的孩子能够向别人致谢、帮助解决问题、计划家庭娱乐活动，并且学会表达他们的需要和以积极的方式（并且令人吃惊地愉快）得到帮助。定期的家庭会议将帮助你和你的孩子建立一种相互尊重、信任、理解和爱的感觉——这会为以后的很多年打下很好的基础。

下面是开始和3~6岁的孩子开家庭会议时要记住的几点：

要现实。即便是3岁的孩子，你也能和他们开有价值的、令人愉快的家庭会议，但要记住，孩子年龄越小，注意力保持的时间就越短。你的家庭会议时间要短，并且不要离题；这样，就没有人会感到厌倦了。

要给家庭会议优先的位置。我们忙碌的生活往往会妨碍我们落实自己最好的打算。如果你想让家庭会议起作用，就要确定一个全家人定期聚在一起的时间，并且要坚持下去。大孩子通常会有诸如运动或音乐课这样的任务要完成，这些时间是你无法控制的。制作一个标明每个家庭成员将要参加的活动的家庭日历，并用它来计划未来的家庭会议，可能是有帮助的。要记住，只有坚持开家庭会议，每个人才更容易练习各种技能。不要让电话、家务或其他让人分心的事情妨碍家庭会议的进行。将你们全家人在一起的这段时间放在优先位置，将会帮助你们形成一种家庭凝聚力，并且会让你的孩子们知道你重视他们以及你们一起度过的时光。

以致谢和感激开始每次家庭会议。在刚开始时，这会让人感到尴尬，如果你有几个喜欢相互贬损的孩子，尤其会如此，但寻找并评价积极的方面，会鼓励每个人并且会让你们的家庭会议有个友好的开端。有的家庭更喜欢将感激放在家庭会议结束时，而不是开始的时候。当处理困难的问题或出现强烈的情感时，以感激和致谢作为结束，能形成一种使情感得以恢复的基调。

将议程放在触手可及的地方并帮助你的孩子使用议程。即便小孩子也可以在议程本上"写下"他们的问题和担忧,或者做个标记来表明他们有想说的事情。认真对待孩子们的问题(并且要小心,不要立即压制小家伙不切实际的想法),会向你的孩子表明你重视他们。仅仅是把问题写下来这个行动,就能成为找到一种平和、有效的解决方案的第一步。

留出娱乐的时间。要确保你们的家庭会议有时间用来一起娱乐,或许是玩个游戏,一起看个视频,计划一个家庭活动,分享一份特别的甜点,或者读一个最喜欢的故事。

无论你决定怎么做,家庭会议都是你和你的孩子能够养成的最好的习惯之一,并且将帮助你们在未来越来越忙的几年中保持心灵相通。关于家庭会议的更多内容,见《正面管教》[1]。

一个学习的机会

班会和家庭会议的成效令人吃惊,在帮助孩子们形成一种强烈的归属感的同时,能教给孩子们很多人生技能。大人们有时会低估小孩子的创造力和承担责任的能力,而班会和家庭会议能给所有人提供这种学习的机会。你可能会发现,你照料的小孩子不仅能学会自尊和合作,并且还会度过一段不可思议的美好时光!

正如我们已经知道的那样,3~6岁的孩子能够为家庭会议和

---

[1] 简·尼尔森著,京华出版社,2009年。——译者注

班会做出贡献,甚至是在年纪很小并且没有发展出很好的解决问题能力的时候。如果你的孩子在幼儿园里参加了班会,你会吃惊地发现他会多么快地将这种新能力用在家里,这可能会激励你和你的家人召开这样的会议。反之亦然。你可能希望鼓励你的孩子的幼儿园开始开班会。本书为成功提供了一个杰出的蓝图。家庭会议和班会为孩子和大人们一起体验合作、同情、解决问题和快乐地学习提供了一种绝妙的途径。

第 *17* 章

"外面的"世界

如何对待技术和文化的影响

虽然难以想象，但世界上以前并不存在电视和电脑，各个家庭是以读书、围在钢琴旁唱歌或大声地讲故事为乐的。你可能发现自己想要这种更简单的时代，但是，无论你是否喜欢，都不可能回到过去了。电视、电脑、互联网、数字音乐播放器以及视频游戏已经成为了风尚，而新的设备毫无疑问会接踵而至。在你的孩子童年早期这几年的某个时刻，你必须决定这些"科技恐怖分子"在你的家里将占据什么位置。（在本章，"屏幕时间"指的是你的孩子花在电视、电脑、视频游戏或其他电子设备上的时间。）

想想下面这些事实：

- 美国平均每个家庭拥有 2.75 台电视机。
- 66% 的美国孩子在自己的卧室中有一台电视机（包括 20% 的 2~7 岁孩子）。
- 美国每个儿童和青春期的孩子平均每周看电视的时间超过

21个小时，或将近一个孩子醒着的时间的五分之一。

·看电视可能会影响注意力集中的时间长度，因为孩子们要适应电视连续快速发送的碎片信息。

·美国的广告商每年用于向孩子们推销产品的费用大约为150亿美元。

·背景中开着一台电视机，似乎会妨碍孩子学习语言的能力。

·看电视时间的增多与肥胖有直接的关系；孩子们在屏幕前待的时间越长，用于跑步、运用想象力，以及学习社会技能和人生技能的时间就越少。

·童年时期接触的电视中的暴力与成年初期的攻击行为有关，对男性和女性来说都是如此。

很多孩子在不满3岁时就学会了操作复杂的遥控器。全世界的3~6岁孩子都学会了如何用电脑、游戏机或掌上DVD播放器，并入迷地坐在屏幕前看卡通片、视频或者玩电子游戏。在很多家庭里，看电视甚至成了孩子就寝惯例的一部分；很少有父母意识到在睡前看电视会扰乱一个孩子的睡眠模式。有些孩子习惯性地在电视机前的地板上入睡，而不是在他们自己的床上。

软件设计人员在加紧推销专门针对很小的孩子的"教育类"程序，催促父母们能早点开始教他们的小家伙使用电脑。英国的一项研究指出，在1995~2005年的10年间，专为儿童播放的电视节目时间增加了10倍。明智的父母们知道要认真地思考他们在一个孩子的生活中是否有最强有力的影响——还是要将这种影响交给电视和广告。谁最有可能把你的孩子的最大利益记在心里呢？

作为消费者的孩子们

儿童电视节目中的角色从屏幕上跳了出来,跳到了午餐盒上、可爱的绒毛动物玩具上、T恤上,而孩子们会吵闹着要那些带有他们最喜欢的电视或录像中角色的玩具和产品(通常是垃圾食品、糖果或含糖饮料)。向孩子们推销产品和给孩子们提供娱乐之间的分界在哪里呢?不幸的是,没有这种分界线。制作儿童节目需要花很多钱,但孩子们不像大人那样有支票本,一个30秒钟的广告,不会像孩子们喜爱的角色那样在他们的脑海里留下持久的影响。节目本身必须成为广告——而这正是实际发生的情况。

对孩子们的营销是一个非常精心的过程。小到1~4岁的孩子们都会被作为焦点群体进行研究,以确定他们游戏的模式。在给他们看过一个取样节目后,会观察他们,以确定他们将会喜欢的游戏类型。他们想让自己看上去像节目中的角色吗?然后,可能就有了打扮成那个角色样子的服装。他们想玩照顾孩子的妈妈或爸爸的假扮游戏吗?然后,可能就有了一个便于搂抱的绒毛玩具。

这些只是以小孩子为目标的商业主义的相当温和的例子。不那么体面的例子包括那些不尊重孩子们需要的商品。这些商品包括含糖量过高的零食、涉性玩具或性别角色刻板的玩具,或助长暴力游戏的玩具。与商业主义相关的问题与养育和照料孩子是有关系的,因为这会影响到孩子们从中学到了什么,以及孩子们做出的决定。孩子们的成长还会受到身体上(通过缺乏营养的食物和很少活动身体的游戏或户外游戏)、情感上(通过刻板的成见)

和智力上（通过取代一些有创造性的活动或用来阅读和听故事的时间）的影响。

媒体还以一种巧妙但阴险的方式影响着孩子和大人。广告往往造成人们对自己没有的东西产生不满足感。无论你是不得不对付在购物中心因为一个玩具公主娃娃而嚎啕大哭的孩子、阻止在早餐时一次关于麦片的争执，还是发现自己正在操场上将两个模仿卡通片中的人物战斗的孩子拉开，媒体的信息和示范都影响着我们所有的人。

广告商将他们的产品瞄准孩子不是偶然的。小孩子们可能没有很多钱能花，但是他们当然知道谁有钱——而孩子们通常能够哼唧、恳求并操纵父母去买流行的玩具、产品或零食。除了其他措施之外，可以考虑以更主动的方式让广告商知道你反对他们向小孩子推销那些产品。你的声音很重要。

电视：是朋友还是敌人？

问：我的两个4岁的双胞胎儿子在大多数下午都会看电视。他们还喜欢和他们的表哥表姐们一起玩视频游戏。我努力确保他们不接触真正暴力的东西，但筛选出那些可怕的形象或攻击行为的镜头似乎比以前更难了。昨天，其中一个双胞胎跳到了另一个的背上，要在他的脖子上来一记空手道式的劈掌。我被吓坏了。我感觉我对我的儿子接触的东西所造成的有害影响已经失去控制了，但我又不能把他们锁起来，不让他们接触外面的世界。我该怎么办？

答：在过去的一二十年中，专家们花了大量时间来研究电视和视频游戏中的暴力对小孩子产生的影响。（比如，除了给游戏和其他节目分级之外，可以看看大卫·沃尔什的很出色的网站www.mediawise.org）。他们发现，电视和视频中的暴力对小孩子的影响要比我们原来认为的更严重。由美国国家心理健康研究所资助，并由密歇根大学社会研究所实施的一项历时40年的追踪研究，发现了极具说服力的证据，表明一个孩子接触媒体暴力与其在以后的生活中的暴力和攻击行为倾向有关。

孩子们的大量行为和态度都是通过模仿别人学来的。要记住，小孩子们无法像大孩子和成年人那样分清现实和想象之间的区别。他们还非常有可能模仿攻击行为，尤其是那些不受惩罚或为做"好事"（比如在超级英雄卡通片或电影中那样）而实施的攻击行为。最近的一项研究发现，60%～90%的最受欢迎的视频游戏都涉及暴力主题。那些看荧屏暴力的孩子们不太可能发展对他人的共情；毕竟，如果电视中的人被射中、踢中或被拳头击中依然没事（而且，他们通常都没事），那还有什么问题呢？正如一个小孩子向自己爸爸解释的那样："我只是杀了他。"

解决视频和电视暴力对你的孩子的影响的最好办法，就是限制他接触，并要进行大量的教育。要和他一起看节目或玩游戏，并且要确保将你想让他接受的价值观教给他。看电视会让人变得很被动；只有人和人之间对话，才会有批判性的思考和学习的发生。要和善但坚定地让你的孩子知道，踢人、打人在你们家里是不可接受的，而且真实的人在被踢中或打中时会疼并会受到伤害。最重要的是，要限制孩子花在屏幕前——所有的屏幕——的时间，并多做一些能活动身体的游戏和交谈。

不尊重的文化

电视、音乐、电影以及大众文化对家庭生活有着一种微妙但无处不在影响。在不太久之前，晚餐后的时间还被认为是"家庭时间"；电视节目既适合成年人也适合孩子，脏话、性暗示和其他一些成人化的影响都是被禁止的。而且，直到1990年代，儿童节目都是只为3岁以上的孩子设计的。

想想在黄金时段经常播放的节目。在对成年人的尊重、礼貌和合作方面传达的是什么信息？甚至晚上固定播放的新闻节目所涉及的也是大多数父母发现对小孩子不合适的主题。当然，会有例外，但是孩子们能接触到的大量音乐、电影和电视鼓励的都是一种对别人不尊重的态度。（要记住，即便你限制你的孩子接触媒体，他毫无疑问会在幼儿园的其他孩子那里、在邻居家以及几个家庭聚会时接触到大量信息。）

科技世界中的良好养育

重要的是，你要保持警觉，并主动地把你希望你的孩子具备的价值观和人生技能教给他。要限制屏幕时间，要询问他在节目中看到了什么，并讨论那些行为是否合适。鼓励他也要质疑自己看到的东西。

下面是用来对待小孩子看电视和使用科技产品的一些方法。

注意你自己的习惯

如果你自己从来不节制,就很难限制你的孩子看电视、玩视频游戏和电脑。事实上,如果更经常地关上这些屏幕,大多数成年人之间的关系都会得到改善。要确保在家人用餐或谈话时把电视机关上。(可以考虑把新闻录下来,以便大人在孩子们上床睡觉后看那些令人不安的事件。)如果你在家里必须要用电脑工作,就要尽量趁你的孩子不在家的时候多做一些。你是孩子最重要的榜样;要确保你按照你期望自己的孩子学会的价值观去做。

只在家里的公共区域摆放电视、视频游戏机和电脑

我们想不出有什么理由要在一个不到8岁的孩子的房间里放一台电视机——然而我们知道很多人都这么做,还配备有录像机和DVD播放器。你的孩子还没有能力选择自己看的东西——无论他能多么熟练地操作遥控器。要确保所有的屏幕都位于你很容易和孩子一起看的地方。监督是绝对必要的,尤其是在这个年龄,因为屏幕很容易使人上瘾。在孩子的房间里放一台电视机,鼓励的是孤立而不是情感联结。当你把上瘾和孤立结合在一起时,你的孩子就是在养成对生活麻木的习惯,而不是快乐地生活。当把电视机放在公共区域(比如家庭活动室)时,家人就有了机会协商看什么节目以及什么时候看。

> **如何对待电视、视频游戏和科技产品**
>
> · 注意你自己的习惯。
>
> · 只在家里的公共区域摆放电视、视频游戏机和电脑。
>
> · 限制孩子待在屏幕前的时间。
>
> · 和孩子一起看电视或玩游戏。
>
> · 将你相信的价值观积极地教给孩子。
>
> · 花时间与你的孩子建立真正的关系。

限制孩子待在屏幕前的时间

越来越多的证据表明，不到 8 岁的孩子花在屏幕前的时间会对大脑发育造成不良影响。（美国儿科学会建议 2 岁以下的孩子完全不看电视。）你可能会选择让你的孩子看一个最喜欢的节目或视频，但有太多的孩子每天会花好几个小时待在屏幕前。要记住，你的小家伙对能活动身体的游戏、户外活动时间、与你交谈以及能摆弄和探索的东西的需要，远远超过在电视上看"教育类"节目的需要。孩子的智力、情感以及身体的发育都需要人与人之间的活动和实践；健康成长的最重要因素，是与父母和其他照料人的情感联结。那些感觉到与自己生活中其他重要的人的情感联结的孩子，不大可能做出严重的不良行为。（我们之所以说"严重"，是因为有那么多不良行为都是与发展适应的行为，是试探并发现行为界限的个性化过程的一部分。）

和孩子一起看电视或玩游戏

要监督电视节目或视频的内容（并观察它们对你的孩子的影响），没有比和他一起看电视或玩游戏更好的办法了。要让你的小家伙教你玩他最喜欢的视频游戏；坐在他身边看他喜欢的卡通片。你可以问一些启发式问题，以便了解更多，并让你的孩子练习思考能力。好奇心是一个很好的养育工具，并且能帮助你理解你的孩子对他所看的东西的迷恋。你还能立即知道屏幕上出现的对孩子不合适的内容——并且能把电视关掉。

将你相信的价值观积极地教给孩子

当父母不教孩子时，大众文化就会教孩子。据说，大自然拒绝真空，而大众文化的价值观和偶像会冲进来填补你在自己孩子的教育中留下的任何空白。你要确保寻找机会教给孩子尊重、同情、合作和友善。（童年早期的经历影响着大脑将来接受什么。）当你们一起看的节目中出现不恰当的行为和态度时，要将其作为教给孩子学习更好的方式的机会。（"你会对那个男孩说什么？""如果这件事情发生在你身上，你会有什么感受？"）当其他办法都不起作用时，就拔掉插头，找些更好的事情去做。事实上，有勇气拔掉插头，可能是一个很好的开端。我们认识一家人，他们买了个小电视机，小得可以用烤箱盖盖住。只有在看事先计划好的特别节目时，他们才会把它拿出来。

花时间与你的孩子建立真正的关系

有很多可以和小孩子一起做的事情。你的孩子渴望与你的真正情感联结；当他拥有这种情感联结时，他就不大可能寻求其他方面的刺激和陪伴了。（而且，就像上面提到的那样，他也不大可能做出不良行为了。）随着你的孩子的成长，他的同龄人和文化会变得越来越重要。要确保每天都花时间与你的小家伙建立情感联结，并探索你们共同的世界。

关于电脑

电脑素养的重要性已经广为人知了。在一个快速变化的世界里，美国人正在被催促着让他们的孩子尽早对数学、科学和技术感兴趣，以便跟上世界其他地方的孩子。然而，让你的孩子太早接触电脑可能是没必要的；本书的作者中没有一位是在电脑时代长大的，但我们都学会了使用电脑，并且很喜欢。（哦，至少是大多数时候。）

这并不是"完全戒绝"和"立即上瘾"之间的选择；而是要考虑达成一种深思熟虑的平衡。如果你的小家伙真的喜欢能帮助识别颜色、字母、形状和数字的简单电脑程序，那么，时不时地用一下电脑也许没什么不好。（要确保你用密码或其他措施来保护你自己的重要记录和文件。）然而，你应该知道，很多专家都相信，任何类型的屏幕时间（包括电脑）都弊大于利，尤其是在童年早期这几年。

他们听到了什么（或有一天会听不到的）

很少得到讨论的媒体的一种副作用，就是对孩子的听力可能造成的损害。现在的很多科技装置都有各种各样的耳机。这些耳机发送的是高分贝的声音，而且因为耳机的位置与孩子敏感的耳膜非常近，有造成长期听力受损或将来耳聋的危险。

禁止小孩子使用便携式的听音设备可能是明智的（并且还要监督大孩子的使用）。你的孩子将会拥有更好的听力——并且会保持很久。

你必须找到保护你的孩子的方法，但要符合你周围的环境。要记住，你的孩子还会在朋友家里、幼儿园并且最终在学校接触到电脑。你应该早点开始教给你的小家伙适当使用的技巧。在童年早期这几年，学习有多种方式，而你的孩子在上学之前并不需要真正的电脑素养。不要催促，要继续限制孩子待在屏幕前的时间。孩子以后会有大量的时间来掌握键盘的使用技巧。

决定你要做什么，
和善与坚决并行，然后坚持到底

随着你的孩子逐渐长大并进入"外面"的世界，电视、电脑和现代生活的其他陷阱会变得越来越多。童年早期这几年，是你练习自己将来所需要的技能的好机会，当你的孩子在他周围的世界里试探自己的界限并进行试验时，你的技能就会派上用场了。正面管教的工具，将帮助你在决定如何在自己家里处理这些复杂的问题时保持平静、和善和坚定。你自己要了解这些问题，然后决定你将怎么做。要教给孩子价值观和技能；并在必要的时候说"不"。然后，要以对你自己和孩子都有尊严和尊重的方式坚持到底。无论你是否喜欢，你和你的孩子都必须学会在一个越来越复杂并充满挑战的世界中生活。你现在教给孩子的东西，将会为未来的几年打下基础。

第18章

当孩子需要特殊帮助时

没有哪两个孩子是完全相同的。所有的小孩子都既有优点又有不足，而且有时候都需要额外的鼓励或支持。但是，有些3~6岁的孩子有超出日常养育的需要。他们生来就在生理、情感或认知上与别人不同，他们的父母和老师们必须学会为他们的独特需要提供和善而坚定的管教、情感联结、鼓励以及特殊的帮助。

对有些孩子来说，生活就是显得会更难。他们学习起来很难；他们交朋友很难；他们似乎掌握不了基本的技能。有些孩子永远停不下来，无比兴奋，很难与大人或同龄人建立起联系；另一些孩子似乎对任何事情都没有很大兴趣。这些孩子（及其家人）需要的可能不止是良好的养育技能。注意力缺乏症（ADD）、注意力缺乏多动症（ADHD）、胎儿酒精或药物综合症、自闭症、感觉统合失调、代谢紊乱、运动障碍以及其他发育迟缓问题，都是3~6岁的孩子、他们的家人以及照料者可能遇到的症状。你怎样才能看出你的孩子需要特殊帮助呢？

密切观察

对有些家庭来说，在孩子 3～6 岁这几年，会背负沉重的压力和焦虑。

丽莎永远忘不了惊慌失措地带着脸色发青的宝宝桑迪半夜去医院的那些情形。在整个婴儿期和学步期，哮喘一直威胁着桑迪的生命。现在，当她看着自己 4 岁的女儿在游戏场上跑并且摔了一跤时，她必须学会在关心女儿健康的同时，给予女儿探索和成长的空间。

卡罗尔和布拉德因为儿子的口吃而苦恼。无论有多少人建议他们别在意杰西的口吃，但当别的大人和孩子听到他结结巴巴地说话时，他们两人都会感觉到强烈的保护欲。他们的痛苦只会让杰西更焦虑。他的问题中有他们的错吗？

当自己的孩子遇到反复出现的问题时，大多数父母很快就会责备自己。涉及行为或发育的特殊需要会给家人造成焦虑、内疚和困惑，并且可能需要耗时而昂贵的治疗。内疚无助于你或你的孩子。准确的信息和支持将会帮助你放下内疚，并代之以有益的行动。当然，第一步应该是由一个擅长于你所关切的领域的医生对孩子做一次身体或神经系统的评估。

如果让你担心的是你的孩子的行为，通常最好从头开始找原因。花点时间想想本书已经介绍过的内容。考虑一下你的孩子的年龄和发育水平。评估一下你自己的养育方式和期望。思考一下孩子的性情以及他的个人需要和能力。而且，要想一想他的行为中可能隐藏的密码信息。把你的观察记录下来，并给一位专业人员看，可能是明智的。大多数父母都能从这些信息中找到理解孩子行为的一些线索。但是，如果你已经仔细考虑了这些事情，并且发现你的孩子需要的帮助似乎超出了你所能提供的，可能就该进行更深入的了解了。

特殊需要的现实

卡洛斯从一出生就是一个难对付的婴儿。他永远停不下来，对每一个声响都会做出过度反应，哺乳也有问题，因为每一件事情都能让他分心。理查德，4岁，总是在幼儿园的教室里乱跑，甚至当他在房间的另一头做涂色游戏的时候，似乎也会被沙鼠在笼子里活动的声音惊吓到。凯茜就是没办法安静地坐着或者集中注意力超过5分钟，无论她多么努力。

这些孩子可能不是行为不良；他们可能真的很难做到这些事情。被称为注意力缺乏症（ADD）或注意力缺乏多动症（ADHD）的那些症状，是伴随一生的一些行为。它不是一夜之间出现的，也不是仅仅限于孩子。

然而，在你试图由自己对孩子进行诊断时要小心。据估计，5%～10%的人可能有注意力缺乏症，但是，诸如难以安静地坐着并集中注意力或行为冲动之类的症状，并不是决定性的证据。（要记住，所有这些特点也可能只是表明了不同的性情和正常的发育过程；实际上，很多医学专家都不会将一个未到入学年龄的孩子诊断为有注意力缺乏症之类的疾病。）注意力缺乏症（或对

我的孩子还好吗？

儿科医生都知道，父母们往往能对自己孩子的发育做出最好的判断。由于早期介入对于很多发育迟缓和疾病的治疗都是很重要的，所以，你对自己孩子的直觉——和担心——始终都是值得关注的。近年来，自闭症和与自闭症相关的疾病的发病率有大幅度的上升，现在每500个新生儿中就会出现一例这种情况。尽管只有训练有素的专家才能诊断自闭症，但如果你对下列问题中的很多回答都是"不"，那你可能就要寻求专家的看法了。

- 你的孩子能认出熟悉的面孔并做出回应吗？
- 他想让你看什么东西时，是用手指吗？
- 当你叫孩子的名字时，他会转头看你吗？
- 他模仿你的动作、姿势和面部表情吗？
- 他和你进行眼神接触吗？
- 你的孩子对别的孩子、人或东西感兴趣吗？
- 他对你的拥抱、微笑和姿势有回应吗？
- 你的孩子会努力让你注意他的行为吗？
- 你的孩子正在习得语言并学着与你交流吗？

需要密切注意的其他事情包括摇晃、蹦跳、花很长时间发呆，以及非同寻常地坚持一些常规、可预测性或具体的物品。当然，症状并不一定表明有问题；然而，早期的介入对于很多发育紊乱疾病是极其重要的。如果你怀疑你的孩子发育不正常，要毫不犹豫地跟你的儿科医生谈一谈。

这种疾病的恐惧）使很多绝望的父母跑去找心理医生咨询、去上养育学习班，或投入了自称能神奇地治愈这种疾病的人的怀抱，而注意力缺乏症存在过度诊断是得到普遍承认的。很多孩子因为在应该安静地坐着的年龄无法安静地坐着，而被给予药物治疗。

有时候，父母和老师们因为对孩子要求太多并且控制太多而招致了权力之争。他们不给孩子选择，或不让孩子参与问题的解决。当父母和老师们学会让自己的期望与孩子的年龄相符，并且学会管教方法时，孩子们通常就会平静下来。

当然，有很多孩子是真正患有注意力缺乏症。无论一个孩子的特殊需要是什么，知道这些需要是真正的需要，并且不是养育不当、教育不够或一个孩子故意的不良行为所造成的结果，会让人大大地松一口气。确定一个孩子是否有特殊需要，是一个从审视本书中讨论的各种因素开始的详细筛查过程。事实上，即便一个孩子被确诊，除了他可能需要的额外支持之外，所有的正面管教工具和技能都是有帮助的。

所有的孩子，无论他们是否有特殊需要，都需要感觉到一种归属感和无条件的接纳，并且会从教给他们技能、鼓励和理解中受益。所有的孩子都能在帮助下实现他们作为能干而幸福的人的全部潜能。那些患有慢性疾病的孩子们的父母，会有挫折、忧伤、悲痛和焦虑感。他们还需要学习一些专门的技能。知道你并不孤独，能产生奇迹；有关从哪里找到帮助和支持的信息也会有同样的效果。

标签：自我实现的预言？

诸如"聪明"、"笨拙"、"害羞"、"可爱"之类的标签，定义的都是一个孩子在别人眼中是什么样的人，造成了一种可能会阻碍这个孩子对真实的自己做出正确评价和体验的形象。另一方面，有些标签只是描述显而易见的事实。将一个戴眼镜的孩子贴上"戴眼镜的小女孩"的标签，并不一定会导致人们对她的行为做出预先判断。有时候，一个孩子的某些行为是同样显而易见的。将这样一个孩子诊断为患有注意力缺乏症或感觉统合失调可能会有帮助。大多数父母和老师都发现，鼓励和支持一个被确诊有某种疾病的孩子，要比鼓励和支持一个被贴上"捣蛋"、"待不住"或"麻烦制造者"标签的孩子更容易。

成年人常常必须与自己对那些与众不同或特殊的孩子的态度和期望作斗争。

当瓦内萨得知4岁的女儿需要戴眼镜时，她回到家里哭了起来，很悲伤自己可怜的女儿戴上眼镜会变丑。突然，她停了下来，听到了她刚刚告诉自己的话。她把自己的女儿描述成了"可怜的"，把眼镜描述成了会使人"变丑"。瓦内萨问自己，这究竟是谁的问题。她4岁的女儿想要并需要妈妈的支持和接纳。事实上，眼镜会帮助她看得更清楚，并能使她正常地成长和发育。

瓦内萨意识到，真正的问题是她自己的心态。如果她想给女儿提供所需要的帮助，瓦内萨就必须认可这种帮助的价值。从那一刻起，她选择了支持女儿，让女儿得到所需要的关爱，包括戴眼镜。女儿的"无能为力"只存在于她这个做妈妈的脑海里。

同样，通过诊断的方式来确定一个问题，并不能定义一个孩子是什么样的人。那只是描述这个孩子的独特性和特殊能力的一个方便的词而已。如果你的孩子被诊断为有一种特殊需要，你毫无疑问会感到某些压力，并且需要找到处理相关问题的方法。但是，看看你的孩子拥有的优点和价值也是同样重要的（如果不是更重要的话）。比如，那些有注意力缺乏症的孩子们通常都很聪明，很有创造力；他们的大脑只是处理信息的方式与别人不同。理解这些差异可能是有帮助的，而不是有害的。

保持平衡

问：我有一对双胞胎儿子。其中一个天生严重耳聋。因为这个孩子需要上特殊的课、看医生并且治疗，另一个听力正常的孩子就必须忍受很多等待。他以前一直很帮忙、耐心并且无忧无虑。然而，自从过了3岁生日后，情况就变了——他变得很不听话，当事情不如意时，他总是哼唧，而且很孤僻。这和他在仅仅几个月之前的性格正好相反。我绞尽脑汁试图找出现在我们的生活、日常惯例或家庭状况与以前有什么不一样的地方。你有什么建议吗，或者这只是一个阶段，很快就会过去？

答：养育有特殊需要的孩子需要极大的耐心和体贴。我们常说孩子们的察觉能力很强，但解释能力却很差，并且孩子们常常会相信，自己那个有特殊需要的同胞兄弟姐妹接受的特殊疗法、去看医生和治疗表明的是父母的更多关注，并进而表明（他们错误地相信）得到了父母更多的爱。

还有一点也是明智的，那就是要记住，尽管各个孩子之间的情感发展速度与身体的发育一样是不同的，但3岁的孩子常常会试验我们所说的"主动性"——形成他们自己的计划、想要按照自己的方式做事，并且（偶尔）会通过变得不听话、哼唧和不那么顺从来练习这种主动性。

你说其中一些事情会过去，可能是对的，但你要确保定期和每个孩子的"特别时光"。这并不意味着要花很多钱或大量的时间：出去散步15分钟、玩传接球游戏或读一个故事，通常就可以了。每个孩子行为的关键在于他对自己以及他在自己家里的位置的信念是什么。

当一个孩子缺乏一种能力时，很可能在其他方面会有很好的发展。一个看不见的人常常会发展出敏锐的听觉。每个人都既有优势又有劣势。你的孩子的特殊天赋是什么？柔顺的性情、生动的幽默感，或心地善良常常会超过因"不同"而造成的不利条件——如果你选择让这些特点表现出来的话。

否认与悲伤

害怕贴标签或否认一个孩子的特殊需要，对任何人都不会有帮助。父母可能会更在意自己的自我（或者别人会怎么想），而不是怎样对孩子才最好。需要一颗勇敢的心，才能以你的孩子本来的样子来接受和养育他们，给他们真正需要的。

琳在教堂和学校里教父母们养育课，并且作为一名教育工作者，在她的社区里很受尊重。她已经养育过3个孩子，是一位很有技巧并且有效的母亲。想一想当她的第4个孩子出生，并且对她做的每件事情都反应不同时，她有多么尴尬和绝望吧。到格瑞丝5岁时，情况变得越来越失控。每周的5天中有3天，琳都要拖着一个尖叫着大发脾气的孩子离开幼儿园，尽量不去在意其他父母们心照不宣的眼神。她尝试了自己知道的所有办法，但似乎对格瑞丝都不管用。

最后，她决定她不得不接受格瑞丝就是这样了。当格瑞丝在幼儿园大发脾气时，琳会带她到车里，坐在她旁边看书，直到她发完脾气。然后，琳开车回家，不作任何说教。格瑞丝还是不能控制自己的行为，但琳不再担心别人的想法了，学会了一套新技巧，并且把孩子的需要放到了第一位。

那些有特殊需要的孩子的父母们，可能还会有一种深深的悲伤感。毕竟，在他们打算要孩子时，很少有人会梦想有一个发育有差异或缺陷的孩子。要记住，当你能诚实而温和地对待你自己的需要和感受时，你就能更有效地养育自己的孩子。当你学会养育自己独一无二的孩子时，你可能会发现一个支持群体、你的牧师或者治疗专家会很有帮助。

学会接纳

　　大人们往往更容易对那些有非常明显的身体障碍或行为极其极端的孩子做出回应，而对那些身体障碍不那么明显的孩子则不然。如果帕茜——她的四肢因小儿脑瘫而弯曲——在拄着拐杖挣扎着上楼时意外地撞了一位同学，老师或许不会告诉帕茜因为撞了同学而必须在课间休息时待在教室里。

　　帕茜的母亲也不会被叫到学校开会，并被告知如果她能改善她的养育技巧并且更坚定，帕茜在自己吃饭或学习走路方面就不会那么难了。显得有些不公平的是，那些患有注意力缺乏症、胎儿酒精综合症、感觉统合失调、运动障碍的孩子们的父母，常常会受到这种批评或劝告，因为这些疾病不像身体缺陷那么明显、确定无误或很好理解。

　　尽管学习正面管教的养育技巧会对你和你的孩子都有帮助，但养育并不是你的孩子的特殊需要或疾病的原因。然而，父母们和照料者也都是人，有时候很容易把行为异常或外表不同的孩子当成替罪羊。大人们和其他孩子需要学会并练习尊重那些异常孩子的艺术，而不是责备他们。宽容、耐心和鼓励对于帮助所有的人（包括孩子们）一起平和地生活是大有帮助的。

看不见的差异

让我们多看看有注意力缺乏症的孩子的情况。因为有注意力缺乏症的孩子经常很冲动，并且很难安静地坐着，他们的行为一般会被贴上"行为不良"的标签（尤其是在幼儿园或其他集体环境中），而其他人很快就会建议给孩子进行治疗，包括药物治疗。父母们会发现自己受到欠缺养育能力的指责；他们还会感到相当内疚，并且可能相信自己作为父母是失败的。或许，最困难的是，他们和自己深爱着的一个孩子生活在一起，而这是一个在很多时间里都让他们很艰难的孩子。

如果诊断是准确的，那么，对注意力缺乏症的确诊对父母和孩子来说就都是向康复迈出的极大一步。这明确了这个孩子不纯粹是捣乱或不听话。难以对付的行为就能被理解为要被克服的症状，而不是一系列故意的不端行为。一个有注意力缺乏症的孩子并不是一个麻烦制造者，即便在他的行为让他陷入麻烦的时候。

想象你是一个小孩子，有时候，由于你不理解的一些原因，你变得非常生气，而且开始大喊大叫并乱踢。你的失控难道不吓人吗？你的父母可能会认定，你大发脾气是因为你想要一个玩具而没能得到，或者在让你关上电视时你不想关，或者你认为老师不公平地斥责了你。他们或许还会暗示你有某些过错或你"坏"。不难理解一个孩子为什么会开始将自己看得"很坏"。这个事实——无论在什么环境中，他控制自己行为的能力都很差——是很可怕的。（要记住，所有的小孩子都很难识别并控制自己的情感；大人们的期望一开始往往是不现实的。）

学会理解一个孩子可能面对的困难，并不意味着你要宽恕不恰当的行为。事实上，抱着明确、合理的期望，并且和善而坚定地坚持到底，是十分重要的。父母和老师们能够学会以富有成效的方式做出回应，并且不强化一个孩子对于自己作为"坏孩子"的形象。再说一次，所有的孩子都需要情感联结和鼓励，不管他们有什么特殊需要或身处什么样的环境。

"放过"不良行为？

迪伊有两个女儿。小女儿米卡拉6岁，已经被确诊患有注意力缺乏症。大女儿希拉9岁，没有注意力缺乏症。在她们去购物之前，迪伊会花时间和两个女儿讨论她的期望。她发现这对于在两种活动之间转换有困难（这是有注意力缺乏症的孩子和"适应慢"的孩子的一个普遍特点）的米卡拉尤其有帮助。她们会讨论期望的行为，以及购物安排上的事项。

最近的一个星期五下午，迪伊像往常一样和两个女儿去购物。米卡拉还记得今天不能买甜筒冰激凌的约定，并且自豪地提醒了妈妈这一点。然而，在商店里，米卡拉看到了一个孩子高兴地舔着一个甜筒冰激凌。在米卡拉的意识中，看到另一个孩子吃甜筒冰激凌，就意味着她自己也想要一个。很快，她就开始大发脾气。米卡拉答应今天不要冰激凌的约定该怎么办呢？

注意力缺乏症所具有的冲动特征会将"想要"几乎立即变成"需要"，但重要的是要记住，这也是3~6岁孩子的特点。这是一个程度问题。所有的孩子有时都会行为冲动，并且大多数有时候都会表现出注意力缺乏症的一些其他症状特点。但是，只有在这些特点持续出现、孩子无法控制，并且没有心理方面的原因时，才应该怀疑是注意力缺乏症。

迪伊停止了购物，并问米卡拉是否能控制住自己，还是她们应该离开商店。米卡拉继续发着脾气，所以，在米卡拉的踢打和尖叫中，妈妈和两个女儿离开了商店。米卡拉在车里继续发着脾气；当她们到家时，米卡拉跑进她自己的房间，猛地摔上了门。到这时，迪伊一直努力在控制着自己。她很生气、很沮丧，并且感到精疲力尽。希拉感到又伤心又失望，此时在想："我没做搞糟这次购物的任何事情。为什么我不得不错过逛商店的乐趣呢？"她很难不怨恨做出这种行为的妹妹。

重要的是要注意到，迪伊没有溺爱任何一个女儿。她没有通过放弃自己与女儿达成的约定来对不合理或苛刻的行为做出回应。她的养育方式没有任何问题。

"哦，"有些父母可能会说，"如果我的孩子在公共场合做出这种行为，我肯定会让她知道我的感受。那个妈妈应该打她女儿的屁股，或是拒绝让她吃冰激凌一个月！"但是，请想一下。米卡拉的不良行为"被放过"了吗？惩罚或羞辱会帮助她改变将来的行为吗？米卡拉想失去控制吗？她是故意做出不良行为吗？

对于正经历着强烈的愤怒、内疚和自责的妈妈来说，可能很难记住这一点，但米卡拉可能不是有意选择要对抗妈妈的。她很自豪地记住了自己与妈妈的约定，而且她知道妈妈对这些约定会坚持到底。有效地处理米卡拉的行为，意味着要承认她的特殊需要。

迪伊可以怎么做呢？当她和米卡拉冷静下来后，她们可以一起讨论在商店里发生的事情。她们还可以讨论米卡拉能帮助姐姐感觉好起来的办法。也许，米卡拉可以提出为希拉做一件家务，或者和她玩一个游戏。希拉也有不应被忽视的一些需要。

米卡拉在自己行为失控时，总是会感觉很糟糕；她能感觉到妈妈的恼怒和失望，这是她很难忍受的。或许，迪伊和米卡拉现在能做的最重要的事情，就是一起找到米卡拉能用来处理这些失控感受的办法。注意力缺乏症是她们能够一起承认并面对的事情；她们能够选择成为相互关爱和支持的一家人。

让米卡拉感觉自己"坏"或"很难对付"是很容易的，而且因为她妈妈也是人，她有时会犯错误，并且会说或做一些事后会后悔的事情。但是，正如我们以前看到的那样，错误不会致命。并且，米卡拉的行为不会很快就发生改变。面对现实、学习处理的技能并得到支持，会帮助妈妈和女儿度过艰难的时刻。

不良行为，还是特殊需要？

问：我的女儿现在4岁，一直有穿衣服的问题。她抱怨她的衣服"扎"。她穿袜子会用15分钟时间，穿了脱，脱了穿，经常会因为说穿上很疼而禁不住发脾气。在穿内衣时也是这样。我试过买各种不同类型的内衣和袜子，并且让她在商店里自己挑选，在早晨自己选择穿哪一件。她让我剪掉她衣服上的所有标签，因为标签扎。我已经试过了帮她穿衣服，试过在她因为袜子而大发脾气时不理她。但是，我还能做什么呢？

答：有些孩子会因为他们的身体处理感觉信息的方式而遭遇艰难。尽管你女儿的抱怨在你看来是微不足道或想象的，但却可能是非常真实的；她可能真的感觉袜子扎。一种称为感觉统合失调的疾病可能影响着你的孩子。尽管对这种疾病诊断的细节还没有达成一致，但还是有一些有益的治疗方案。可以向一位专业治疗师或儿科神经医生咨询更多信息。你还可以在互联网上找到有用的支持。

最重要的是，要承认你的孩子真的感到疼，并且要抑制住与她进行权力之争的诱惑。把她的行为当作一个养育问题来对待不会有任何帮助；接受她的抱怨的正当性并寻求帮助和支持才会有帮助。

绝望还是骄傲

发现你的孩子与你理想中的不符，会让人情感上受到打击。但是，一旦大人们战胜了他们对贴标签的恐惧以及对现实的否认，他们就能打开眼界，看到他们的孩子所具有的美妙天赋，这不是不顾及孩子的学习方式或行为的差异，而是有时候正是因为这些差异。这无疑需要时间和决心，但你能够学会庆祝那些造成你的孩子需要特殊帮助的事情。有糖尿病和哮喘病的人已经在奥运会上参加比赛，并且成为了专业运动员；坦普·葛兰汀，自己就有自闭症，但她让人们对自闭症有了新的了解，并因为设计出了新的动物管理系统而变得很知名；而且，据信，托马斯·爱迪生（还有很多其他名人）患有注意力缺乏症。如果没有电的发明，这个世界会是什么样子呢？

关于治疗

罗伯特和儿子查尔斯的争斗已经到了走投无路的地步。查尔斯5岁时，老师怀疑他可能有一些不明确的注意力缺乏症特征。罗伯特吓坏了，感觉自己受到的不止是一点冒犯。他报名参加了养育学习班，买了一大堆书，并尽最大努力要做一个更好的父亲。

但是，查尔斯的问题依然继续着。到7岁时，他在学校的功课和交朋友上都遇到了麻烦，并且他的困难影响到了整个家庭。

家里的每个人似乎都很紧张并易怒；经常争吵。最终，他的父亲决定是时候寻求帮助了。

这一次，查尔斯的医生做出了注意力缺乏症的明确诊断。在经过几个月的心理咨询并尝试过各种方法之后，罗伯特同意尝试药物治疗。没到一周，查尔斯的行为就得到了很大改善。罗伯特很难相信那些小药片能对行为产生这么大的影响——并且同样很难承认自己的儿子可能需要这种帮助。但是，在随后的几个月里，只要查尔斯不吃药，他的行为就会戏剧性地恶化。罗伯特开始用一种新的眼光来看待儿子，并欣赏这个正变得平静、有趣的男孩。查尔斯也确实在改变；他终于可以做他自己了，而不再是一个始终要在注意力缺乏症对自己的日常生活造成的影响中挣扎的绝望的孩子。

药物治疗可以成为帮助一个患有注意力缺乏症的孩子的一种全面而充满关爱的方式。然而，即便作为本书的三位作者，我们对药物治疗也有不同的观点。这只能说明你自己做研究并自己决定什么对你和你的孩子才最好，有多么重要。

再说一次，要听从你的内在智慧；要相信你的知识和对孩子的爱。要确保孩子知道什么是注意力缺乏症（有个孩子告诉他的治疗师，他是一个"精神病"，因为他患上了一种叫做"注意力缺乏症"的东西），并且知道这并不意味着他是病人或者坏。要愿意改变对你的家庭不管用的做法。要建立一个由能给你和你的孩子提供所需要的帮助的家人、朋友和专业人员组成的支持团队。并且，要尽你所能去学习鼓励、和善而坚定的管教，以及其他的正面管教方法。对自己养育技能的信心，将会给你和你的孩子带来极大的帮助。

让孩子学会照料自己的重要性

最终，大多数有特殊需要的孩子都会离开家，开始作为独立的成年人生活。正如你教孩子布置餐桌并做其他一些与其年龄相应的事情一样，你可以让他理解并学会照料自己。

马库斯生来就患有代谢紊乱，这要求他只能按一种特殊的食谱进食。在马库斯还是个学步的孩子时，按这种特殊的食谱吃很容易，但在他长大上幼儿园后，他开始想吃和他的朋友们喜欢吃的同样的食物。不幸的是，披萨、三明治肉饼以及其他常见食物对马库斯都有严重的风险。马库斯的父母，达雷尔和科玛，开始变得对他过度保护并控制，每天都给他装午餐盒，并对他进行如果吃错了食物会出现什么情况的严厉而吓人的说教。幼儿园的老师很担心马库斯在幼儿园会吃被禁止的食物，像紧张的老鹰一样盯着他的一举一动。

像大多数3～6岁的孩子一样，马库斯会选择最能触怒父母的问题来显示自己的个人力量。他开始在幼儿园里和朋友们交换午餐。他们发现马库斯的特殊食物很吸引人，而马库斯则很高兴自己终于可以"像个正常的孩子"那样吃东西了。然而，当马库斯进行定期的血液检查时，他的骗局被揭穿了。

专家和营养师和被吓坏了的马库斯的父母坐下来进行了商谈，并提供了一些主意。他们建议，与其试图控制或吓唬马库斯，倒不如让马库斯参与照料自己有特殊需要的身体。科玛和达雷尔开始专注于教给马库斯了解他的代谢紊乱。他们购买了一套小型的量具，并教给马库斯量取并混合他的特殊食物——当然，是在大人的认真监督下。他们让他知道，他们理解他对其他食物的好奇心，以及他对让他与众不同并需要定期进行血液检查的代谢紊乱的怨恨；他们还利用特别时光加强与他的情感联结。

最重要的是，科玛和达雷尔认识到了马库斯总有一天需要自己照料自己的健康。他们给他提供恰当的信息，教给他技能，监督而不说教，并且表达他们对他做出明智决定的能力的信任。虽然与食物相关的错误时不时还会出现，但权力之争结束了，并且，马库斯开始专注于和他的小伙伴们玩滑板了，而不是再偷偷地吃东西。

永远不要让3~6岁的孩子在没有监督的情况下接触药品或吃药。但是，他们能够学会识别他们的身体和情感发送给他们的信号。即便是有哮喘或其他疾病的小孩子，也能意识到自己身体的需要，接受所需要的特殊治疗，并帮助保持他们自己的健康。当父母们允许孩子参与并承担责任时（当然是与其成长相应的方式），他们就不仅能帮助保证自己孩子未来的健康和幸福，而且还能培养孩子的自信和能力感。

寻找积极的一面

无论你和你的孩子面对何种生理、行为或情感上的挑战，只想着你作为父母或照料人的能力不足是不会有帮助的。要寻找对自己的支持，照料好你自己的需要，接受你所犯的错误并从中学习。要让你自己、孩子和照料者了解影响孩子疾病的信息，练习将幽默感和希望运用到每天的艰难努力中，给那些需要帮助的孩子提供帮助。最重要的是，要尽最大努力去发现并庆祝那些使每个孩子特别、独一无二和优秀的品质。这些品质始终都在——你只需要去发现。

第 *19* 章

作为一家人一起成长
找到支持、资源和心智健康

无论你的3~6岁的孩子多么可爱，无论你对自己作为一个父母有多么高兴，这几年都可能是孤独、疲惫并充满挑战的。那些和一个小孩子待在家里的母亲们（或父亲们）常常会发现，这件事情比原来想象的要更艰难。毫不奇怪，那些全职待在家里的父母会发现自己渴望与成年人的交谈和消遣，而上班的父母们很快会对每天让每个人离家去幼儿园和上班的那些麻烦事感到厌倦。很难得到充足的睡眠，以及由正在运用其主动性的精力充沛的小家伙导致的"战争"，让哪怕最有献身精神的妈妈或爸爸也会受到考验。你的配偶或伴侣可能发现极为详尽地描述你的孩子的新本事和各种可爱的时刻让人很着迷，但很多人不这么认为。大多数父母偶尔都会惆怅地回忆起没有孩子的那些日子，并渴望能有片刻的宁静和独处时间。

在童年早期这重要的几年的养育中，3~6岁的孩子的父母寻求支持是很有必要的。与其他成年人的联系会给你——并通过你，给你的孩子和家里的其他人——提供支持、鼓励和养分。

从他人的智慧中学习

尽管人们很少在养育孩子的每一个细节上都看法一致，但建立一个支持网络、一个养育过孩子的朋友圈，能让你拥有一个关于养育孩子和与孩子相处的价值无量的信息源。当发生意想不到的事情时，有个可以打电话去问的人是非常有帮助的。要努力和那些与你有同龄孩子的人——或刚刚度过你正在经历的阶段的人——建立联系。不要害怕问很多问题；发现别人的孩子做了同样奇怪或令人震惊的事情，能够帮助你放松下来。

可供选择的支持网络包括教堂或社区的亲子小组、社区学院的亲子课堂、正面管教养育学习班，以及和附近的父母们做朋友。或许，你的养育小组如果以前一起出去吃过饭的话，还可以和你的伴侣晚上一起外出。有些小组会在公园里见面，一边看着他们的孩子玩耍，一边讨论养育的挑战和成功经验。有些父母发起了读书小组，他们聚在一起，轮流主持讨论本书或正面管教其他书

PEPS 和 MOPS

养育支持小组的一个成功范例是 PEPS（早期父母支持项目），这是美国西北部一个以社区为基础的项目。一个孩子一出生，就立即形成一个 PEPS 小组，并包括孩子的出生日期相差几天或几个星期的父母们。这些家庭定期在彼此的家里或社区的家庭中心聚会。其目标是减少这些家庭的隔绝，建立一个支持、资源和鼓励的网络。（PEPS 联系网站是：www.pepsgroup.org。）另一个很受欢迎的群体是 MOPS（3~6 岁孩子的妈妈社团，联系网站是：www.mops.org），通过附近的教堂安排聚会并提供养育支持。你可以在你的社区寻找类似的小组，或者可以考虑自己建立一个。

籍中的概念，并一起学习如何运用正面管教工具。有些父母甚至参加了为期两天的正面管教讲师学习班，以便学会主持父母课堂，因为他们知道教（并且要有不完美的勇气）是学习的最佳途径①。

如果你住的地方比较偏僻，或者附近没有 3～6 岁孩子的父母，神奇的互联网能提供聊天群组、问答论坛，以及大量的相关信息。如果你在孩子睡着后上网，你会发现很多父母在踊跃发言，在通过互联网寻求支持和鼓励。即便你家里没有电脑，在当地的图书馆也能得到这种服务。可以让一名图书管理员或懂电脑的朋友帮助你检索养育方面的资源；你会为自己的发现感到震惊。

你还可以向你的儿科医生咨询。家庭医生在帮助小患者及其父母的过程中看到并听到过很多。他们通常能提供支持，以及实用的信息和建议。然而，无论你从哪里寻求支持，都要记住，最终必须由你自己决定什么适合你和你的孩子。要把你所能得到的知识和建议都收集起来，然后，要听从你内心的声音，选择对你最管用的。

你和自己伴侣的关系

很多 3～6 岁孩子的父母，是面对着独自养育一个孩子的挑战和福分（是的，有很多福分）的单身父母。但是，如果你是和伴侣一起养育孩子，你们的关系就确立了你们家庭的基础，并会为整个家庭定下基调。事实上，有大量的研究表明，小孩子通过观

---

① 更多内容，见网站 www.posdis.org。——作者注

察父母之间的关系了解到很多并做出了大量的决定。在确保你的伴侣在养育一个活泼好动的3~6岁孩子的混乱中不迷失自我的同时，保持你和伴侣的关系充满活力并令人愉快是很值得的。

父母们有时会相信，一旦有了孩子，孩子就应该成为整个家庭的中心。但是，正如你已经了解到的那样，对你或你的孩子来说，娇纵是不健康的，也产生不了预期效果。你和你的伴侣应该有经常单独相处的时间，无论你们是出去吃饭和跳舞，还是一起散步，或者只是依偎在一起看一部好电影。你们还需要夫妻时间来探讨和解决一起养育孩子会出现的很多问题。

四口之家

如果你有一个3~6岁的孩子，并且计划再要一个孩子，你就应该知道，一个新生儿的到来会使一个哪怕最快乐而自信的3~6岁孩子出现一些混乱状况。大多数3~6岁的孩子都会言不由衷地说会爱他们的弟弟或妹妹；他们会主动提出帮忙去拿尿布，想抱弟弟或妹妹，十分迷恋地看着婴儿床上的宝宝。那么，为什么同样一个孩子却经常发脾气，坚持自己要用奶嘴，"失去"如厕技能，或者哼唧着寻求关注呢？

好吧，让我们通过一个"被赶下王位"的3~6岁孩子的眼睛来看看这个世界。例如，在你差不多4岁时，爸爸妈妈抱着一个仍裹在毯子中扭来扭去地哭闹的婴儿从医院回到了家。突然之间，所有的事情都不一样了。爸爸和妈妈告诉你，你不应该哭或哼唧了，因为你现在已经是一个"大姑娘"了。来到家里的客人都直接从你身边走过去逗那个新宝宝；他们给新宝宝带来有趣的礼物和玩具（你不记得自己得到过）。最糟糕的是，你的父母完全被这个吵闹、麻烦的小人儿迷住了。他们整夜不睡，他们告诉

给爸爸留出空间

问：我和丈夫有一个4岁的儿子，他是我们生活的乐趣。我是一个全职在家的妈妈，但是我想让我的丈夫积极参与儿子的养育。起初，他在夜里会和我一起起来给孩子喂奶、换尿布，给孩子洗澡。然而，后来，他因为"太忙"而无法帮我。当我问他时，他告诉我他尝试过，但总是做得不对。他说我坚持让他按照我的方式做。我感觉很糟（因为我认为他说的可能是对的），但我确实相信我管教和照料儿子的方式是最好的。我该怎么办呢？

答：很多丈夫和父亲感觉被母亲和孩子的亲密关系排挤出来了，特别是在孩子出生后的头几年。知道孩子会从父母双方的积极参与中获益，即便双方做事的方式并不完全相同，可能会有助于你为丈夫留出空间。研究表明，父亲和母亲与孩子玩耍和互动的方式是不同的——而孩子们会从两种方式中都学到有价值的技能。

你的儿子需要与父母双方亲密而充满爱的情感联结。要花时间和你的丈夫坐下来，制订一个有关管教、日常惯例、饮食以及其他问题的计划。一起参加一个养育学习班，或者一起阅读本书并讨论你们学到的东西可能会有帮助。然后，要放松心态，并让他按照他的方式行事。你可以利用他照顾孩子的这段时间来照料你自己，或者和朋友们待在一起。当你的儿子感觉到与你们夫妇双方的亲密时——并且当你们两个人感觉到相互的亲密时——他会更快乐，更健康。

你在玩的时候要安静，因为宝宝睡着了，并且他们不断地摇晃、搂抱或抱着这个宝宝。他们总是太累，没有时间玩你以前喜欢的游戏。毫不奇怪，一两周之后，即便是最有耐心的姐姐，也会准备把这个入侵者送回到医院去！

有一些方法可以让你家里添一个新宝宝的过程进行得更顺利。下面是一些建议：

- 尽早让你的孩子为一个宝宝的到来做好准备。你可以用简单的话语解释怀孕的过程，并且让你的孩子知道宝宝什么时候会到来。可以在挂历上逐日打钩，直到宝宝出生。要诚实地与孩子谈谈有一个新宝宝的生活会是什么样；拿出孩子自己婴儿时的照片，一起谈谈那时候什么样，可能会有帮助（并且很有趣）。

- 让你的孩子帮忙为新生儿的到来布置你们的家。你可以让她建议婴儿房间的颜色和布置：她可以和你一起去购买婴儿用品。她甚至可能想把她自己的一些玩具放到婴儿房间里，作为欢迎礼物。

- 给你的孩子看看你为她的出生做准备时的照片，比如收拾她的房间，以及给她买婴儿穿的衣服。要让她知道很多人给她带来过礼物，并对她很宠爱，就像他们会对新宝宝做的那样。问她是否愿意负责接受并拆开给新宝宝的礼物，并在之后感谢每个赠送礼物的人（因为宝宝还不会说话）。她参与得越多，感觉受到的冷落就越少。

- 当小宝宝回家后，要确保你的大孩子参与让宝宝在家里更舒服的各种事情。要建立安全规则并认真监督，然后，要让你的孩子给你递尿布并擦干净换尿布的台子，给宝宝唱歌或"读"故事，在你喂奶时帮你拿东西。要记住，自尊来自于有技能并做出贡献；在你家里这段忙碌的时期，你的3~6岁的孩子会有极大的价值。

- 要承认你的3~6岁孩子对于她如何获得归属感以及在家庭中位置的感知将发生变化——而且，她的行为可能也会发生变化。回顾一下第3章中有关出生顺序的信息，对你可能会有帮助。

即便你做了上述每一件事情，如果你的3~6岁孩子由于新宝宝的出生而感觉自己被赶下了王位，你也不要吃惊。她会有很多自己说不出名称并且无法理解的感受。对一个大孩子来说，出于得到与小宝宝同样的关注的错误目的而模仿婴儿的行为，并不是非同寻常的。不要把这种行为当作是针对你的；相反，要专注于恢复你的孩子的情感联结和归属感。和她一起度过一对一的特别时光，将会有帮助。

格兰特和玛戈一直等到恰当的时候，才告诉他们4岁的双胞胎儿子——泰森和托比——他们家要增添新成员了。然而，这两兄弟对这个消息并没有感到很兴奋。

"你要有一个宝宝了？"泰森说，"为什么？托比和我还不够吗？"

"我们这儿不需要任何宝宝。"托比插了一句。

玛戈深吸了一口气，冲两个儿子笑了笑。"到这儿来，孩子们，"她说，"我想告诉你们一个关于我们家的故事。"

托比和泰森不情愿地挨着妈妈坐到了沙发上，看着她点燃了一根长长的蓝色蜡烛。"这根蜡烛是我，"她说，"蜡烛的火苗代表我的爱。"然后，玛戈拿出一根长长的绿色蜡烛。"这根蜡烛是你们的爸爸。"玛戈带着对格兰特温暖的微笑说。她用蓝色蜡烛点燃了绿色蜡烛。"当我嫁给他时，我把我全部的爱给了他，但我的爱一点儿都没有少。

"然后，5年前，我得到了像这次一样的消息——只不过那次是你们要来和我们一起生活了。"玛戈用她那根长长的蓝色蜡烛点燃了两根小蜡烛，一根是紫色的，一根是红色的。

"当你们出生时，我把我全部的爱给了你们两个，但你们的爸爸仍然有我全部的爱，并且我的爱一点儿也没有少。"泰森和托比入迷地看着蜡烛摇曳的火苗。

这时，玛戈从自己的口袋里掏出一根很小的生日蜡烛。"猜猜这根蜡烛是什么？"她问她的双胞胎儿子。

"宝宝？"他们回答。

"没错。当这个宝宝出生时，我会给他我所有的爱。你们的爸爸会拥有我全部的爱，泰森会拥有我全部的爱……"

"我也会拥有你全部的爱!"托比笑着喊道。

"没错,"玛戈笑了,"并且我的爱一点儿都没有少。这就是爱——我们分享的越多,我们拥有的就越多。看看我们在这个家里有多少明亮的爱?"

他们静静地坐了一会儿。然后,泰森拉着妈妈的胳膊说:"妈妈,我能用我的蜡烛点着宝宝的蜡烛吗?我想要分享我的爱。"

玛戈点了点头,吹灭了那根生日蜡烛,泰森小心翼翼地拿起他的蜡烛,点燃了那根小蜡烛。托比随后也点燃了那根小蜡烛,格兰特也这样做了一次。

玛戈看着两个孩子,并揽着她的丈夫。"这会是我们的宝宝,"她说,"你们的爸爸和我将需要你们的帮助来照料他或她。你们愿意帮助我们吗,小家伙们?"

随后的几个月过得很快。争论并没有消失,但是,托比和泰森都很喜欢去购买婴儿用品,帮助父母为新宝宝收拾房间,给小弟弟或小妹妹想名字。当他们在医生的办公室里听到婴儿的心跳时兴奋极了。当泰森把那根很小的生日蜡烛放到宝宝的新衣柜上时,还郑重其事地抚摸了一下。

"我们是一家人,"他骄傲地说,"家里有很多爱。"

家里有一个新宝宝,是既让人喜悦又充满挑战的。然而,要记住,孩子们在任何年龄都可能会"被赶下王位"。一个孩子并不需要排行老大才能知道被一个新宝宝取代的那种惊恐感受。这种体验也会出现在混合家庭,以及异父母的孩子加入到家庭中,或者甚至是一个侄子或侄女到来时,这个家庭中原来的孩子会面对一种谁更可爱的挑战。记住进入你的孩子的内心世界,从他的角度体验生活,会帮助你和孩子做出调整并一起成长。

给水罐重新加满水

问：我是一个有三个不到 5 岁孩子的年轻母亲。他们是我最大的快乐，我真的非常喜欢做一位母亲！然而，最近，我真的难以承受了。我丈夫工作时间很长，而且还要上夜校。我得做家务、做兼职、支付账单，并且还要抚养孩子们。他们都是聪明、漂亮、能干的孩子，但他们同时也都是很有主见的孩子。我觉得要同时做很多不同的事情，无论我怎么做，永远都不够。从我醒来的那一刻直到深夜，没有一分钟是属于我自己的。我总是觉得很累、很厌烦，并且还有可怕的头痛。最重要的是，最近我经常发脾气。之后，我因为感到很内疚，心情甚至会更不好。

答：你描绘的情形出了什么问题吗？你干得不是兼职，甚至不是全职，而是超时工作！没有人会穿着超级妈妈的斗篷飞来飞去，但是，听上去这正是你在努力做的事情。你没有照顾到的人就是你自己——并且所有的人都因此感受到了痛苦。在这么忙碌的生活中，你很容易把自己的需要不仅放到次要位置，甚至完全不予考虑。你能给家人的最好礼物就是一个平和的、精力充沛的你。

可以考虑找个高中生来帮助做家务。如果缺钱，就要有创意；或许，你可以和别人交换做一些事情。和别人互换临时看护孩子的时间，以便你能出去散散步，参加一个瑜珈班，或者每周去一两次当地的健身中心游个泳并洗个桑拿。你的家人会注意到这种变化，当然，你也会注意到。

作为一个父母，在很大程度上就像是从水罐里往外倒水：如果不重新加水，你就只能倒出这么多杯水。有太多的时候，父母们和其他照料者会突然意识到他们已经为孩子倒空了自己——水罐空了。有效而充满爱意的养育需要大量的时间和精力。当你的水罐变空时，当你疲倦、暴躁、紧张并承受不了时，你无法尽自己的全力。

你怎样才能重新装满水罐呢？照顾好你自己——在你的水罐变空之前给它加水——可以采取任何形式。如果你发现自己在一个安静的时刻梦想着你喜欢做的所有的事情，这可能就是你应当考虑采取一些办法照顾好自己的一个线索。

聪明地安排时间

大多数父母会发现，他们必须随着孩子的成长来调整自己的优先事项。准确地记录几天你的时间是如何用掉的，是极其有帮助的——并且非常有启示。有些活动，比如工作、上学或与养育孩子直接相关的事情，无法做出太多的改变。但是，大多数父母把他们的很多时间都用在了并不真正重要的事情上。

比如，如果你经常在夜里和孩子一起起来，那么，在孩子睡午觉的时候，你要尽量睡个午觉。你很容易满屋子跑着去做那些"应该"做的事情，但是，打扫卫生间和擦拭家具这类事情是会等着你的；如果你得到了充足的睡眠，你会更快乐，并且更有效。

> **照顾自己**
>
> 照顾好你自己就像照顾好小宝宝一样重要。考虑下面这几个建议：
> - 聪明地安排时间。
> - 列出清单。
> - 留出时间维系重要关系。
> - 定期做你自己喜欢的事情。

茹拉没有享受过大块的自由时间。在她晚上去社区大学上课和白天在一间咖啡店的工作之间，她设法每天晚上用一两个小时的时间和3岁的儿子阿卜杜一起吃晚饭，并且在他的奶奶来照看他之前让他做好就寝准备。她和儿子在一起的这短短的一会儿时间经常陷入各种麻烦，让茹拉感到既不耐烦又急躁。她意识到，如果她想在她试图扮演的任何一种角色上取得成功，就需要寻找一种办法来调整自己。

茹拉想到了每天送阿卜杜到幼儿园后在交通高峰期的车流中开车爬行的45分钟。她决定放弃开车，并乘坐公共汽车，把这段时间留给自己。当公共汽车在拥挤的道路上迂回前行时，她会读一本小说、看一篇杂志文章，或者甚至闭上眼睛冥想并做缓慢呼吸。这个小小的改变对于缓解她的压力带来了很大的不同。茹拉感觉恢复了精力，并且平和的心态会持续一整天。她甚至发现，由于她没有了那么大的压力，她更喜欢和阿卜杜待在一起的时间了，并且能够以更饱满的精力来期待他们在一起的时光了。

你和小孩子一起度过的时间是非常宝贵而短暂的，一定要确保将你的时间用得尽可能聪明。

列出清单

在一个安静的时刻，把你想做的事情（或者希望能抽时间做的事情）都列出来。然后，在孩子睡午觉或者由其他人照料时，把这些宝贵的时间用来逐个做清单上的事项。不要在清单上列家务活和必须要做的事情；相反，要写下能让你放松的活动，比如蜷在沙发上看本好书，在浴缸里泡个澡，或者和一位朋友煲个电话粥。花时间把你的需要列成一个清单，可能会使你更尊重这些需要。

留出时间维系重要关系

和一个好朋友喝杯茶所具有的治疗作用简直惊人；有时候，

打一场充满活力的壁球也会让人恢复对生活的积极看法。和关心你的成年人聊聊天会让你精神振奋，尤其是在你的世界被精力充沛的小家伙占满的时候。你和伴侣可以交换时间照看孩子，以便你们双方都有和朋友在一起的时间，或者你们可以选择与自己喜欢的其他夫妇一起共度一会儿时间。晚间聚会、你们一起出去的时间，也应该列在你的清单上。约朋友在公园见面，能给父母（已婚的或单亲的）以及孩子们一起休息和放松的时间。让你的接触范围广泛到足以包括家庭之外的人，能帮助你保持自己的健康和平衡。

定期做你自己喜欢的事情

重要的是，你要找出时间去做那些让你感到有活力和快乐的事情，无论是骑自行车、打垒球，去唱诗班唱歌，修理机器，在花园劳作或设计一条被子。爱好和练习对你的心理和情感健康是十分重要的——如果你在自己的健康上投入时间和精力，你就会成为一个耐心而有效得多的父母。是的，为这些事情找出时间可能是一个问题，而你很容易会对自己说："我以后会设法找时间做这件事情。"然而，太多的时候，"以后"永远不会到来。即便每天用20分钟做你喜欢的事情也是一个好的开始。照顾自己真的并不是可选可不选的，因为如果做不到这点，每个人都会痛苦。父母们常常把花时间照顾自己看作"自私"。没有比这更错误的了。长期来看，花时间照顾自己会给每个人带来好处。

相信我们：没有你的持续关注，你的孩子也会很好。事实上，孩子们和健康的、得到良好支持的父母在一起才会茁壮成长。要记住，孩子们会感受到情感的能量；筋疲力尽并且满怀怨恨的父母不会帮助孩子成长，并且会渐渐耗尽所有家庭成员生活中的快乐。

避免安排过多活动

大多数父母都竭尽所能为他们的小孩子提供一个具有丰富刺激的环境。毕竟，他们在人生早期这几年正在学习和发展重要的技能。很多小孩子发现自己需要参加的群体活动多得惊人，而这些孩子常常还不到5岁。有体操班、足球队和游泳班。有学前班和幼儿游戏小组。有为学龄前孩子办的音乐班和以学业教育为目的的各种班。父母常常发现自己生活在车里，带着孩子匆忙地从这个活动奔向下一个活动。

尽管这些活动对于一个小孩子来说可能既愉快又能提供刺激，但限制你给孩子报班的数量才是明智的。研究人员已经注意到，家人一起放松以及外出闲逛的时间已经变得极为稀少了；每个人都忙着冲向下一个重要活动，致使家人之间的关系也变差了。父母们既急躁又疲惫；孩子们很少或根本没有时间运用他们的创造性、学会自己找快乐，或者玩耍。

要记住，你的孩子需要你的时间以及与你的情感联结，远远超过他对丰富刺激的需要。用在依偎在一起、一起在地板上爬或者读一本书上的时间，要比哪怕最受欢迎的活动都更有价值。

学会识别并处理压力

咬紧牙关、紧握拳头、肌肉紧张、头疼、突然想大哭一场或把自己锁在浴室里——这些都是父母压力过大和负担过重的症状，注意这些症状是非常重要的。大多数父母——尤其是第一次做父母的——有时候会感到不知所措并且精疲力尽，甚至会愤怒或怨恨。因为父母们非常想成为好父母，他们可能会发现很难与别人讨论这些令人烦恼的想法和感受。

玛莉安很喜欢当妈妈，即使有时很难兼顾母亲的身份和她销售不动产的工作。5岁的莱克茜聪明、可爱并充满好奇，而玛莉安总是期待着从幼儿园接回莱克茜一起回家。正常情况下，晚上的惯例都进行得很顺利，妈妈和女儿都喜欢在一起。然而，今天晚上，玛莉安有些急躁和不知所措；她今年最大的一笔交易看上去随时会落空，她确实需要多花点时间在电脑前仔细检查一下书面文件。

不幸的是，莱克茜的感冒还没有完全好，还有点易怒和疲惫。玛莉安试图把每晚的惯例缩减一些：她只做了一些冷冻食品，把所有的盘子都留在了水槽里，匆忙地给莱克茜洗了个澡并很快结束了晚上的游戏时间。莱克茜这天晚上变得很安静，感觉到了妈妈的心烦意乱和气恼。最后，当玛莉安读了一个故事而不是通常就寝时间的两个故事时，莱克茜突然失控了。

她双手抱在胸前，挑衅地翘着下巴，生气地跺着脚。"你很粗暴，妈妈，"她生气地说，"你今天晚上不想和我待在一起——我能看出来。你只想坐到你那破电脑前。"

玛莉安被女儿一针见血的话激怒了，开始发脾气，"我累了，莱克茜。我今天过得很难，我努力工作是为了抚养你。快上床去，让我工作，好吗？"

莱克茜的小脸都变了形，愤怒的泪水盈满了眼眶。"我讨厌你！"她喊道，"你为什么不回你那愚蠢的办公室去，待在那里？"

玛莉安感到血冲上了自己的脸颊，并且她的手在向后拉。有那么一刻完全没有声音，母女俩怒视着对方。突然，玛莉安意识到自己差一点就要打女儿的脸了,她在震惊中后退了一步。

"哦,莱克茜,"她说,"哦,亲爱的,太对不起了。这不是你的错——我脾气不好,还累了。"玛莉安蹲了下来,张开双臂,"你能原谅我吗?"

莱克茜能原谅。母女俩在沙发上拥抱了很长时间,玛莉安又给女儿读了一个故事。到她关灯时,平静和情感联结又恢复了,一切都很好。然而,玛莉安又花了一会儿时间来处理这件事给她带来的出乎意料的强烈感受。

正如我们之前提到过的那样,感受和行为是不一样的。小孩子的父母们感觉沮丧、不知所措,以及筋疲力尽都不是不寻常的,而且大多数父母在对自己的孩子感到愤怒和怨恨时,都会有强烈的内疚感。这些感受都是完全正常的——但是,你要注意你对他们做出的行为。

> **紧急救助**
>
> 当你遇到感觉完全不能处理的压力时,要毫不犹豫地寻求帮助。大多数社区都有紧急帮助热线电话。有些医院提供类似的服务;和一个通情达理、令人安慰的成年人聊几分钟,可能会让世界变得完全不同。
>
> 如果你感到孩子可能处于危险之中,就要看看你的社区是否有临时看护。需要帮助不是错误或丢脸的事情,而是真正的智慧。

如果你发现自己想怒斥或打你的孩子,要将这些感受当作你需要做些事情来关爱自己的线索。要确保你的孩子安全,并花几分钟时间做暂停(不管怎么说,父母做暂停通常比让孩子暂停更管用)。更好的办法是安排出时间做些有益于你自己的事情。即便是最好的父母,筋疲力尽和沮丧也会导致他们说或做一些事后会后悔的事情;花时间帮助你自己感觉好起来要好得多。

伸出手，结成团队

罗丝从前车窗探头出去向后看着，她的朋友卡罗琳和她3岁的儿子文斯正在向她挥手说再见。当罗丝在驾驶座上坐好后，她冲后座上的两个朋友笑了笑。

"伙计，我准备好了。"她说。

阿戴尔和乔琳大笑了起来。"我们也准备好了！"乔琳说，"你最好玩得开心点儿——下一周，孩子们全要待在你那儿。"

罗丝、阿戴尔、乔琳和卡罗琳分享她们的"妈妈外出日"已经快6个月了，没有人能想象如果没有这种分享，她们该怎么过。每个星期六的早上，四个妈妈中的一个要照顾全部六个孩子。把孩子们的午餐装好，把活动计划好，三位要外出的妈妈会拥有幸福的4个小时——去购物、打网球、散步或者只是出去喝咖啡、聊天。起初，每个人都感到有点内疚，但是，她们很快就学会了挥手说再见并驾车离开，知道她们的孩子会得到很好的照料并会很高兴有一个平和、快乐的妈妈来接他们。因为这几位妈妈始终注意在约定好的时间回来接孩子，所以没人觉得被占了便宜。

支持可以有不同的形式。无论哪种方法对你管用，也无论你从哪里找到了支持，要怀着感激去接受。养育是一项太艰巨的工作，无法独自处理。孩子们和他们的家庭需要一个群体的支持。这个群体可能是一个熟悉的亲戚、一个养育学习班、好朋友或者甚至是网络空间传递的一些话。重要的是支持就在这里。要运用这些支持——为了每一个人。

结　语

童年早期这几年常常会让父母们不知所措。3~6岁的孩子有一种占据家庭生活舞台中心的惊人能力，常常会让自己身边的大人笑得——或累得——喘不过气来。每天似乎都能带来一个新的发现，有时会是一个新的危机。似乎厨房的台子永远也收拾不干净，衣服永远也洗不完，这几年永远也不会过去。

但是，会过去的。我们作为父母和老师的职责，是让我们成为孩子生活中不必要的人。从孩子降生那一刻起，我们就在不断地指导他们走向独立——在他们犹豫时，爱并支持他们，始终相信他们会成长并绽放。我们尽可能不让他们注意到我们就在他们身边；在他们跌跌撞撞时，我们屏住呼吸，在他们继续前行时，我们感到欣喜。

是的，孩子3~6岁这几年是父母和老师忙碌的几年。孩子在这几年中的试探和探索会极大地考验我们的耐心，我们可能会突然意识到自己渴望孩子长大并不再那么需要我们的那一天的到来。但是，如果我们明智的话，我们会花时间尽情享受并体味很快就会过去的这几年。

比你认为的要快得多，你就会在房间里吃惊地盯着眼前的那个陌生人。那个经常流着鼻涕的小孩子就会不见了；那里会是一个笑嘻嘻的少年，准备去上学并结交新朋友了，准备越来越远地离开你的怀抱了。

我们的孩子会带着我们有勇气给予他们的爱、智慧和自信面对生活。那里当然会有艰难、磕碰、擦伤和眼泪，然而，如果我们在此之前做得很好，我们的孩子就会知道错误是学习的机会，知道人生就是要享受的一次奇遇。

有一个美丽的寓言，说的是两个发现了艰难和毅力的价值的小女孩的故事。她们发现一根树枝上挂着两个茧，在她们敬畏地观察的过程中，两只小蝴蝶破茧而出了。这两个小东西浑身那么潮湿、那么脆弱，似乎都不可能活下来，更不用说飞起来了。两个小女孩看着蝴蝶在吃力地打开翅膀。一个女孩因为害怕蝴蝶活不下来，便伸手拿下来一只，轻轻地将它纤弱的翅膀展开了。第二个小女孩拿了一根小树枝让另外一只蝴蝶爬在上面；然后把它拿到窗台边，那里有阳光可以温暖它。

两只蝴蝶都继续顽强地努力着，试验着它们的新翅膀。窗台上的那只蝴蝶终于打开了翅膀，在温暖和煦的阳光中停了一会儿，然后就优雅地飞走了。但是，那只被掰开翅膀的蝴蝶却再也没有力气飞，还没有飞过就死了。

看着你的孩子艰难地努力、知道你无论多么警觉都无法让他们总能避免麻烦和痛苦，是很痛苦的。但是，明智的父母们知道，就像蝴蝶一样，孩子们是从他们艰难的努力中获得力量和智慧的。需要很大的勇气——以及很多的爱——才能抑制住说教和解救的冲动，并允许我们的孩子——带着我们的鼓励、教导和爱——自己体验他们的生活，并从其教训和经验中学习。

我们无法替孩子努力。即便是最有爱心的父母也不能保证他们的孩子永远没有痛苦。但是，我们有很多事情可以做。我们可以给孩子信任、尊严和尊重。我们可以对他们以及他们学习和成长的能力充满信任。我们可以花时间教他们：关于理念，关于人，关于在这个充满竞争的世界茁壮成长所需要的各种技能。我们可以培养他们的才能和兴趣，并鼓励他们迈出的每一小步。我们可以帮助他们发现能力、才干和责任给人带来的礼物。

最重要的是，我们可以爱他们并喜欢他们，和他们一起欢笑，一起玩耍。我们可以创造一些他们——和我们——将珍视一生的记忆。我们可以在深夜悄悄进入他们的房间，在凝视着孩子熟睡的脸庞时一次又一次地感受那种压倒一切的温柔。我们可以凭借这种爱和温柔给予我们作为父母和照料者所需要的智慧和勇气。

本书所讲述的一切无非是从我们的错误中学习，并庆祝我们的成功。作为本书的作者和母亲，我们希望你已经发现了本书非常有用。但是，最终的答案始终是从你自己的智慧和心灵中找到的；当你遵从自己的心去做时，你就能把孩子养得（并且教得）最好。尽管有不可避免的麻烦和挫折，你也要经常花时间去体味这段童年的特别时光；要尽你所能欣赏你的孩子。这是宝贵而重要的几年，而且我们只能经历一次。

致　谢

　　经常有人问我们："你们这些故事是从哪里得到的？"这些故事是从很多人那里得来的，没有他们，这本书就无法写成。我们想说明，故事中人物的名字和细节都做了一些改变，以保护那些与我们分享这些故事的家庭的隐私；有些故事是几个家庭发生的事情合成的。这是有意义的：各个地方的父母和孩子们在一起成长的过程中会经历很多同样的挑战，而我们大家可以相互学习。

　　我们最要感谢的是我们的孩子们。他们给我们提供了个人的家庭"实验室"。正如你已经看到的那样，我们相信错误是学习的大好机会。我们的孩子容忍了我们的错误——并且帮助了我们从中学习。我们爱他们，并感激他们。

　　我们还得到了很多机会从我们的养育学习班和咨询办公室中的父母们身上学习。在别人面前扮演专家是很容易的，但事实上，对于你的孩子，你才是唯一的专家——没有人能像你那样了解他们。本书提供了可靠的信息和很好的建议，但最终，你必须信任你自己的智慧和对孩子的了解来帮助你决定该怎么做。这并不总是很容易。我们经常告诉参加我们学习班的父母们："你们在我陷入情感困境时帮助了我，我会在你们陷入情感困境时帮助你们。"父母们常常说我们给他们的帮助有多大；我们想让他们知道，我们从他们身上学到的有多少——以及对他们有多么感激。

我们有机会在正面管教网站（www.positivediscipline.com）以及其他场合——从电台直播节目到父母和老师学习小组，再到我们在美国各地和其他国家各种演讲中的听众——回答父母们提出的问题。这些问题和我们的回答，为本书提供了极好的素材。

我们感谢各地那些热切地想给予孩子爱和所需要的指导的人们。我们还要感谢那些一直以来孜孜不倦地工作以造就更多相互尊重的家庭、学校和社区的同事和朋友们。你可能没想到养育在近些年中已经发生很大的变化，但是，我们一直在学习理解我们的孩子和我们自己的新方式。本书中的一些信息是阿德勒学派的其他心理学专家们的贡献。我们非常感谢他们，以及他们所做的工作。

本书中有关出生顺序的信息，因为我们与简·格里菲斯（Jane Griffith）进行的一次充满智慧的探讨而得到了极大改善，她是北美阿德勒学派心理学学会的前任主席，还是芝加哥阿德勒专业心理研究学院的荣誉教授。

我们在编辑方面也得到了极其出色的帮助。我们衷心感谢我们的编辑林赛·摩尔（Lindsey Moore）。我们总是能得到林赛的及时回应和鼓励，并使我们提供的信息更加清晰、更有帮助。我们还想感谢葆拉·格雷（Paula Gray）出色的插图，这些插图让本书——以及我们的其他书——增色不少。

尤其要感谢学习树蒙台梭利幼儿园（Learning Tree Montessori Childcare）为寻找高质量的看护章节提供了很多背景资料，并为班会和错误目的行为两章提供了很多例子。他们的深刻见解使得本书更有深度。

我们将永远感激阿尔弗雷德·阿德勒和鲁道夫·德雷克斯，正面管教是以他们首创的思想为基础的。两位大师留下了一份改变千万人——包括我们自己——的宝贵遗产。我们感到很荣幸能通过与别人分享他们的理念来继续传递他们的遗产。

  还有，我们是那么爱我们的家人。他们没有抱怨过我们因为写书而占去很多时间，而是支持并鼓励我们。他们不断地证明着自己照顾自己的能力，而不是向我们提要求。他们非常自豪我们将帮助我们更加欣赏对方的理念分享给更多人。尽管我们自己的孩子现在已长大成人，并且忙于他们自己的独立生活，但我们仍然喜欢尽可能和他们以及他们的下一代——我们的孙辈们——待在一起。或许，这本书能使这个世界成为对他们、他们的同龄人，以及他们有一天会养育的孩子们更健康并且更快乐的一个地方。

《美国执业儿科医生育儿百科》

一部不可多得的育儿指南,详细介绍 0~5 岁宝宝的成长、发育、健康和行为。

  一位执业超过 30 年的美国儿科医生,一部不可多得的育儿指南,详细介绍 0~5 岁宝宝的成长、发育、健康和行为。

  全书共 4 篇。第 1 篇是孩子的发育与成长,将 0~5 岁分为 11 个阶段,详细介绍各阶段的特点、分离问题、设立限制、日常的发育、健康与疾病、机会之窗、健康检查、如果……怎么办,等等问题。第 2 篇是疾病与受伤,从父母的角度介绍孩子常见的疾病、受伤与处理方法。第 3 篇讨论的是父母与儿科医生之间反复出现的沟通不畅的问题,例如免疫接种、中耳炎、对抗行为等。第 4 篇是医学术语表,以日常语言让父母们准确了解相关医学术语。

[美] 劳拉·沃尔瑟·内桑森 著
宋 苗 译
北京联合出版公司
定价:89.00 元

《正面管教》

如何不惩罚、不娇纵地有效管教孩子

畅销美国 400 多万册　被翻译为 16 种语言畅销全球

  自 1981 年本书第一版出版以来,《正面管教》已经成为管教孩子的"黄金准则"。正面管教是一种既不惩罚也不娇纵的管教方法……孩子只有在一种和善而坚定的气氛中,才能培养出自律、责任感、合作以及自己解决问题的能力,才能学会使他们受益终生的社会技能和人生技能,才能取得良好的学业成绩……如何运用正面管教方法使孩子获得这种能力,就是这本书的主要内容。

  简·尼尔森,教育学博士,杰出的心理学家、教育家,加利福尼亚婚姻和家庭执业心理治疗师,美国"正面管教协会"的创始人。曾经担任过 10 年的有关儿童发展的小学、大学心理咨询教师,是众多育儿及养育杂志的顾问。

  本书根据英文原版的第三次修订版翻译,该版首印数为 70 多万册。

[美] 简·尼尔森 著
玉冰 译
北京联合出版公司
定价:38.00 元

《0～3岁孩子的正面管教》

养育0～3岁孩子的"黄金准则"

家庭教育畅销书《正面管教》作者力作

[美] 简·尼尔森
谢丽尔·欧文
罗丝琳·安·达菲 著
花莹莹 译
北京联合出版公司
定价：42.00元

从出生到3岁，是对孩子的一生具有极其重要影响的3年，是孩子的身体、大脑、情感发育和发展的一个至关重要的阶段，也是会让父母们感到疑惑、劳神费力、充满挑战，甚至艰难的一段时期。

正面管教是一种有效而充满关爱、支持的养育方式，自1981年问世以来，已经成为了养育孩子的"黄金准则"，其理论、理念和方法在全世界各地都被越来越多的父母和老师们接受，受到了越来越多父母和老师们的欢迎。

本书全面、详细地介绍了0～3岁孩子的身体、大脑、情感发育和发展的特点，以及如何将正面管教的理念和工具应用于0～3岁孩子的养育中。它将给你提供一种有效而充满关爱、支持的方式，指导你和孩子一起度过这忙碌而令人兴奋的三年。

无论你是一位父母、幼儿园老师，还是一位照料孩子的人，本书都会使你和孩子受益终生。

《正面管教 A-Z》

日常养育难题的1001个解决方案

家庭教育畅销书《正面管教》作者力作
以实例讲解不惩罚、不娇纵管教孩子的"黄金准则"

[美] 简·尼尔森 琳·洛特
斯蒂芬·格伦 著
花莹莹 译
北京联合出版公司
定价：45.00元

无论你多么爱自己的孩子，在日常养育中，都会有一些让你愤怒、沮丧的时刻，也会有让你绝望的时候。

你是怎么做的？

本书译自英文原版的第3版（2007年出版），包括了最新的信息。你会从中找到不惩罚、不娇纵地解决各种日常养育挑战的实用办法。主题目录，按照A-Z的汉语拼音顺序排列，方便查找。你可以迅速找到自己面临的问题，挑出来阅读；也可以通读整本书，为将来可能遇到的问题及其预防做好准备。每个养育难题，都包括6步详细的指导：理解你的孩子、你自己和情形，建议，预防问题的出现，孩子们能够学到的生活技能，养育要点，开阔思路。

《十几岁孩子的正面管教》

教给十几岁的孩子人生技能

家庭教育畅销书《正面管教》作者力作
养育十几岁孩子的"黄金准则"

度过十几岁的阶段，对你和你的青春期的孩子来说，可能会像经过一个"战区"。青春期是成长中的一个重要过程。在这个阶段，十几岁的孩子会努力探究自己是谁，并要独立于父母。你的责任，是让自己十几岁的孩子为人生做好准备。

问题是，大多数父母在这个阶段对孩子采用的养育方法，使得情况不是更好，而是更糟了⋯⋯

本书将帮助你在一种肯定你自己的价值、肯定孩子价值的相互尊重的环境中，教育、支持你的十几岁的孩子，并接受这个过程中的挑战，帮助你的十几岁孩子最大限度地成为具有高度适应能力的成年人。

[美]简·尼尔森
琳·洛特 著
尹莉莉 译
北京联合出版公司出版
定价：35.00元

《教室里的正面管教》

培养孩子们学习的勇气、激情和人生技能

家庭教育畅销书《正面管教》作者力作
造就理想班级氛围的"黄金准则"
本书入选中国教育新闻网、中国教师报联合推荐
2014年度"影响教师100本书"TOP10

很多人认为学校的目的就是学习功课，而各种纪律规定应该以学生取得优异的学习成绩为目的。因此，老师们普遍实行的是以奖励和惩罚为基础的管教方法，其目的是为了控制学生。然而，研究表明，除非教给孩子们社会和情感技能，否则他们学习起来会很艰难，并且纪律问题会越来越多。

正面管教是一种不同的方式，它把重点放在创建一个相互尊重和支持的班集体，激发学生们的内在动力去追求学业和社会的成功，使教室成为一个培育人、愉悦和快乐的学习和成长的场所。

这是一种经过数十年实践检验，使全世界数以百万计的教师和学生受益的黄金准则。

[美]简·尼尔森 琳·洛特
斯蒂芬·格伦 著
梁帅 译
北京联合出版公司出版
定价：30.00元

《正面管教教师指南 A-Z》

教室里行为问题的 1001 个解决方案

家庭教育畅销书《正面管教》作者力作
以实例讲解造就理想班级氛围的"黄金准则"

本书包括两个部分：

第一部分，介绍的是正面管教的基本原理和基本方法，包括鼓励、错误目的、奖励和惩罚、和善而坚定、社会责任感、分派班级事务、积极的暂停、特别时光、班会，等等。

第二部分，是教室里常见的各种行为问题及其处理方法，按照 A-Z 的汉语拼音顺序排列，以方便查找。你可以迅速找到自己面临的问题，有针对性地阅读，立即解决自己的难题；也可以通读本书，为将来可能遇到的问题及其预防做好准备。

每个行为问题及其解决，基本都包括 5 个部分：
- 讨论。就一个具体行为问题出现的情形及原因进行讨论。
- 建议。依据正面管教的理论和原则，给出解决问题的建议。
- 提前计划，预防未来的问题。着眼于如何预防问题的发生。
- 用班会解决问题。老师和学生们用班会解决相应问题的真实故事。
- 激发灵感的故事。老师和学生们用正面管教工具解决相关问题的真实故事。

[美] 简·尼尔森
　　琳达·埃斯科巴
　　凯特·奥托兰
　　罗丝琳·安·达菲
　　黛博拉·欧文 - 索科奇　著
郑淑丽　译
北京联合出版公司出版
定价：55.00 元

《正面管教教师工具卡》

教室管理的 52 个工具

家庭教育畅销书《正面管教》作者力作

该套卡片是将《正面管教》在教室里的运用，以卡片的形式呈现出来。在每张卡片上有对相应工具的简要介绍，以及具体的使用办法和相关示例，在卡片后还配有一幅形象而生动的插图。

该套卡片既适合教师单独集中时间学习，也适合与其他教师共同讨论。既可以放置于办公桌上，也可以随身携带，随时使用。它是尼尔森博士为教师量身定制的"工具百宝箱"。

[美] 简·尼尔森
　　凯莉·格夫洛埃尔
　　阿伦·巴考尔
　　比尔·肖尔　著
张宏武　译
北京联合出版公司出版
定价：35.00 元

《正面管教养育工具》

赋予孩子力量、培养孩子能力的49种有效方法

家庭教育畅销书《正面管教》作者力作
不惩罚、不娇纵养育孩子的有效工具

[美] 简·尼尔森
玛丽·尼尔森·坦博斯基
布拉德·安吉 著
花莹莹 杨森 张丛林 林展 译
北京联合出版公司出版
定价：42.00元

正面管教是一种不惩罚、不娇纵的管教孩子的方式，是为了培养孩子们的自律、责任感、合作能力，以及自己解决问题的能力，让他们学会受益终生的社会技能和人生技能，并取得良好的学业成绩。

1981年，简·尼尔森博士出版《正面管教》一书，使正面管教的理念逐渐为越来越多的人接受并奉行。如今，正面管教已经成了管教孩子的"黄金准则"。其理念和方法已经传播到将近70个国家和地区，包括美国、英国、冰岛、荷兰、德国、瑞士、法国、摩洛哥、西班牙、墨西哥、厄瓜多尔、哥伦比亚、秘鲁、智利、巴西、加拿大、中国、埃及、韩国。由简·尼尔森博士作为创始人的"正面管教协会"，如今已经有了法国分会和中国分会。

本书对经过多年实际检验的49个最有效的正面管教养育工具作了详细介绍。

《单亲家庭的正面管教》

让单亲家庭的孩子健康、快乐、茁壮成长

家庭教育畅销书《正面管教》作者力作
单亲父母养育孩子的"黄金准则"

[美] 简·尼尔森 谢丽尔·欧文
卡萝尔·德尔泽尔 著
杨森 张丛林 林展 译
北京联合出版公司
定价：37.00元

单亲家庭不是"破碎的家庭"，单亲家庭的孩子也不是注定会失败和令人失望的，有了努力、爱和正面管教养育技能，单亲父母们就能够把自己的孩子培养成有能力的、满足的、成功的人，让单亲家庭成为平静、安全、充满爱的家，而单亲父母自己也会成为一位更健康、平静的父母——以及一个更快乐的人。

《单亲家庭的正面管教》是家庭教育畅销书《正面管教》作者简·尼尔森的又一力作。自从《正面管教》于1981年出版以来，正面管教理念已经成为养育孩子的"黄金准则"，让全球数以百万计的父母、孩子、老师获益。

《单亲家庭的正面管教》是简·尼尔森博士与另外两位作者详细介绍如何将正面管教的理念和工具用于单亲家庭的一部杰作。

《特殊需求孩子的正面管教》

帮助孩子学会有价值的社会和人生技能

家庭教育畅销书《正面管教》作者力作

每一个孩子都应该有一个幸福而充实的人生。特殊需求的孩子们有能力积极成长和改变。

运用正面管教的理念和工具，特殊需求的孩子们就能够培养出一种越来越强的能力，为自己的人生承担起责任。在这个过程中，他们会与自己的家里、学校里和群体里的重要的人建立起深入的、令人满意的、合作的关系，从而实现自己的潜能。

[美] 简·尼尔森　史蒂文·福斯特
艾琳·拉斐尔　著
甄颖　译
北京联合出版公司
定价：32.00元

《如何培养孩子的社会能力》

教孩子学会解决冲突和与人相处的技巧

简单小游戏　成就一生大能力
美国全国畅销书（The National Bestseller）
荣获四项美国国家级大奖的经典之作
美国"家长的选择（Parents' Choice Award）"图书奖

社会能力就是孩子解决冲突和与人相处的能力，人是社会动物，没有社会能力的孩子很难取得成功。舒尔博士提出的"我能解决问题"法，以教给孩子解决冲突和与人相处的思考技巧为核心，在长达30多年的时间里，在全美各地以及许多其他国家，让家长和孩子们获益匪浅。与其他的养育办法不同，"我能解决问题"法不是由家长或老师告诉孩子怎么想或者怎么做，而是通过对话、游戏和活动等独特的方式教给孩子自己学会怎样解决问题，如何处理与朋友、老师和家人之间的日常冲突，以及寻找各种解决办法并考虑后果，并且能够理解别人的感受。让孩子学会与人和谐相处，成长为一个社会能力强、充满自信的人。

默娜·B.舒尔博士，儿童发展心理学家，美国亚拉尼大学心理学教授。她为家长和老师们设计的一套"我能解决问题"训练计划，以及她和乔治·斯派维克（George Spivack）一起所做出的开创性研究，荣获了一项美国心理健康协会大奖、三项美国心理学协会大奖。

[美] 默娜·B.舒尔
　　特里萨·弗伊·
　　迪吉若尼莫　著
张雪兰　译
北京联合出版公司
定价：30.00元

《如何培养孩子的社会能力（II）》

教 8～12 岁孩子学会解决冲突和与人相处的技巧

全美畅销书《如何培养孩子的社会能力》作者的又一部力作！
让怯懦、内向的孩子变得勇敢、开朗！
让脾气大、攻击性强的孩子变得平和、可亲！
培养一个快乐、自信、社会适应能力强、情商高的孩子

8～12 岁，是孩子进入青春期反叛之前的一个重要时期，是孩子身体、行为、情感和社会能力发展的一个重要分水岭。同时，这也是父母的一个极好的契机——教会孩子自己做出正确决定，自己解决与同龄人、老师、父母的冲突，培养一个快乐、自信、社会适应能力强、情商高的孩子——以便孩子把精力更多地集中在学习上，为他们期待而又担心的中学生活做好准备。

本书详细、具体地介绍了将"我能解决问题"法运用于 8～12 岁孩子的方法和效果。

[美] 默娜·B.舒尔 著
刘荣杰 译
北京联合出版公司
定价：35.00 元

《孩子，把你的手给我》

与孩子实现真正有效沟通的方法

畅销美国 500 多万册的教子经典，以 31 种语言畅销全世界
彻底改变父母与孩子沟通方式的巨著

本书自 2004 年 9 月由京华出版社自美国引进以来，仅依靠父母和老师的口口相传，就一直高居当当网、卓越网的排行榜。

吉诺特先生是心理学博士、临床心理学家、儿童心理学家、儿科医生；纽约大学研究生院兼职心理学教授、艾德尔菲大学博士后。吉诺特博士的一生并不长，他将其短短的一生致力于儿童心理的研究以及对父母和教师的教育。

父母和孩子之间充满了无休止的小麻烦、阶段性的冲突，以及突如其来的危机……我们相信，只有心理不正常的父母才会做出伤害孩子的反应。但是，不幸的是，即使是那些爱孩子的、为了孩子好的父母也会责备、羞辱、谴责、嘲笑、威胁、收买、惩罚孩子，给孩子定性，或者对孩子唠叨说教……当父母遇到需要具体方法解决具体问题时，那些陈词滥调，像"给孩子更多的爱"、"给她更多关注"或者"给他更多时间"是毫无帮助的。

多年来，我们一直在与父母和孩子打交道，有时是以个人的形式，有时是以指导小组的形式，有时以养育讲习班的形式。这本书就是这些经验的结晶。这是一个实用的指南，给所有面临日常状况和精神难题的父母提供具体的建议和可取的解决方法。

——摘自《孩子，把你的手给我》一书的"引言"

[美] 海姆·G.吉诺特 著
北京联合出版公司
定价：32.00 元

《孩子，把你的手给我（Ⅱ）》

与十几岁孩子实现真正有效沟通的方法

《孩子，把你的手给我》作者的又一部巨著
彻底改变父母与十几岁孩子的沟通方式

本书是海姆·G·吉诺特博士的又一部经典著作，连续高踞《纽约时报》畅销书排行榜25周，并被翻译成31种语言畅销全球，是父母与十几岁孩子实现真正有效沟通的圣经。

十几岁是一个骚动而混乱、充满压力和风暴的时期，孩子注定会反抗权威和习俗——父母的帮助会被怨恨，指导会被拒绝，关注会被当做攻击。海姆·G·吉诺特博士就如何对十几岁的孩子提供帮助、指导、与孩子沟通提供了详细、有效、具体、可行的方法。

[美] 海姆·G·吉诺特 著
张雪兰 译
北京联合出版公司
定价：26.00元

《孩子，把你的手给我（Ⅲ）》

老师与学生实现真正有效沟通的方法

《孩子，把你的手给我》作者最后一部经典巨著
以31种语言畅销全球
彻底改变老师与学生的沟通方式
美国父母和教师协会推荐读物

本书是海姆·G·吉诺特博士的最后一部经典著作，彻底改变了老师与学生的沟通方式，是美国父母和教师协会推荐给全美师和父母的读物。

老师如何与学生沟通，具有决定性的重要意义。老师们需要具体的技巧，以便有效而人性化地处理教学中随时都会出现的事情——令人烦恼的小事、日常的冲突和突然的危机。在出现问题时，理论是没有用的，有用的只有技巧，如何获得这些技巧来改善教学状况和课堂生活就是本书的主要内容。

书中所讲述的沟通技巧，不仅适用于老师与学生、家长与孩子之间的交流，而且也可以灵活运用于所有的人际交往中，是一种普遍适用的沟通技巧。

[美] 海姆·G·吉诺特 著
张雪兰 译
北京联合出版公司
定价：35.00元

《孩子是如何学习的》

畅销美国 200 多万册的教子经典，以 14 种语言畅销全世界

孩子们有一种符合他们自己状况的学习方式，他们对这种方式运用得很自然、很好。这种有效的学习方式会体现在孩子的游戏和试验中，体现在孩子学说话、学阅读、学运动、学绘画、学数学以及其他知识中……对孩子来说，这是他们最有效的学习方式……

约翰·霍特（1923～1985），是教育领域的作家和重要人物，著有 10 本著作，包括《孩子是如何失败的》、《孩子是如何学习的》、《永远不太晚》、《学而不倦》。他的作品被翻译成 14 种语言。《孩子是如何学习的》以及它的姊妹篇《孩子是如何失败的》销售超过两百万册，影响了整整一代老师和家长。

[美]约翰·霍特 著
张雪兰 译
北京联合出版公司
定价：30.00 元

《帮助你的孩子爱上阅读》

0～16 岁亲子阅读指导手册

没有阅读的童年是贫乏的——孩子将错过人生中最大的乐趣之一，以及阅读带来的巨大好处。

阅读不但是学习和教育的基础，而且是孩子未来可能取得成功的一个最重要的标志——比父母的教育背景或社会地位重要得多。这也是父母与自己的孩子建立亲情心理联结的一种神奇方式。

帮助你的孩子爱上阅读，是父母能给予自己孩子的一份最伟大的礼物，一份将伴随孩子一生的爱的礼物。

这是一本简单易懂而且非常实用的亲子阅读指导手册。作者根据不同年龄的孩子的发展特征，将 0～16 岁划分为 0～4 岁、5～7 岁、8～11 岁、12～16 岁四个阶段，告诉父母们在各个年龄阶段应该如何培养孩子的阅读习惯，如何让孩子爱上阅读。

[美]爱丽森·戴维 著
宋苗 译
北京联合出版公司
定价：26.00 元

《从出生到 3 岁》

婴幼儿能力发展与早期教育权威指南

畅销全球数百万册，被翻译成 11 种语言

没有任何问题比人的素质问题更加重要，而一个孩子出生后头 3 年的经历对于其基本人格的形成有着无可替代的影响……本书是唯一一本完全基于对家庭环境中的婴幼儿及其父母的直接研究而写成的，也是惟一一本经过大量实践检验的经典。本书将 0~3 岁分为 7 个阶段，对婴幼儿在每一个阶段的发展特点和父母应该怎样做以及不应该做什么进行了详细的介绍。

本书第一版问世于 1975 年，一经出版，就立即成为了一部经典之作。伯顿·L.怀特基于自己 37 年的观察和研究，在这本详细的指导手册中描述了 0~3 岁婴幼儿在每个月的心理、生理、社会能力和情感发展，为数千万名家长提供了支持和指导。现在，这本经过了全面修订和更新的著作包含了关于养育的最准确的信息与建议。

伯顿·L.怀特，哈佛大学"哈佛学前项目"总负责人，"父母教育中心"（位于美国马萨诸塞州牛顿市）主管，"密苏里'父母是孩子的老师'项目"的设计人。

[美] 伯顿·L.怀特 著
宋苗 译
北京联合出版公司
定价：39.00 元

《实用程序育儿法》

宝宝耳语专家教你解决宝宝喂养、睡眠、情感、教育难题

《妈妈宝宝》、《年轻妈妈之友》、《父母必读》、"北京汇智源教育"联合推荐

本书倡导从宝宝的角度考虑问题，要观察、尊重宝宝，和宝宝沟通——即使宝宝还不会说话。在本书中，作者集自己近 30 年的经验，详细解释了 0～3 岁宝宝的喂养、睡眠、情感、教育等各方面问题的有效解决方法。

特蕾西·霍格(Tracy Hogg)世界闻名的实战型育儿专家，被称为"宝宝耳语专家"——她能"听懂"婴儿说话，理解婴儿的感受，看懂婴儿的真正需要。她致力于从婴幼儿的角度考虑问题，在帮助不计其数的新父母和婴幼儿解决问题的过程中，发展了一套独特而有效的育儿和护理方法。

梅林达·布劳，美国《孩子》杂志"新家庭（New Family）专栏"的专栏作家，记者。

[美] 特蕾西·霍格
梅林达·布劳 著
北京联合出版公司
定价：42.00 元

《RIE 育儿法》

养育一个自信、独立、能干的孩子

美国著名的"婴幼儿育养中心（RIE）"倡导、践行40年并在全世界得到广泛传播的育儿法。

RIE育儿法是一种照料和陪伴婴幼儿——尤其是0~2岁宝宝——的综合性方法，强调要尊重每个孩子及其成长的过程……教给父母们在给宝宝喂奶、换尿布、洗澡、陪宝宝玩耍、保证宝宝的睡眠、设立限制等日常照料和陪伴的过程中，如何读懂宝宝的需要并对其做出准确的回应……帮助父母们更好地了解自己的宝宝，更轻松、自信地应对日常照料事物的挑战……让孩子成长为一个自信、独立而且能干的人。

RIE育儿法是美国婴幼儿育养中心（RIE）的创始人玛格达·格伯经过几十年的实践提出的，并已在全世界得到广泛传播。

[美] 黛博拉·卡莱尔·所罗门 著
邢子凯 译
北京联合出版公司
定价：35.00元

《如何读懂孩子的行为》

理解并解决孩子各种行为问题的方法

孩子为什么不好好吃、不好好睡？为什么尿床、随地大便？为什么说脏话？为什么撒谎、偷东西、欺负人？为什么不学习？……这些行为，都是孩子在以一种特殊的方式与父母沟通。

当孩子遇到问题时，他们的表达方式十分有限，往往用行为作为与大人沟通的一种方式……如何读懂孩子这些看似异常行为背后真实的感受和需求，如何解决孩子的这些问题，以及何时应该寻求专业帮助，就是本书的主要内容。

安吉拉·克利福德-波斯顿（Andrea Clifford-Poston），教育心理治疗师、儿童和家庭心理健康专家，在学校、医院和心理诊所与孩子和父母们打交道30多年；她曾在查林十字医院（Charing Cross Hospital，建立于1818年）的儿童发展中心担任过16年的主任教师，在罗汉普顿学院（Roehampton Institute）担任过多年音乐疗法的客座讲师，她还是《泰晤士报》"父母论坛"的长期客座专家，为众多儿童养育畅销杂志撰写专栏和文章，包括为"幼儿园世界（Nursery World）"撰写了4年专栏。

[美] 安吉拉·克利福德-波斯顿 著
王俊兰 译
北京联合出版公司
定价：32.00元

《如何培养情感健康的孩子》

孩子必须被满足的 5 大情感需求

畅销美国 250000 多册的家教经典

孩子的情感健康，取决于情感需求是否得到满足。每个孩子都有贯穿一生的 5 大情感需求，满足了这些需求，会为把孩子培养成为自信、理智、有同情心和有公德心的人提供一个良好的基础，让他们更有可能在学业、职场、婚姻和生活中取得成功。

杰拉尔德·纽马克博士既是一位父亲，又是一位教育家、研究员，从事与学校和孩子相关的咨询已经超过 30 年，他在教育领域所取得的卓越成就曾得到美国总统嘉奖。

[美] 杰拉尔德·纽马克 著
叶红婷 译
北京联合出版公司
定价：20.00 元

《莫扎特效应》

用音乐唤醒孩子的头脑、健康和创造力

从胎儿到 10 岁，用音乐的力量帮助孩子成长！
享誉全球的权威指导，被翻译成 13 种语言！

在本书中，作者全面介绍了音乐对于从胎儿至 10 岁左右儿童的大脑、身体、情感、社会交往等各方面能力的影响。

本书详细介绍了如何用古典音乐，特别是莫扎特的音乐，以及儿歌的节奏和韵律来促进孩子从出生前到童年中期乃至更大年龄阶段的发展，提高他们的各种学习能力、情感能力和社会交往能力。对于孩子在每个年龄段（出生前到出生、从出生到 6 个月、从 6 个月到 18 个月、从 18 个月到 3 岁、从 4 岁到 6 岁、从 6 岁到 8 岁、从 8 岁到 10 岁）的发展适合哪些音乐以及这些音乐的作用都进行了详细的说明。

[美] 唐·坎贝尔 著
高慧雯 王玲月 娟子 译
北京联合出版公司
定价：32.00 元

唐·坎贝尔，古典音乐家、教育家、作家、教师，数十年来致力于研究音乐及其在教育和健康方面的作用，用音乐帮助全世界 30 多个国家的孩子提高了学习能力和创造性，并体验到了音乐给生活带来的快乐。他是该领域闻名全球、首屈一指的权威。

以上图书各大书店、书城、网上书店有售。

团购请垂询：010-65868687

Email：tianluebook@263.net

更多畅销经典家教图书，请关注新浪微博"家教经典"（http://weibo.com/jiajiaojingdian）及淘宝网"天略图书"（http://shop33970567.taobao.com）。